政鄰記

津田政隣

耳目甄録　拾七

従寛政五年──到同年十二月

校訂・編集　代表　高木喜美子
「政隣記を読む有志の会」
笠嶋　剛　南保信之
真山武志　森下正子

桂書房

政隣記　目次

従寛政五年到同年十二月　耳目甄録　拾七

寛政五年……3
内容一覧……257
氏名索引……273

凡　例

一、金沢市立玉川図書館近世史料館所蔵の津田政隣著「政隣記」全三十一巻の内、「耳目甄録」十七巻（16.28・17・11）を底本とした。

一、原則として原文に忠実を旨とし、文意のため適宜読点・並列点を付けた。表敬の台頭・平出・闕字は表記しない。本文中の傍注（　）は校訂・編集者の書き込みである。

一、字体は原則として常用漢字を用いた。ただし、当時の慣用字・同義字・同音仮借（アテ字）はそのままとし、送り仮名もそのままとした。異体字も現常用漢字とし変体仮名は現行平仮名を用いた。助詞の而・者・茂・江・与・爾（尓）はポイントを落とし、テ・ハ・モ・ヘ・ト・ニとした。ゟはヨリとした。解読不能部分は「　　（〇〇カ）」、空白は「　　（空白）」、文意不明は「　　（ママ）」とした。明らかな脱字は□□（脱カ）、誤字は□（カ）とした。

一、読者の便宜を図るため、左の方策を講じた。

(1) 引用文は原則として原文のままとした。人名も巻末の氏名索引に入れていない。

(2) 上欄に注として、参考事項を記した。

(3) 朱書きは（朱）とした。

(4) 巻末に本文に記された事項ごとの「内容一覧」を記した。

(5) 巻末に藩士及び藩主関係者の「氏名索引」を付けた。

一、人名はゴチック体にし、藩士名は金沢市立玉川図書館近世史料館の「諸士系譜」「先祖一類由緒帳」及び「諸頭系譜」で比定し巻末にまとめた。

その他藩主関係・藩士以外の人名は欄上の注に『寛政重修諸家譜』及び『徳川諸家系譜』で比定し寛〇巻〇頁、徳〇巻〇頁で表記した。

付記

津田政隣（宝暦十一年（一七六一）～文化十一年（一八一四））、通称権平・左近右衛門、初諱正隣。父は正昌、政隣は明和中世禄七〇〇石を襲ぎ、大小将組に列し、藩主の前田重教・治脩・斉広の三世に仕え、大小将番頭・歩頭・町奉行・大小将組頭・馬廻頭に進み、宗門奉行を兼ね、職秩二〇〇石を受け、文化十年罷め、翌年没する。年五十九。読書を好み文才に富む。諸家の記録を渉猟し、天文七年以降安永七年に至る二四〇年間の事蹟を録して「政隣記」十一巻を著し、又安永八年より文化十一年に至る三十六年間自ら見聞する所を輯めて「耳目甄録」二十巻を著す。「耳目甄録」も亦通称「政隣記」を以て称せらる。並びに加賀藩の事蹟を徴するに頗る有益の書なり。（「石川県史」及び「加能郷土辞彙」より）

（内表紙）

従寛政五年　到同年十二月

耳目甄録　拾七

此次従翌年正月ヨリ起

寛政五年

（朱）●**寛政五**癸丑**歳**　甲寅**正月**小　金沢御用番　**本多玄蕃助殿**

乙朱**元日**　終日淡雪降、今朝六時過奥之口ヨリ御出、両御丸御登城、御装束被為召、御駕籠廻御先供新番六人、御先角并代共三人、御大小将御時宜役并代共三人、御表小将御跡供三人、御大小将・三十人頭・御歩小頭等其外前々之通、御番頭**田辺長左衛門**、御横目ハ御礼方御用ニテ指支候ニ付、仮役御大小将ヨリ**神田平蔵**、右各熨斗目・上下着用、布衣御供組頭**江守平馬**、御使番**石黒小右衛門**、御表小将**加藤嘉孟**、聞番**高田新左衛門**、九時過御例之通表御式台ヨリ御帰館、敷付へ御近習頭并御刀持御表小将配膳役、鑑板へ**前田大炊**今日御懇之被為蒙上意、御盃御頂戴等之儀御意有之、同人恐悦之旨御請被申上階下へ**今枝内記**罷出向御先立勤之、**内記**在江戸中若年寄兼階上へ御表向諸頭并御大小将中列居

御広間溜ヨリ御勝手座敷二之間へ御通懸之節、同三之間ニ**後藤**・**本阿弥**等御出入町人並居御目見、奏者御小将頭御客方兼帯之**大屋武右衛門**、夫ヨリ御通り懸り之所々御手役者等並居御目見、奏者物頭相勤旧臘仮奏者相勤候様、諸物頭へ**大炊**殿被仰渡有之夫ヨリ御居間へ被為入、八時前於御居間書院**大炊**・**内記**独礼被為請、同四之間ニテ御料理頭**長谷川市兵衛**鶴之包丁相勤候ヲ御覧、夫ヨリ同刻過於同間、頭分以上一統御礼被為請、御襖**内記**并**石野主殿助**開之、奏者御馬廻頭兼御客方之**江守平馬**勤之、畢テ御襖**内記**等建之、重テ右之節相残候頭分一統御礼、奏者**大屋武右衛門**

且**飛騨守**[1]様御出ニ付、於御居間書院ニ御雑煮・御吸物等出、御盃事被遊、其節御嘉儀御出入御旗本**本多帯刀**[2]殿・**斎藤長喜八郎**[3]殿御初、於御溜御料理等指上候筈之処、御断也、右御盃

1 前田利考（大聖寺藩八代）
2 本多政房（加賀藩士本多安房守政行男）
3 斉藤総良（寛13 161頁）

前田利考
（大聖寺藩八代）

事之節御前ヘモ鰭之御吸物上之、御かよひ御表小将、七半時過於御居間書院四之間蔦之間迄懸、御表小将・御大小将・御馬廻等ヨリ与力迄一統御礼、仮奏者物頭勤之

但江守平馬せかれ大作、大屋武右衛門せかれ権三郎、一番座諸頭之末ニ列し御礼申上

一、御年賀之御客衆ヘモ御対顔、且御客衆ヘ於御席ニ左之通御料理等出之、且大炊・内記ヘ於席如御例、御雑煮・鶴御吸物・御酒頂戴被仰付、かよひ坊主

熨斗木地三方敷紙　土器下輪　木地三方

御吸物鰭（カ）尺長御器 御器台　御下捨土器　木地足折

御取肴木地三方内批 巻鯣 こん切

右ハ御一門様方被為入候得ハ出之、今日ハ飛騨守様迄右之通也

御料理 二汁五菜 塗木具 但御一門様ヘハ左之外ニ御引菜 なよし みそ漬

御汁 つみ入 しいたけ 大こん

鱠 ひらめ くり 紅葉のり きんかん　香物 粕漬 瓜茄子　御めし

二

杉箱 くしこ 長いも 苞とうふ 敷葛　当座鮨（カ） たい 塩鰤 ひしき 漬たて　御汁 塩鱈 こんふ ふきの薹

一ツ焼 小鯛　御酒御肴 角はべん

重教室千間

本多

御吸物　結ひきす　せり　　御茶請　千歳飴　川たけ　　御濃茶

後御菓子　すいしかん　紅吹よせ　唐松

今日明日於殿中、年頭御礼被為請候節、五位以上ハ御流之御盃頂戴、**御三家**様・**御此方**様モ旧臘参議御拝任ニ付御返盃、其外ハ御返盃無之、併段々階級之御会釈共有之、且参議以上ヘハシ(纐)、ラ御熨斗目ニ綾之御下着添候御時服被下之、四位以上ヘハシ、ラ御熨斗目ト御紋付御服紗小袖被下之、五位并法印之御医師ヘハ板熨斗目ト御紋付ふくさ御小袖被下之、右夫々於御目通被下之

二　日　今朝マテニ積雪二寸余、併終日快天ニ付昼頃ニ消ス、余寒強、今日九時頃於御居間書院四之間、昨日御用ニテ相残候人持・頭分并御表小将・御大小将等ヨリ与力迄一統御礼被為請、夫ヨリ御客衆ヘ御対顔、重テ於御居間書院、**寿光院**様附**寺川斧左衛門**等独礼、其外**入江広端**等長囲炉裏之間続ニテ御通懸り御目見被仰付

一、今日御客衆等ヘ出候御料理一汁五菜塗御膳、左之通

鱠・香物・御汁・煮物昨日之通同事名目違候迄也、煮物昨日之二汁・当座鮨・御酒・御肴・御茶受・後御菓子等モ昨日之通ニ付略ス

同　日　於金沢、旧臘晦日、依御廻文御用番**村井又兵衛**ヨリ今朝五時人持・頭分登城、御帳ニ附、柳之間列居之処、御年寄中等御列座、御用番**玄蕃助**殿左之通御演述、依之為恐悦今日明日

前田治脩（十一代）

1 治脩（十一代）室
2 重教男　斉敬
3 重教女・治脩養女
4 重教男・斉広（十二代）
5 前田利謙（富山藩八代）
6 徳川家斉
7 竹千代君

中年寄中等宅へ可相勤候、幼少并病気ニテ今日登城無之人々ハ向寄ニ伝達、御用番宅へ以使者御祝詞申越候様御用番被仰聞候段、如例御横目中申談有之

中将様御儀旧臘十五日御登城被成候様、前々御老中方御連名之依御奉書、御登城被成候処、於御座之間、御懇之上意之上、参議御拝任被仰出難有御仕合思召候由、拙者共迄以御使者被仰下候

右御使御大小将神保金十郎旧臘十八日江戸発出、同廿八日富山へ之御普為聴御使相勤、同廿九日夜六半時過ニ金沢到着、直ニ御用番村井又兵衛殿御宅へ罷越候処、明晦日八時過御広式等御使相勤候様御指図有之、則俊姫[1]様・佐渡守[2]様・藤姫[3]様・亀万千[4]殿へ之御使翌晦日相勤、夫ヨリ於二之御丸御年寄中へ御意之趣申演、今日四日於二之御丸御請相済、翌五日朝発出之処、丹波嶋川支一日逗留、十七日暮頃江戸表へ帰府、委曲ハ猶十五日ニ記ス互見

但於富山、御料理被下之、染物二端被下之、従佐渡守様白銀三枚拝領被仰付

一、右金十郎相勤、富山暨御国へ之御口上書等左之通

御口上之覚　　　　出雲守[5]様

寒気甚敷御座候得共、公方[6]様・若君[7]様益御機嫌克被成御座、恐悦御同意被御思召候、出雲様弥御勇健御座候哉御聞被成度思召候、然ハ御老中方御連名之依御奉書、去ル十五日御登城被成候処、於御座之間御懇之上意之上、宰相御拝任被仰出、思召懸モ無御座義難有思召候、右之趣為可被仰進、以御使者被仰進候

右金沢へ罷越候節、富山へ立寄御使可相勤候、以上

前田治脩（十一代）
前田斉敬（重教男）

前田直方

十二月　　御使神保金十郎

俊姫様へ御口上

御老中方依御奉書、去十五日御登城被遊候処、於御座之間御懇之上意之上、宰相御拝任被仰出難有被思召候、右御普為聴以御使者被仰進候、寒気甚敷御座候得共、弥御安泰可成御座ト目出思召候、於江戸表相公様奉公初御機嫌克被成御座候間、御心易可被思召候

佐渡守様へ御口上

御老中方依 ――――― 御心易可被思召候、猶更委細御書中ニ被仰進候

藤姫様・亀万千殿へ御口上

御老中方依 ――――― 弥無御障可被成御座ト目出思召候、於江戸表、相公様奉初、御機嫌能被成御座候間、御心易可被思召候

本多安房守　長　大隅守
奥村河内守　村井又兵衛
本多玄蕃助　御家老中

二御丸へ罷出右人々へ可申聞趣

御老中方依 ――――― 難有思召候、此段可被仰聞御使者被遣候、頭分以上へモ可被申聞候

前田土佐守

於二御丸可申聞趣

御老中方依 ―――― 御使者被遣候　横山三郎

於二御丸可申聞趣

土佐守同事

右金沢へ参着仕候ハ宰相御拝任ニ付俊姫様初為御使者罷越候段ハ月番之年寄中へ申聞、指図次第可相勤候、以上

十二月　御使　神保金十郎

出雲守様　取次　堀田左兵衛

右富山二御丸へ罷出、御口上申述候処、寒気甚敷御座候処、公方[1]様・若君[2]様益御機嫌克被成御座、恐悦御同意被思召候、宰相様弥御勇健被成御座目出度御儀思召候儀思召候、然ハ御老中方御連名之依御奉書、去ル十五日被成御登城候処、於御座間御懇之上意之上、宰相御拝任被仰出、思召懸モ無御座難有被思召候、右之趣為可ヒ仰進以御使者被仰進候段、委曲被成御承知、結構之御儀目出度御事被思召候、為御普為聴、以御使者被為入御念伝達之趣恭御仕合被思召候、此段宜申上旨御家老村隼人ヲ以御返答ニ御座候御、直ニ御答可被仰進候処、少々御勝れ不被成ニ付其御儀無御座候段隼人申聞候

1 徳川家斉
2 竹千代君
3 前田治脩

右御口上申述候以後、御茶・夕《たは》葉《こ》粉盆・二汁五菜・一ツ焼之御料理・御菓子被下之、左兵衛ヲ以御意之上、染物一端被下之候

御家老 村 隼人
同 入江権兵衛
同 近藤善左衛門
同 村 図書

右於二御丸、挨拶仕候

御小将組 不破織馬

右於二御丸、誘引仕候

御小将組頭 堀田左兵衛
御先手足軽頭 小此木権丞

右旅宿参着後并発足前罷越挨拶仕候

町奉行 板津七郎左衛門
同 藤懸呉助

右旅宿参着後并発足前挨拶仕候

右今日富山へ参着仕御使者相勤、同日同所発足仕候、以上

十二月廿八日　神保金十郎 判

俊姫様 取次 山崎彦右衛門

右旧臘晦日御広式へ罷出、御口上申述候所、今般御老中方依御奉書去ル十五日御登城被遊候処、於御座之間御懇之上意之上、宰相御拝任被仰出難有被為思召候旨、右御普為聴以御

使者被仰進難有恐悦思召候、余寒之砌御座候得共、相公[1]様奉初益御機嫌能被成御座恐悦思召候、於此表佐渡守[2]様奉初御安泰被成御座候、俊姫[3]様無御障被成御座候御心易可被思召候、追々此段宜申上旨同人ヲ以御請ニ御座候

御書一通　佐渡守様

右同日金谷御殿ヘ罷出候処、御口上御直ニ御聞可被遊旨被仰出候段、織田主税申聞候ニ付、御前ヘ罷出御口上申上候処、御請ハ追テ可被仰上旨被仰出候

藤姫様
亀万千殿
取次　広瀬武大夫

右同日金谷御広式ヘ罷出、御口上申述候処、今般御老中方依御奉書去十五日御登城被遊候処、於御座之間御懇之上意之上、宰相御拝任被仰出難有被為思召候、右御普為聴御使者神保金十郎ヲ以被仰進難有御仕合恐悦之御儀思召、余寒之砌御座候得共、相公様益御機嫌克被遊御座目出度御儀恐悦思召候、
俊姫様奉初御安泰ニ被成御座候、此段宜申上旨同人ヲ以御請ニ御座候、亀万千殿ニハ御直之御請ニ御座候

御書　佐渡守様

右今四日御請可被仰上旨被仰出候ニ付、金谷御殿ヘ罷出候処、織田主税誘引仕、御前ヘ罷

1 前田治脩
2 前田斉敬（重教男）
3 治脩室

出候処相公様益御機嫌克被遊御座恐悦思召候、然ハ御老中方依御奉書旧臘十五日御登城被遊候処、於御座之間御懇之上意之上、宰相御拝任被為蒙仰、難有御仕合ニ被思召候、依之以御使者御普為聴被仰進御口上之趣被成御承知、目出度御儀恐悦ニ思召候、且又御書ヲモ被進段々難有御仕合ニ思召候、此表俊姫様初御安泰被成御座候、猶更委細御請御書中ニ被仰上候

本多安房守　長　大隅守
奥村河内守　村井又兵衛
本多玄蕃助　御家老中

右旧臘晦日、二之御丸へ罷出、安房守等へ御意之趣為申聞候処、追テ御請可奉申上旨申聞候

前田土佐守　横山三郎

右土佐守義ハ痛所罷在、三郎義ハ当病罷在候ニ付、御用番又兵衛聞請、両人へ申聞、追テ御請可奉申上旨申聞候

本多安房守　長　大隅守
奥村河内守　村井又兵衛
本多玄蕃助　御家老中

右今四日、二之御丸へ罷出、安房守等御請可奉申上旨申聞候、相公様奉初益御機嫌能被遊御座、恐悦之至奉存候、御老中方御連名之依御奉書、旧臘十五日御登城被遊候処、於御座

本多忠籌（寛11 231頁）

之間御懇之上意之上、宰相御拝任被仰出難有被思召候、此段為可被仰聞以御使者被仰下候、頭分以上へも可申聞旨謹テ奉拝聴候、先以目出度御儀恐悦之至奉存候、右之御様子以御使者被仰下難有仕合奉存候、則**大音主馬・横山又五郎・大音南郊**へも右之趣申聞、頭分以上へも当二日一統二之御丸へ相招、御意之趣申聞候処、何も恐悦之至奉存候旨申聞候、右之趣可然様御請可申上旨申聞候

前田土佐守　**横山三郎**

右同日二之御丸へ罷出候処、**相公**様奉初益御機嫌克――此段為可被仰聞、以御使者被仰下候旨御意之趣謹テ奉拝聴候、先以目出度御儀恐悦之至ニ奉存候、**土佐守**義疱積未宜、**三郎**義ハ当病ニ付御用番**玄蕃助**御請申聞候、以上

正月四日　**神保金十郎**判

三日　晴陰交、五半時御供揃ニテ同刻過御出、上野御宮惣御霊屋御参詣、御本坊へ御年賀御勤、常照院へ御立寄御装束被召替、夫ヨリ広徳寺へ御参詣、九時御帰館、但常照院ニテ御手廻り白丁脱候事

附御本坊へ御例之通御太刀馬代御持参、広徳寺へ白銀十枚御例之通被遣、夫々御先使御大小将

一、今日御客衆等へ昨日同様一汁五菜之御料理等出

四日　快天寒風烈、四時御供揃ニテ同刻過御出、御老中方并**本多弾正大弼**殿へ為御年賀御勤、

御例之通御太刀馬代黄金一枚宛夫々へ御持参聞番両人御供ニテ取捌有之、夫ヨリ増上寺惣御霊屋御参詣、方丈白銀十枚被遣御例也御勤、夫ヨリ**芝御広式**[1]へ被為入、夜四時前御帰館、**自分**[2]御供ニ出、

但御直垂ハ池徳院へ御立寄被為召、御拝相済、芝御広式御書院ニテ被召替、将又於芝御広式御賄等両度被下之、年頭始テニ付、御歩以上御酒・御吸物・塩鱈・こんぶ被下之、御礼惣様引受、御附頭**伊藤忠左衛門**へ迄申述、御帰殿之上御酒等被下之趣、御近習頭ヲ以申上候事

附**自分**・御横目**永原半左衛門**へ御餅菓子并御膳下、御汁・御煮物・(カ)鱈等御内々被下之

御賄　汁つみ入大こん せり　煮物はべん せんまい　浸物にんじん ごま　香物塩茄子

御湯漬　汁大こん　煮物とうふ　香物塩茄子

右重テ御出之節モ同断ニ付、品無之節ハ記略、御供**田辺**・**自分**繰々是又記略、御登城并其外御供モ繰々之事

五日　快天余寒烈、旧臘十六日記ニ有之通ニ付、人持組御近習御用**石野主殿助**今暁発出、為御太刀馬代御献納御使御用日光山へ罷越、仍之昨四日於御居間書院四之間**大炊殿**・**内記殿**御列座、御紋付御道服壱・紗綾二巻拝領被仰付、御広蓋披露御大小将**平岡次郎市**勤之、且御内々ヲ以八丈嶋二端拝領被仰付、畢テ於御居間書院御前へ被召出、御意有之、附此次十二日互見

1 重教女穎宅
2 政隣

嶋津斉宣（寛2 353頁）

右ニ付、昨日左之通被仰付

石野主殿助留守中御用部屋御用　御近習物頭並　勝尾吉左衛門

同日　左之通、於御前被仰付

御小将頭　伴　源太兵衛代　物頭並聞番ヨリ　高田新左衛門

当御留守詰順番之通被仰付、且聞番坂野忠兵衛致出座候迄、聞番方兼帯相勤候様

被仰出二月十日互見

六日　快天寒風烈、七日同午八刻頃強地震暫有之、重テ大強震手水鉢水覆ル、族（カ）也、未二刻強震暫有之、同断午上刻ニモ地震都合五度也、八日快天酉三刻強地震、併昨日之強程ニハ無之候得共長し、震間熱湯一杯顆（こぼれ）る程也、余寒此間之通、九日寅二刻強地震、衆人眼覚候、辰上刻ニモ地震快天、十日陰夜子上刻地震強し、十一日雨、十二日快天、十三日十四日十五日雨雪、十六日十七日十八日十九日快天陰風交、廿日陰時々降気候暖和、廿一日快天風立、廿二日雨天、廿三日廿四日廿五日晴陰交、廿六日雨昼ヨリ晴、廿七日陰、廿八日廿九日雨天、廿六日已来不順之暖気、炉火ニ難近付

七日　六半時御供揃ニテ同刻過御出、両御丸御登城、九時過御帰館、御供人御歩小頭已上熨斗目、御歩已上上下着用

但今日若菜為御祝儀、御登城ハ従前々御三家様・此方様等二十ケ所計ニ候処、松平豊後守薩州侯也今日初テ若菜為御祝儀登城也

御帰館之上御用等ニテ残有之頭分・平士年頭御礼、高田新左衛門役儀之御礼被為請、但年

頭御礼ハ松寿院[1]様旧臘ヨリ御水痘ニテ昨六日御酒湯相済候ニ付御附頭伊藤忠左衛門等也
今日御客衆等ヘ左之通一汁五菜御料理出

颪(おろし)鱠　ひらめ　なまこ　塩はらゝ　ひしき　つきくり　みかん

香物　千枚漬　しそ　瓜茄子

粕漬(カ)　御汁　塩かも　こほうせん　細しいたけ　よめな

煮物　大焼とうふ　こし玉子

煎物　鱸せん　同摺泥し　うと

浸物　鹿瓜[2]　人じん　ごまあん

御酒　御肴　鮭塩引　酒付焼

御茶請　やうかん　芋の子

後御くわし　松風焼　紅貝尽し　雪みとり

八日　当御留守詰被仰付候段、今日前田大炊殿被仰渡候段自分・御横目水越八郎左衛門連名ニテ高田新左衛門ヨリ被申談、且同組御大小将三輪斎宮等十二人ヘモ順番之通詰被仰付候段、同人ヨリ申渡紙面自分添状ヲ以翌九日便ニ金沢ヘ遣、八郎左衛門ヘモ右紙面送遣之

九日　四時御供揃ニテ伝通院ヘ御参詣、御例之通白銀十枚、御先使御大小将ヲ以被遣之夫ヨリ御三家様御勤、御帰八半時頃、直ニ御居宅ヘ被為入、御供装束御歩小頭以上のしめ等前記同断

十日　上野御成九時還御、火消方間廻等御前格之通、且今日常憲院[3]様就御祥月ニ、八時過御供揃ニテ上野御参詣被仰出、御供人揃候上御延引

1 重教女穎
2 冬瓜カ
3 徳川綱吉

但御供人羽織・袴、此前御在府直ニ伝通院ヘ年頭初テ御参詣ニ候得共、羽織・袴之侭御供也

十二日　五半時御供揃ニテ広徳寺ヘ御参詣四時御帰殿、御供人尤羽織・袴御平常之通

一、石野主殿助前記五日之通ニ候処、御使無異義相勤、今夕方帰府也、日光山旧冬以来薄雪、尺ニ不満ト云々

十三日　五半時御供揃ニテ御出、為御年賀御一門様方之内并細川越中守[1]殿等都合十ヶ所御勤、八時過御帰殿、直ニ御居宅ヘ被為入、但御膳ハ慶次郎[2]様ニテ被召上、且御歩以上当席ニテ御吸物・御酒・御肴二種被下之

十四日　左之通

御大小将組御右筆　土師清大夫
組外御右筆　中西順左衛門

村井又兵衛儀人持組頭格ニ殿[3]文字調来候処、今般右組頭ニテ無之趣、心付不念之至迷惑仕段申聞候ニ付、江守平馬・大屋武右衛門ヨリ自分指控申渡、其段大炊殿ヘ相達、則被達御聴候処、先以御格式相違等之義急度御咎可被仰付候得共、先此度之義ハ御免被成候、已来之義急度可相心得旨被仰出候段、翌十五日昼過大炊[4]殿被仰聞、夫々申渡有之候事

十五日　六半時御供揃ニテ御刻過御出御登城、四時過御帰殿、御供人装束羽織袴、上下御供人ハ熨斗目着用

但高田新左衛門当役初テ御供ニ付申上、御先立ハ御使番石黒小右衛門勤之

一、後藤全乗[5]・幸小左衛門[6]煩本復ニ付、於舟之間御通り懸り年始御礼申上候事

1 細川斉茲（寛2 315頁）
2 南部利敬（寛4 111頁）（祖母は吉徳養女弓）
3 殿の文字は 
4 前田孝友
5 金工師
6 幸流能楽者

一、今日前々之通御表向一統平詰、御歩並以上布上下、与力以上熨斗目、且今日御客衆等一汁五菜之御料理等、御茶受・後御菓子迄出、但左ニ有之**讃岐守**様御出ニ付、御取持衆へハ二汁五菜等出、但御焼物ハ無之

一、今日**讃岐守**様為御年賀御出、御作法前々之通御対顔有之、ひれ之御吸物ニテ御盃事之上、二汁五菜之御料理等出、御引菜御持参、御相伴[1]**戸田久助**殿、九時過御退出、其節御式台御杉戸之外板之間迄御送、御取持[2]**山本伊予守**殿・[3]**本多帯刀**殿等鏡板迄御送、**大炊**殿・**内記**殿敷付、頭分敷付居こほれ罷出候、御料理御献立元日ニ記候趣ト同断ニ付略ス

一、**讃岐守**様御供人侍以上十三人へ、於御広間溜、頭分・平士之両席ニ分け、左之通御賄料理被下之、但頭分ハ一汁三菜ニ付左之通、平士ハ一汁二菜ニ付猪口浸物無之候事

鱠　ひらめ　きさみ大こん　紅葉のり　みかん

香物　粕漬瓜　茄子

汁　塩雁　地紙大こん　せり

めし

煮物　蛸　芋の子　人しん　木茸　苞とうふ　葛廻し

猪口　浸し物　干大こん　葛西菜

御酒御肴　鰤　生が酢　已上

御歩ハ於饗応所一汁一菜、外香物・御酒・御肴、品物ハ右同断、足軽小者へハ握飯大豆の粉懸之・香物并引裂鯣ニテ御酒被下之

徳川頼儀（寛3 101頁）（高知侯・室は治脩養女藤）
1戸田勝愛（寛14 353頁）
2山本茂孫（寛22 257頁）
3本多政房（寛11 296頁）（加賀藩士本多安房守政行男）

筒井正盈（寛17 83頁）
（前田大和守利理男）
1浅野重晟（寛5 344頁）
2松平右京大夫カ浅野斉賢（寛5 345頁）

一、都テ御一門様年頭初テ御出之義、前廉相知れ候節ハ右之通御料理等被進候御例、但御料理御断ニ候得ハ、御餅菓子・御吸物・御酒等、御茶受・後御菓子迄出、指懸り御出ニテモ御間《あい》た有之御様子ニ候得ハ御料理等出候御例、其節ハ御取持之御旗本衆へ御歩早使ニ被遣、御城坊主衆モ御客方或ハ聞番ヨリ呼遣候

附、俄上使之節ハ御取持衆へハ御大小将早乗御使、坊主衆へハ御歩早使之事

今月二日奥州仙台七十五度強地震、南部津軽筋モ同断、所ニヨリ地裂泥ヲ吹出し候処モ多有之、今日御出之御旗本**筒井左膳**殿領知所二千石、御書院番ニテ御進物番也、御領知所ハ津軽辺之由也モ地裂泥ニ成候由、則**左膳**殿直御話之事

十六日　五半時御供揃ニテ御出、**安芸守**[1]様等十ヶ所御年賀御勤、暮頃御帰館

但**松平左京大夫**[2]殿ニテハ御通、御奥へモ被為入候ニ付、余程被成御座、**安芸守**様ニテハ御膳被召上并**自分**・御横目・御表小将・御大小将・新番・三十人頭へ左之通一汁五菜御料理御酒・御肴二種被下之候ニ付、御礼ハ挨拶人へ惣様引受申述、御帰之上御近習頭ヲ以申上

汁　赤貝　うと
　　よめな

香物　沢庵漬
　　　大こん

鱠　ふくらき　ひしき
　　くり　紅梅

めし

煮物　車えひ　皮こほう
　　　かさいな　しいたけ

引菜　鰡輪切色付焼

焼物　かれい　　御酒御肴　ひらめ　よりてん　酢　　御肴　子うるか

薄茶　　已上

塩梅等宜く奇麗ニテ、御一門様方之内ニテ随一也、今日ハ暫之事故カ、御駕籠廻り之人々迄ヘ被下之、御歩小頭已下ヘハ不被下之、寛々被成御座候節ハ御歩以下ヘ之御料理御丁寧至極并従者ヘモ一汁二菜之御賄料理被下之、従者迄右之通成義ハ外御一門様方等ニテハ一向無之事也

今日ハ遠方其上御勤多ニ付、御供人焼飯入笠駕籠一荷、御行列外ニ相建候段言上

附御供装束羽織袴之事

右御出之節、**左京大夫**殿ニテハ、御父子鏡板階下迄御送、御供中大義ト御挨拶有之、御家来白洲中程ヘ前後共出ル、**安芸守**様ヘ御出之義、前日為御知有之候故、御父子様共階上迄御出迎、御帰之節ハ鏡板中程迄御送、御供人ヘ御会釈有之、御家来白洲中程ヘ前後共十四五人程宛出、其外**松平筑前守**[1]殿・**榊原式部太輔**[2]殿・**左衛門尉**[3]様酒井也等ニテハ取次人御門下迄出候事

十七日　前記二日ニ粗記有之通、旧臘宰相御転任ニ付、金沢等ヘ之御使御大小将**神保金十郎**今日暮頃帰府、直ニ御殿ヘ罷出候処、御席済有之ニ付**前田大炊**殿御小屋ヘ**大屋武右衛門**同道、御使番等曁**佐渡守**様御請御書等、夫々**大炊**殿御受取、夫ヨリ御次ヘモ**武右衛門**誘引御近習

1 黒田斉隆（寛7 214頁）
2 榊原政敦（寛2 268頁）
3 酒井忠徳（寛2 52頁）

頭前田権作ヲ以委曲及言上、従佐渡守[1]様白銀三枚拝領之、御礼モ武右衛門ヨリ権作ヲ以申上、出雲守[2]様ヨリ染物二反被下候義モ、同人ヲ以武右衛門ヨリ及言上候
但旧臘十五日記ニモ有之通、金十郎旅中為貯用借用之金二十両ハ今月十九日返上有之候事
右金十郎二月朔日御使帰之御目見被仰付

十八日　暁七時御供揃ニテ、同刻過西之口ヨリ御出、御下屋敷ヘ被為入、御供方前々之通、御供頭ハ御奥小将御番頭河内山久大夫・御表小将横目村杢左衛門、朝四時前御帰館、但御下邸御庭ニ雁・鴨多附有之、御投網ニテ可被為打ト御出之処、風高ニテ羽早く一円御手ニ不入候事、附廿六日・廿七日モ同刻御供揃等ニテ被為入候得共、御獲物一円無之、風無之候テモ右御庭之内、狐等多有之候テ、毎度鳥ニあたり候故、鳥殊之外羽早く少々之音ニモ驚候故、御寄せ難被為成ニ付、御獲物無之ト云々

十九日　御例之通、御具足鏡餅直し御祝、御殿詰合一統頂戴被仰付、階級之御作法等前々之通ニ付略ス

佐渡守様ヨリ、旧臘参議御転任之為御祝儀被指上候御使者御身附御歩頭神田吉左衛門ヘ被仰付、今月七日金沢発足、今日昼前参着、為御祝儀干鯛一箱・昆布一箱・御樽代金五百疋被献、御返答同廿三日被仰出、翌廿四日発帰

同　日　左之通、於御前被仰渡
当御帰国御供
被仰付
前田大炊
今枝内記

1重教男斉敬
2前田利謙（富山藩八代）

廿　日　左之通大炊殿被仰渡

当御帰国御道中奉行并
御行列奉行兼帯被仰付　御小将頭 **大屋武右衛門**

御用人 **水野次郎大夫**本役御先手

廿四日　増上寺御成、九時還御、**相公**[1]様九時御供揃ニテ還御後御出、増上寺**台徳院**[2]様御霊屋ヘ御参詣、御供人羽織袴、上下御供ハのしめ、直ニ芝御広式ヘ被為入、夜九時過御帰館

今廿四日
当御帰国御供被仰付　会所奉行 **林　清左衛門**

割場奉行 **吉岡権兵衛**

廿五日　**出雲守**[3]様御在所富山ヨリ御指出也ヨリ此間御使者ヲ以、被任宰相候為御祝儀、御目録之通被進候、為御答礼鯣一箱・御樽代五百疋・御目録被進之、**御内様**[4]・**讃岐守**[5]様ヨリモ同断ニ付、鯣一箱宛御目録被進之候御使ニ参上之事、此次二月廿二日互見

△出火之節御用ニテ火事場ヘ罷出候御小将、御小納戸目印
昼　網代溜塗端反裏金之笠
夜中　丸小桃灯赤白花色立筋

右目印ハ奥向ニテ相用、出火之節火事場ヘ罷越候ニ付、先年火事場懸り之役人等ヘモ達置候処、近頃桃灯ヘ紋等附候義相止候ニ付、火事場并途中等ニテモ御用之御指支相成テハ如何候間、以来心得違無之様向々ヘ可被達置候

十二月

---

1 前田治脩
2 徳川秀忠
3 前田利謙（富山藩八代）
4 治脩養女藤・頼儀婚約者
5 徳川頼儀（寛3 101頁）

1戸田氏教（寛14 379頁）
2安藤惟徳（寛19 304頁）

政隣

戸田采女正[1]殿御渡候御書付写壱通相達候間、被得其意答之義ハ安藤大和守[2]方へ可被申聞
候、以上
十二月七日　大目付
御名殿　留守居中
右大炊殿被仰聞候由、御横目永原半左衛門ヨリ如例諸頭連名廻状、今月廿日出今日到来
廿八日　六半時御供揃ニテ同刻過御登城、御下り直ニ芝御広式被為入、夜四時御帰殿、自分御供罷出、御横目永原半左衛門今日芝御広式ヘハ御転任後之御招請御規式ニテ被為入、御出前、交御肴一折五頭被進之、且御供人ニ右於御広式御歩小頭以上左之通御料理等被下之、御歩ヘハ御賄無之、其外ハ同断、押足軽等二十人小頭已下ヘハ御賄迄被下之

鱠　ひらめ　大こん　九年母　　香物　浅漬大根　　御汁　つみ入　大こん　せり
御めし
煮浸　ほう〱　せんまい　　御酒　　御取肴　松葉鯣　　小盞　（鰡いろ付　早ゆほし　いも　九年母）

右惣様御礼引受ニ付、自分御礼共御附頭伊藤忠左衛門ヲ以申上、御帰殿之上如例達御聴、将又自分・御横目・御表小将ヘ左之通御下被下之、是又忠左衛門ヲ以御礼申上候事

御餅菓子　かすていら　苞巻　いちご餅　　小皿　はへん　せんまい　ふ　　小皿　粕漬瓜　九神（カ）漬　茄子

重教男斉敬

御糸饂飩　氷見製
猪口　下汁
小皿より鰹　胡せう　大根おろし

今月四日出以来、従金沢追々申来趣左之通
一、金沢元日快天至極、草履ニテ各登城并廻勤、二日昼ヨリ風雪、四日迄ニ雪二三寸降続
一、元朝、組外御番頭服部牧多不及御断ニモ登城無之、依之自分指控之義、御用番玄蕃助殿ヨリ御指図有之

今般就御転任、京都へ口宣請取御使就被仰付候、今月廿日於二御丸御年寄中席、御紋付御道服壱・巻物三拝領、御広蓋披露御大小将勤之、翌廿一日金沢発出
人持組　竹田掃部

勤方等不応思召趣有之ニ付役儀被指除
金沢町奉行　長谷川三右衛門

改名願之通被仰出
御大小将御番頭　伊藤平大夫　甚左衛門事

今月廿一日　於金沢、左之人々へ当御留守詰順番之通被仰付
御徒歩頭　篠嶋平左衛門
御用人本役御先手　小川八郎右衛門
御先手物頭　浅井和大夫
当年組当留守詰
御大小将横目　水越八郎左衛門

佐渡守様御参府御供被仰付

同月廿二日　於金沢、左之通

佐渡守様御参府御供暨役附被仰付、何モ当年組当御留守詰之御大小将也

宿割御宿拵兼　（平田磯次郎　大脇靱負）　会所奉行加人　坂井権九郎

二月朔日申渡有　御旅館取次　湯原友之助　割場奉行加人　岸　忠兵衛

同月廿八日　左之通被仰付

人持組頭故又兵衛組御預　村井又兵衛

被召出　新知弐千五百石内五百石与力知　大隅守嫡子　長　九郎左衛門
被下之

列本多玄蕃助次引離ト被仰出、然処二月廿日重テ
玄蕃助次指続列居可仕旨被仰出

佐渡守様金沢御発駕三月七日ト一昨日被仰出

佐渡守様御参府御道中十二御泊左之通

高岡　魚津　境　糸魚川　高田　牟礼

榊　追分　松井田　本庄　桶川　蕨

江戸御着

松平乗完（寛1 62頁）

二月朔日
申渡有之
佐渡守様御参府御供被仰付
御道中当日御荷物裁許

当御留守詰新番御大小将組
御右筆　桜井新八郎

△

能州御郡奉行支配所今浜村・子浦村其外金沢手寄之町蔵、給人米自分為用米馬附ニテ引取申人々有之候、然処右引米切手ヲ売払、買留人ヨリ右切手ヲ蔵宿ヘ持参、給人誰引米之旨申立引取申義折々有之体相聞ヘ候、不作之年柄ハ別テ右体紛敷筋有之候テハ村々致迷惑、第一蔵米しらヘ方指支候間、向後為用米致引米候人々ハ正月中石数等藏宿ヘ申渡置、紛敷筋無之様御家中一統被仰渡仕度候、以来右体紛敷義有之候ハ指押及断候様申渡置候段、御郡奉行紙面ニ御算用場奉行以添紙面申聞、承届候条被得其意、組・支配之人々ヘ可被申聞候、組等之内才許有之面々ハ其支配ヘモ相達候様被申渡、尤同役中可有伝達候事

右之趣可被得其意候、以上

正月廿七日　　　本多玄蕃助

諸頭御用番連名殿

去年十二月十六日信濃国下諏訪郡九谷村百姓徳右衛門ト申者ハ正徳四年之生れニテ同年百四十七歳、妻さつ百三十三才、せがれ玄兵衛九十七才、孫平蔵五十八才、同人妻みよ五十三才也、然るニ右徳右衛門妻今日安産、一男二女之三子ヲ産ム、依之右之趣及御届、御代官今井半次郎殿ヨリ御老中御用番松平和泉守殿ヘ被相達候ニ付将又段々御吟味有之候上、稀有之事ニ付今月中旬鳥目十五貫文拝領被仰付、此次今年九月末互見之事

入道公延親王

重教女潁

乙卯
二月大　　　金沢御用番　長　大隅守殿

朔日　快天、二日雨、三日四日五日快天、昨今夜ハ雨、六日陰、七日八日雨寒暖交、九日モ雨、十日十一日晴陰交、十二日十三日十四日雨、十五日陰、十六日十七日雨、十八日十九日廿日廿一日晴陰交、廿二日雨、廿三日廿四日陰晴交、廿五日風雨暖気、廿六日快天、廿七日昼ヨリ風雨、廿八日廿九日晦日晴陰交、中旬ヨリ暖和頃日桜花盛也

同日　例年之通、**日光御門跡**御登城ニ付月次出仕相止、依之御登城無御座、且今日御出之御客衆御対顔有之、御料理ハ出不申候事

同日　左之人々、昨日**大炊**殿依御紙面、今日四時過御館へ罷出候処、於御席、左之通被仰渡、且御近習頭分以上へモ同断、御帰国御供夫々被仰渡

御帰国　本役ニテ御供被仰付　　御歩頭　**佐久間与左衛門**　組共

同　御筒支配　　御持頭　**伊藤津兵衛**

同　御弓支配　　御先手　**上月数馬**

同　御近習騎馬　　**松寿院**様附物頭並　**伊藤忠左衛門**

同　同断　但御発駕并御着城之節ハ本役騎馬　　御大小将御番頭　**田辺長左衛門**

同　御供　　御大小将横目　**安達弥兵衛**

同　同断　村田甚右衛門組御横目并御大小将　**永原半左衛門**

高田新左衛門ト同名ニ付相願改名　御大小将新左衛門事　**堀　左兵衛**

同　日　於御次、旧冬就御慶事ニ入情相勤候間被下之候段、**石野主殿助**演述、左之通拝領被仰付、但年寄中等席執筆へモ棟取金子千疋、其已下段々階級ヲ以拝領物被仰付

白銀十枚　染物二端　別段　御上下二具　御小将頭先役聞番当分兼　**高田新左衛門**

白銀十枚　染物二反　御用人　**水野次郎大夫**

白銀五枚　染物二反　聞番　**菊池九右衛門**

白銀三枚　染物二反　聞番見習　**不破平左衛門**

同断　御用所執筆棟取御算用者小頭並　**牛圓新左衛門**

金子千疋　御用所執筆御算用者　**二口五郎兵衛**

同　五百疋　同断　**嶺　喜右衛門**

同　三百疋　同断加人　**斎藤順八**

同　日　左之通、於御次拝領物被仰付

御上下壱具　染物参反　御客方等御馬廻頭　**江守平馬**

前田綱紀（五代）
1奥村悳輝
2前田孝行
3多賀直方

生絹二疋

御大小将御番頭
田辺長左衛門

右去年以来烈敷相勤、平馬義ハ村田甚左衛門御暇願帰候以後、長左衛門義ハ奥村十郎左衛門転役以後壱人役之内、入情相勤候ニ付被下之候段、石野主殿助演述、拝領被仰付

白銀十枚宛

会所奉行
林　清左衛門
馬場孫三

右去年以来御調達方御用出情相勤候ニ付、被下之候段石野主殿助演述、拝領被仰付

附、参議御転任旧例書記一見、左ニ記之

松雲公元禄六年十二月朔日、例月之通月次御登城之処、宰相御拝任就仰出候、御下り直ニ御老中方并若御老中方(年寄)ヘ御勤御帰館、同夜御横目以上ヘ於竹之間壱岐殿[1]・対馬殿[2]・信濃殿[3]今日之御仕合被仰渡、其後於奥御料理之間・菊之間ニ右之人々ヘ御拝領之御肴・御吸物被仰付、御酒被下之、御拝領之蜜柑モ頂戴被仰付、翌二日為御祝詞御横目以上御帳ニ付、同日西尾遄左衛門金沢ヘ之御使被仰付、同四日発足

但前夜御使書渡り富山ヘモ御使勤候様被仰渡、御目録ヲ以白銀十枚拝領

四日迄御式代并御通ひ役平詰、五日広徳寺ヘ御参詣、八日上野御仏殿ヘ御参詣

十五日前日依御奉書、五時少前御登城、御任官之御礼被仰上、直ニ御猟銃方不残御勤、同

十七日今般御任官ニ付上野御宮御仏殿、夫ヨリ増上寺惣仏殿ヘ御参詣也

十八日右同断ニ付広徳寺・伝通院ヘ御参詣、廿一日御年寄衆ヘ御料理被下、御かよひ御小将古屋長次郎等五人上下ニテ相勤、同廿九日西尾遄左衛門金沢等御使仕廻、朝五時帰府

右宰相御転任ヨリ年暦十五ヶ年目、于時御年六十五、宝暦四年十二月廿七日依御奉書、翌廿八日御登城之処、御位階御昇進従三位被仰出、依之直ニ西御丸へモ御登城、夫ヨリ両御老中・御若年寄衆不残御廻勤御帰館、同夜今日之御普為聴左之通、**伊予**殿被仰聞、但御用於御勤之間ニ御演述、頭分以上布上下着罷出、今日御登城之処、於御座之間、**公方**[1]様・**大納言**[2]様御側近被召、御懇之上意之上、従三位御昇進被仰渡、難有被思召候、此段何モへ為申聞候様被仰出

右ニ付同日ヨリ晦日迄、頭分以上并御客前へ罷出候平士布上下着用、廿九日頭分以上為御祝詞御帳ニ附、翌宝永五年正月四日金沢へ為御使**水原清左衛門**発足、但**清左衛門**御大小将也、拝領物無之、同十日京都へ之御使、御大小将**内藤十兵衛**発足、前夜**伊予**殿御奉書御渡、其節御目録ヲ以、白銀十枚拝領、閏正月四日右**清左衛門**帰府、御使書**伊予**殿ヲ以上之、**内藤十兵衛**同月朔日京都発足、十三日帰府

護国公[3]元文五年十二月朔日宰相御拝任之御様子等**松雲公**[4]御拝任之節御同例ニ付委記略ス、

右之節聞番等拝領物左之通

判金二枚　御紋付御長上下一具　聞番組頭並 **後藤瀬兵衛**
御国染三枚
判金一枚　其外右同断　同物頭並 **古屋伝右衛門**
白銀五枚　御紋付御上下一具　同見習御大小将組 **河村貞右衛門**
御国染二反

奥村有輝
1 徳川家重
2 徳川家治
3 吉徳（六代）
4 綱紀（五代）

白銀十枚　御紋付御上下一具　　御用所執筆棟取　御算用者小頭　笠間源左衛門

右之通、同月十一日夜、於御次拝領被仰付、但此外ニモ可有之候得共、記無之ニ付不相知

富山・金沢へ之御使即日被　　御大小将　芝山杢兵衛
仰付、同三日江戸発出

右杢兵衛へ白銀十枚御目録ヲ以於御席、拝領之、并会所銀百石四百目之図りヲ以借用、外ニ増借共都合壱貫六百借用、暨十一月迄之御扶持方代本勘来二月迄之中勘并末五十日分中勘銀、尤路銀・馬銀受取之、但同月十三日富山御使相勤、翌十四日金沢着、同十九日金沢発出、同晦日九時江戸へ帰府

黄金三枚　紗綾三巻　　日光山へ之御使　若年寄　西尾隼人
御羽織一ツ

右同月十一日於御次拝領、畢テ御前へ被召出、紋絹二端・御頭巾壱、御手自被下之

黄金二枚　紗綾二巻　　京都へ之御使　人持組　品川主殿
御羽織壱ツ

白銀五枚　御目録　　日光へ之御使人ニ指副　河村貞右衛門

右、同日於御席、拝領被仰付

但、西尾殿・河村十五日発足廿二日帰府、且前々之御例ニテ日光山御使帰之御目見ハ不被仰付

一、右品川主殿ハ同月十三日江戸発足京都へ罷越、御用相済正月十六日直ニ金沢へ帰着、口宣

松平乗邑
浅野斉賢（寛5 345頁）
徳川家宣室天英院

等ハ御大小将神保長左衛門へ御用番御渡之、同日発足同廿七日江戸参着、御家老衆へ御渡申、長左衛門ハ直ニ相詰罷在

翌元文六年二月廿日御用番御老中ヨリ、依御剪紙到来、翌廿一日、聞番古屋伝右衛門御城へ罷出候処、旧臘歳暮之御祝儀物被献候ニ付、御直判之御内書、御用番之御老中松平左近将監殿御渡之、受取罷帰候、旧臘参議御拝任ニ付テハ、向後御直判之御内書御頂戴也、依之頭分以上へ御普為聴被仰聞、御家老衆御列座左之通御演述、奉承知退き重テ罷出、恐悦申上退去

旧臘歳暮之御祝儀御献上ニ付、今日初テ御直判之御内書御頂戴被成、忝思召候、此段可申聞旨御意ニ候

右ニ付八半時頃御出、御老中方・松平右京大夫殿御勤、七半時過御帰館

同年三月二日御転任為御祝儀、御老中御招請之筈ニ候処、二月廿八日一位様就御逝去ニ相決（カ）、五月四日御招請御都合能相済、同月廿五日右為御祝儀御一門様并御出入衆御招請御能有之、六月四日御前様方御招請御能有之、御出入之町人共へモ見物被仰付、暨御家来頭分以上見物被仰付、御菓子等被下之、給事坊主、御小将中等モ一統見物被仰付、赤飯於御台所被下之、其外御歩並以上、当番・非番共一統勝手次第見物被仰付

一、去年以来、御家老衆詰、横山蔵人殿・玉井市正殿也

1 寛　為規（寛17 42頁）
2 前田利考（大聖寺藩八代）
3 前田長禧（寛22 244頁）
4 山本茂孫（寛22 257頁）

右旧例、今般御転任之節ト同趣ハ略ス、今般之相違之趣迄抜書ス、併同趣モ粗記之、相違之義ハ不残雖記之、本書記無之義ハ不能記之
猶元禄六年・宝永四年・元文五年・六年等之記録互見可考之事

二日　御使番**寛助兵衛**[1]殿ヲ以、御鷹之鶴御拝領之段、九半時頃御当番御目付衆ヨリ御小人目付ヲ以、為御知有之候ニ付一統服紗小袖布上下ニ改候処、八時頃追々御附人告来、鶴指続上使**助兵衛**殿御出、御門外ヘ**前田大炊**・**今枝内記**・聞番二人、御白洲ヘ頭分八人、幕番所前ヘ御門受取之頭**田辺**、喰違前ヘ割場奉行両人罷出、御玄関敷付ヘ**飛騨守**[2]様・**前田信濃守**[3]殿等御取持之御旗本衆御二人御出、鏡板ヘ**御前**御出迎、階上列居御用人・御番頭・御横目・御大小将、御刀取御大小将**大村七郎左衛門**相勤之、**御前**御誘引ニテ御大書院ヘ御通、上意御拝聴之上、御熨斗木地三方出之、御餅菓子等左之通、御盃事御断、御酒之上、御肴御持参、御相伴**山本伊予守**[4]殿御先手也ヘハ御かよい役引之、右夫々相済御退出
其節御作法最前之通、且御献立左ニ記ス

御餅菓子　煮染ふ　さとう　やうかん　小まんちう　京かのこ
御再進組重
御吸物　たい　ふきの頭
御酒御肴　小板かまぼこ
御茶請　紅やうせい餅　かわたけ
御濃茶
後御菓子　翁糖　黄貝尽　小落雁

飛騨守様等御取持衆ヘモ御餅菓子・御吸物・御酒・御肴・御茶請・後御菓子、上使御退出後一

本多忠籌（寛11 231頁）

徳川家基（家治長男）

重教女穎

前田孝友

廿五菜之御料理等夫々於御席ニ出之、御対顔之上御退出

一、上使御退出後、追付之御供揃ニテ八半時頃御出、為御礼御登城、御下り御老中方并本多弾正大弼殿ヘ御廻勤、七半時御帰殿

四日　御表小将等御近辺向之平士ヘ、夫々御帰国御供被仰付、若君様為御安僉（カ）之、今日於高田馬場、流鏑馬被仰付、十六人ニテ勤之、依之見物群集、従御邸モ石野主殿助等并御表小将等見物ニ被遣候事

六日　佐久間与左衛門若党一人・小者一人、石黒小右衛門才許人・若党・小者都合三人、於御小屋博奕致候体、御横目足軽ヨリ及断候ニ付、先頃ヨリ主人御預之処、今日就御吟味ニ、御先手上月数馬・奥村十郎左衛門、御横目永原半左衛門、朝五時ヨリ割場吟味所ヘ出座、翌七日朝五時各退出、右之者共、如元主人御預之事、但佐久間家来小者ハ博奕道具持有之、石黒小者ハ法外之過言ヲ申ニ付、此両人ハ禁牢、其外之三人ハ一向博奕不仕段申聞、未致落着候由之事

附、同月廿七日再吟味之処、博奕ハ不致趣ニ落着、依之従御上御貪着無之、但石黒才許人ハ縮方相勤候者之処、不行届趣有之ニ付、牢揚屋ヘ被入

九日　御広式ヘ為御年賀松寿院様被為入、夜五時過御帰之事

十日　高田新左衛門為代、聞番坂野忠兵衛前月廿八日金沢発足、今昼参着、依之先達テ被仰渡有之候通、高田新左衛門今日ヨリ先役聞番方除き候段、新左衛門ヨリ大炊殿ヘ及御届候事

十一日　今暁七時、御供揃ニテ御下邸ヘ被為入、都テ前月十八日等之通ニ付略記ス、今日モ御獲

政隣
重教男斉敬

物無之、四時前御帰館之事、右之通度々被為入候義ハ、前月十六日御上邸御庭之内、於御堀鴨二羽御投網ヲ以被為獲候ニ付、今一羽被為打獲候ハ御三家様方へ一羽宛御進贈被遊度思召ニ付、毎度御下邸へ御出ニ候得共、前月十八日附記之通ニテ不被為獲候、暨御上邸御堀へモ右二羽被為打候後ハ一向不来ト云々　十三日互見

同　日　左之通大炊殿被仰渡

附記　組頭並江戸御広式御用也
河村儀右衛門

御手前義、当春御帰国御供被仰付候、御道中川渡場へ罷出、其外ハ御近習頭へ加り騎馬御供可被相勤候事

同　日　自分義、芝御広式へ今度御任官為御祝儀、御目録之通以御使者被進候ニ付、従是モ鯣一箱御目録之通従佐渡守様被進候御使ニ参上、御附頭伊藤忠左衛門ヲ以申上控罷在候内、御酒・御吸物ほうく・ふきのとう・御肴小板かまほこ又御肴・煮物白魚・黒のり被下之、御返答同人ヲ以被仰出候ニ付、御使書認置、十四日便ニ御用所へ達上之、但昼過出、暮前帰

十二日　五半時御供揃ニテ同刻頃御出、広徳寺へ御参詣

御大小将御番頭伊藤平大夫ト同名ニ付改名

御大小将平大夫事
三宅平右衛門

付札　組頭へ

前々ヨリ江戸御供等ニテ罷越候人々へ致餞別、又ハ罷帰候節土産物無用ニ可仕旨被仰出

△有之、去々年御帰国之節、御供人并交代等ニテ罷帰候人々モ土産物等致持参候義堅致無

田辺長左衛門

用、仮令身近親類縁者たり共勿論右之沙汰ニ及申間敷候、御発駕・御着城之節、衣類相改候族モ有之体ニ候得共、見苦儀ハ不被及御貪着候間、不及相改候旨被仰出、一統申渡候通ニ候、当時別テ厳敷御省略中ニ候間、当御帰国御供等ニテ罷帰候人々モ去々年之通厳重ニ相守可申候、右之通可申渡旨被仰出候条被得其意、組・支配之人々ヘモ厳重可被申渡候、組等之内才許有之面々ハ其支配ヘモ可申渡旨可被申談候事

丑二月

右、**大炊**殿御渡之旨等、**大屋武右衛門・高田新左衛門**連名之廻状、諸頭連名ニテ出

附、於金沢モ御用番**大隅守**殿ヨリ今月晦日御触有之

同日 左之通**大炊**殿被仰渡候由、**大屋武右衛門**ヨリ廻状出

△ 御例之通御暇被仰出候得ハ、四月四日御発駕ト被仰出候事

二月

御大小将中御道中役附、左之通伺被仰出候旨、**大屋武右衛門**判形紙面ヲ以、如例同役田辺添状ニテ申談有之

宿割并御宿拵相兼
堀　左兵衛　**三宅平太左衛門**
久田義兵衛　**神田平蔵**

御旅館取次
平岡次郎市　**真田佐次兵衛**
成田長大夫　**前田牽治郎**

御表小将加人歩御供
　　小泉権之助　　岡田徳三郎
　　中　孫十郎　　中村織人
　　池田三九郎

一宿御先
　　別所三平　　三浦重蔵
　　杉山新平

大炊殿被仰渡候段、以別紙申渡有之

御道中御長柄支配　　**永原治九郎**

十三日　暁七時御供揃ニテ御下邸ヘ御出、四時前御帰館、今日モ鴨不被為獲、其外一昨十一日記等同断

十四日　左之通**大屋武右衛門・高田新左衛門**廻状ヲ以、諸頭ヘ申談有之

付札　組頭ヘ

此表ヘ相詰候人々転役等被仰付、俄ニ交代被仰付、或ハ病気等ニテ御暇相願罷帰候節、旅用金等指支、無拠願之趣有之人々ヘハ其様子ニヨリ承届、御貸渡之義取計申渡来候処、返△上方彼是申立相滞候人々モ有之候ニ付、以後何程無拠願之趣有之候共、於此表御貸渡之義、堅不承届候、右之趣ニ候得ハ、勿論平日彼是願之筋等ハ一円難承届候間、此段兼テ為心得申達置候条、諸頭中、曁支配有之平士ヘモ寄々可被申談候事

癸丑二月

同日　左之通、**大炊**殿被仰渡

御表組頭三人ニ相成候ニ付、御国ヘ之御暇被
下候条、来月上旬発足罷帰候様被仰出

御馬廻頭　江守平馬

右ニ付三月朔日発足帰

十五日　月次御登城、御下り御直ニ**安芸守**[1]様御嫡**右京大夫**[2]様御婚礼ニ付被為入、夜五時頃御帰殿、**自分**御供也、且、今日ハ大広間諸侯方、西丸登城ニ付御縮ニ相成候間、**御前**常御行列ニテハ西丸下御通行難被遊候間、桔梗御門ヨリ**肥後守**[3]様表御門前、**松平下総守**[4]殿・**加納遠江守**[5]殿屋敷前、夫ヨリ大手通、桜田御門御出、夫ヨリ常御道筋之通ニテ**安芸守**様ヘ被為入候得ハ御縮り外ニテ不指支旨僉義之上申上候処、其通ト被仰出候ニ付、三十人頭ヘ申談候、将又、今日浜之御殿ヘ御成有之、御帰時分還御前ニテ桜田御門等人留ニ相成候ニ付、御堀端通、飯田坂・水道橋ヨリ御帰之御道筋ニ夫々申渡置、於御途中、右之趣達御聴候事

今日、**右京大夫**[6]様ヘ御入輿之御新告(造)様ハ**有栖川中務卿織仁親王**之御息女也、御中宿ハ**尾張様**[7]之御上邸、夫ヨリ御入輿、本式之御婚礼也、兼テ右姫宮様御事、**尾張大納言**[8]様御嫡**五郎太**様ト御縁組之御内約有之候処、**御守殿**[9]被仰出、無御拠趣ニテ御断、依之御養女御同事ニ御世話有之ト云々、右御新造様之御名**孚希**《フキ》**ノ宮**様ト被称、御年十六才ト云々

一、**安芸守**[10]様ヘ御越之大名方、此方様・**松平隠岐守**[11]殿等御十人計、其外御旗本衆モ御大勢御出、御囃子モ有之、且今日ハ御供人ヘ御饗物無之

十六日　御表居間ヘ年頭始テ御転任後初テ旁、**寿光院**[12]様・**祐仙院**[13]様・**松寿院**[14]様御招請有之、依之御能左之通、御歩並以上当番之人々見物被仰付、御礼御近習頭ヲ以申上、平士以下之分ハ

---

1 浅野重晟（寛5 344頁）
2 浅野斉賢（寛5 345頁）
3 保科容頌（寛1 263頁）
4 松平忠功（寛1 274頁）
5 加納久周（寛22 139頁）
6 浅野斉賢
7 徳川宗睦
8 徳川治行（徳2 228頁）
9 徳川家斉室広大院寔子
10 浅野重晟（寛5 344頁）
11 松平定固（寛1 217頁）
12 重教室千間
13 吉徳女暢
14 重教女穎

前田利考（大聖寺藩八代）

頭・支配人引受、同人ヲ以申上、且今日飛騨守様御見廻懸り之趣ヲ以御出、御能幸御見物被成候様被仰進候テ御中入之節御対顔、一汁五菜之御料理等并暮頃御夜食、御能相済、御餅菓子等被進之、御供之侍以上ヘモ見物被仰付、一汁三菜之御料理等両度被下之、曁寿光院様附、祐仙院様・松寿院様之御供人見物被仰付、御料理等両度、御餅菓子等被下之、御能朝四時過始り、夜中五時頃相済候事

高砂 吉之助　万作　伝蔵　九左衛門　石野主殿助　養五郎

間　庄三郎

箙 小三郎　勇左衛門　猪之助　与平　昌次郎

間　順次

巻絹 宝生太夫　万右衛門　三郎右衛門　仁九郎　為次郎　又六郎

間　佐兵衛

安宅 宝生太夫　万作　強力人　小三郎　三郎右衛門　新九郎　ツレ八左衛門　又六郎

間　太刀持　左四郎　強力人　八三郎

羅生門 左一郎　新丞　千十三　勇蔵　八左衛門　源蔵

融 権五郎　万次郎　三助　新九郎　太左衛門　養五郎

間　左四郎

間　藤三郎

祝言 金札　覚之右衛門　藤五郎　嘉左衛門　太一郎　源蔵

秀句傘　宗三郎　佐兵衛 元三郎　　口真似　善左衛門　順次 宗三郎

釣狐　弥左衛門　弥惣左衛門　　子盗人　佐兵衛　元三郎 善蔵

樋の酒　弥左衛門　弥惣左衛門 八三郎

十九日　左之通来月指出候筈之旨等、去四日出ニ申来

覚

一、四書

一、五経

一、文選

右之品々今般私共同役申談、学校ヘ寄附仕度奉願候、此段御聞届御座候様、**奥村河内守**殿

等ヘ御達被下候様仕度奉存候、以上

癸丑三月　　**伊藤平大夫** 判　御大小将御番頭筆頭也

村田甚右衛門様　御小将頭御用番也

右ハ御年寄中初、諸向ヨリ夫々応分限等ニ学校ヘ寄附有之候也

廿一日　九半時御供揃ニテ御老中方并**本多弾正大弼**[1]殿御勤可被遊旨今朝被仰出、同刻頃御出八時過御帰殿、右御廻勤ハ昨日御老中御用番**戸田采女正**[2]殿ヨリ以御剪紙、今朝御城ヘ聞番被

1本多忠籌（寛11 231頁）

2戸田氏教（寛14 379頁）

召呼、旧臘歳暮之御献上物ニ付御直判之御内書御渡宰相御拝任故也、今日御直判之御内書初テ御頂戴ニ付御礼之御廻勤也、右ハ宰相ニ被為成候ニ付御書判也、尤是以後ハ御内書毎ニ御書判之御例也、依之頭分以上布上下着用、三四人宛御席ヘ可罷出旨大炊殿被仰聞候段、御横目申談ニ付罷出候処、左之通、則大炊殿御演述

旧臘歳暮御祝儀被指上候ニ付テ今日御直判之御内書初テ御頂戴被遊、忝御仕合被思召候、此段何モ可申聞旨御意ニ候事

右拝聴退、重テ罷出、恐悦申上候事

但御帳ニ附候義等無之、且今日御使等ニテ不在合者ヘハ同役等ヨリ演述可仕旨、御横目ヲ以大炊殿被仰聞、追テ本人ヨリ恐悦申上候ニモ不及候筈之事

同日 九時頃小石川三百坂出火ト御櫓遠板打、八時過鎮打、右火事所ハ大塚吹上松平大学頭[1]殿上邸広式ヨリ出火、不残焼失、門長屋并下小屋少々残、右火事ニ付御中邸火消役当番堀左兵衛方境留迄押出候処、御役人即御指図押懸下小屋之内防留之

廿二日 前記正月廿五日記ニ有之通、出雲守[2]様ヘ御進物御使相勤候処、今日御留守居山口五左衛門ヨリ奉礼ヲ以長綿三把被下之、委曲左之通

切封〆 津田権平[3]様

山口五左衛門
藤堂平左衛門

以手紙致啓上候、然ハ先頃宰相[4]様御転任ニ付御祝儀物為御使者御越候段被成御聞、依之御目録之通被成御贈候、此段宜得御意旨出雲守様被仰付越、如此御座候、以上

1 松平頼亮（陸奥守山藩三代）
2 前田利謙（富山藩八代）
3 津田政隣
4 治脩（十一代）

政隣

二月廿二日

右返書

切封 山口五左衛門様
〆 藤堂平左衛門様

津田権平

御手紙致拝見候、然ハ私儀先頃出雲守様へ従宰相様御祝儀物被進候御使者相勤候ニ付御目録之通拝受被仰付候段、難有仕合奉存候、御目録等落手仕候、右御答迄如此御座候、以上

二月廿二日

右奉礼御殿詰之内到来、指置罷帰候ニ付右之通返書相認、家来林与九郎使者ニテ御邸迄為持遣候処、山口五左衛門等不詰合ニ付下小屋へ持参之事

但翌日高田新左衛門へ相達候処、同人ヨリ言上并御用所へモ案内有之、且自分義翌廿三日出雲守様御式台へ為御礼参上候事

廿四日 前記去年十二月十七日・廿四日・今年正月廿八日記ニモ有之岩田是五郎、於京都御使御用夫々相済、今月八日京都発足之処、川支ニテ三ヶ日之逗留有之、一昨廿二日藤沢駅止宿、昨夜品川駅止宿、今朝四時頃無異議帰府、直ニ御館へ罷出、大屋武右衛門誘引御次へ出、御近習頭ヲ以言上、夫ヨリ御席へ出、口宣・宣旨等竹田掃部ヨリ取受来候一認、暨自分御使書共、大炊殿へ御達之申候事

附旧臘十七日記之通、百五十両并中勘御扶持代・路銀・馬銀等受取候内ヲ以、発出前於江

戸表拵物料等ニ六十両計入払、右残金不残并自分ニ貯用金五十両調達ニテ持参之処、存外ニ夥敷入用懸り不残遣ひ切、僅八両計余り候内、旧臘廿四日ヨリ今日迄之諸入用都合
金小判二百両余ト云々

右**岩田是五郎**心覚等借受、左ニ記之

宰相成 ●印台据 △印付台 惣数五十九

禁裏 御太刀● 折紙● 白銀● 百枚△
上臈御局 ●銀五枚 長橋御局●銀五枚
大御乳人 ●銀五枚 執次●銀一枚

仙洞 御太刀● 折紙● 白銀● 五十枚△
新中納言御局 銀五枚● **勘解由小路御局** 銀五枚●
別当御局 同断 執次 銀五両●

女院 折紙● 白銀● 五十枚△
堀川御局 銀五枚● **裏松御局** 銀五枚● 執次 銀五両●

内侍所 御太刀● 折紙● 白銀二枚●

上卿　銀●六十目　職事　銀●六十目　宣旨　銀●五枚
中将如元上卿　銀●六十目　中将如元職事　銀●六十目　中将如元宣旨　銀●五枚
両伝奏　銀●十枚　副使　銀●二十目　中将如元副使　銀●二十目
雑掌四人　銀壱枚宛　∷

後之御礼
禁裏　御●太刀馬●代黄金壱枚　綿●五十把
仙洞　御●太刀馬●代白銀五枚　綿●五十把
女院　目●録　綿●五十把　以上

一、紗綾五巻　包のし
御目録　∷　宛

伝奏
万里小路前大納言殿
正親町前大納言殿
院伝奏
六条中納言殿
梅小路前宰相殿

一、御太刀馬●代黄金壱枚

●綿二十把　干鯛壱箱
御目録
一、紗太刀馬代　黄金壱枚
御目録●●●
宛

癸丑二月参内

右就御用罷越候人々諸事指引

堀田相模守殿[1]

町御奉行
三浦伊勢守殿[2]
菅沼下野守殿[3]

禁裏御附武家
有馬(田)播磨守殿[4]
石谷肥前守殿[5]

仙洞御附武家
三枝豊前守殿[6]
安部駿河守殿[7]

御国使者　竹田掃部
御使者格別　浅加作左衛門
御進献物指添　和田耕蔵
狩谷津大夫
同宰領　足軽六人
小遣小者二人
持参人五十七人

---

1 堀田正順（寛11 6頁）
2 三浦正子（寛9 50頁）
3 菅沼定喜（寛5 293頁）
4 有田貞勝（寛8 47頁）
5 石谷清茂（寛14 232頁）
6 三枝守歳（寛17 398頁）
7 安部信富（寛6 193頁）

有職方

藩米売却代金の出納商人

職原　平田内匠

作左衛門一役ニ付助相勤　木下弥一兵衛

諸事指引等　大森三郎兵衛

判金御用　後藤勘兵衛

御服所　菱屋次郎兵衛

桔梗屋源蔵

掛屋　平野屋次兵衛

太刀師　廣野播磨守

指物師　山本嘉吉

木具師　木具屋善左衛門

木具屋九兵衛

大森手代安兵衛

桔梗屋手代利兵衛

延綿取扱人才領手伝等　北国屋源助

一、御長持　五棹　但四人懸り　一、釣台　八指　但三人懸り　一、木具　二指　但三人懸り

〆五十人、外増人七人

一、口宣御小長持一ッ　岩田是五郎

才領足軽二人、持参人小者四人

伝奏衆ヨリ被申述候御口上写

今度被任宰相為御礼、目録之通被献之、目出被思召女院[1]ヨリモ御同様

仙洞[2]御所ヨリ之御口上

此度任官ニ付、目録之通被献之、御機嫌ニ被思召候事

口宣	二枚	
宣旨	一枚	加賀宰相
位記	一巻	

上御認名札御箱封印竹田掃部於伝奏御邸、夫々相見ヲ以付之、則是五郎受取之、於江戸表大炊殿御取次ニテ、尤封印之侭被上之

右御拝覧ハ

相公[3]様御謁見之外不相成ト云々

一、御使御返答書左之通、但御使書ハ趣同様故略之

私儀於江戸表、口宣御奉書之御使被仰渡、去十二月廿四日彼地発足正月八日京着仕、浅加作左衛門申談御使相勤申候

御奉書入一箱　堀田相模守[4]殿　取次　公用人　朝比奈新藏

右持参仕御口上申演、御奉書入箱相渡候処、公方[5]様・若君[6]様益御機嫌能被成御座、恐悦御

1 近衛維子・盛化門院
2 後桃園天皇
3 治脩（十一代）
4 堀田正順（寛116頁）
5 徳川家斉
6 竹千代

同意奉存候、然ハ先達テ以御書中被仰下候通、旧臘十五日参議御拝任被蒙仰、御礼モ被仰上候旨、就右、御老中方御連名之御奉書、相渡り候ニ付、以御使者被遣之、落手仕候、猶更御請之義追テ御渡可申候、就夫、禁裏初御献上物之御使者ハ別ニ為御指登候旨、委曲承知仕候、此段宜申上旨右新藏ヲ以御返答ニ御座候

一、御姓名書モ一集ニ浅加作左衛門、新藏ヘ相渡申候

右正月九日浅加作左衛門同道仕、御使相勤申候

一、二月六日堀田相模守殿公用人倉次甚大夫等ヨリ浅加作左衛門迄以紙面被相達儀有之候間、今六日致参出候様申来候ニ付、則作左衛門罷越候処、明七日辰刻万里小路前大納言殿於亭、口宣等被相渡候間可罷出旨作左衛門申談候ニ付竹田掃部、作左衛門同道仕、前大納言殿ヘ罷出候処、口宣・宣旨御渡被成候ニ付、掃部奉受取上、箱ニ入封印仕相渡候ニ付、上之申候

一、右口宣等相渡り候段、同日御所司代ヘ御届ニ罷出候処、御奉書御請一通公用人朝比奈新藏ヲ以御渡被成候ニ付、上之申候、尤御直ニ御渡可被成候処、御用多ニ付其儀無御座候旨、右新藏申聞候

一、御奉書入箱之御封印御返被成候ニ付請取、上之申候

右正月八日ヨリ二月七日迄之内、浅加作左衛門申談御使相勤、御用相済候ニ付、今八日京都発足仕候、以上

二月八日　　　　岩田是五郎判

一、是五郎義、召連来候御長持持参人、於旅中痛等有之節、為雇候駅人足并川渡候節賃銭其外難所越候節、雇人足等賃銭入払算用等余程有之候ニ付、着日ヨリ御用引之処、過半相済候ニ付、三月六日ヨリ御式台取次等ヘ出勤有之、右留書等ニハ旅中才領之足軽之内両人直ニ受取置、為相勤同月十日全右跡算用相済候ニ付揚之、但小者ハ帰府翌日ヨリ揚之、右足軽・小者共江戸表交代先詰人之処、金沢ヨリ直ニ京都迄罷越、夫ヨリ右之通ニ候事

廿八日　御登城四時過、御帰殿之上、**江守平馬**如前々常服ニテ罷出候筈ニ候得共、今日之常服ニ付、布上下着用出 御暇之御目見御意有之、**岩田是五郎**如前々布上下着用罷出 御使帰之御目見被仰付

同　日　御用透ニ付御殿詰ヨリ帰、八時ヨリ広徳寺ヘ年頭初テ拝参、帰路浅草辺巡見、浅草寺内ヘ諸方ヨリ桜木之奉納有之、今月中旬以来不斗何者欤思ひ付候哉、右桜木ヲ寺内ニ植初め、頃日ニ至り千本ニ満候ト云々、皆々大木ニテ八人車力之車ニ載せ牽来り植之候、廻りニ埒ヲ結置、札ニ或石町ヨリ或伝馬町ヨリ或ハ新吉原何屋内誰等ト名前ヲ書有之、右之内小木ハ大方遊女之奉納也、但雖小木ト皆々一尺廻り程也、此分金小判一両宛之請負ニテ植木屋肝煎候由、大木之分ハ所々之庭木モ有之、又ハ莫大之金高ニテ植木屋之請負モ有之、於年暦ハ花盛繁花飛鳥山等ニモ劣間敷ト其濫觴《らんしょう》を爰ニ記之

晦　日　四時之御供揃ニテ同刻過御出、[1]上杉弾正大弼殿・[2]有馬中務大輔殿・[3]松平豊後守殿御勤、夫ヨリ[4]芝御広式ヘ被為入、夜九時過御帰殿

金沢今月五日六日之頃、甚暖和之処、八日ヨリ春寒立帰淡雪降、其後モ気候不揃由申来

1上杉治憲（寛12 224頁）
2有馬頼貴（寛8 57頁）
3嶋津斉宣（寛2 353頁）
4重教女穎の宅

不軽痛等ニテ急ニ全快難計体
ニ付、願之通今月四日御大小将組
ニ指除、元組御馬廻へ被指出之
青木恒左衛門

今月上旬於金沢、御馬廻組江守平馬組平馬在江戸ニ付相頭武田喜左衛門支配坂井伊兵衛妻女、若党ト密通之上、同伴出奔之処、妻女ハ鶴来村之山奥ヨリ改方足軽召捕帰、若党ハ行衛不知候由也

当春御留守詰御大小将役附左之通

御式台取次
佐渡守様御先角 宮崎蔵人　土方勘右衛門
此六人御近所火消
平田磯次郎　大脇靭負
佐渡守様御先角 岸　忠兵衛　中村助大夫
湯原友之助　後藤吉太郎　岡田主馬
佐渡守様御先角 鈴木左膳

御給事役
三輪斎宮　石黒庄司郎　佐渡守様御先角 天野権五郎
佐渡守様御先角 山崎弥次郎　沢田一学　春日斧人

大かね奉行
高田牛之助　本保加右衛門
御中屋敷火消
笠間又六郎　阿部波江
同所仮御横目
坂井権九郎

右近年御留守詰御大小将人高十九人ニ候処、此度ハ佐渡守様御登城等モ有之、御用多ニ付両人増御聞届ニテ都合廿壱人也
右役附ハ今月九日於江戸表伺相済、同日便ニ金沢ヘ遣之、尤高田新左衛門判形有之、助組頭宮井典膳ハ於金沢判形有之、同月十九日自分助組御番頭古屋也一連名之添紙面ヲ以、御小将中ヘ申談有之

今月廿一日当御留守江戸詰被仰付
御右筆御大小将組　不破半六

今月廿二日左之通、於金沢被仰付
組外御番頭　服部牧多代
定番御馬廻御番頭ヨリ　中村八郎兵衛
定番御馬廻御番頭　中村八郎兵衛代
御馬廻組御普請奉行ヨリ　金森猪之助
役儀御免除
組外御番頭　服部牧多
同断　安井左大夫

参考文献

『脇田家伝書』（玉川図書館近世史料館蔵）

1 翰林学士は中国、唐中期以降、天子に直属した機関翰林院の高官で、詔勅の起草にあたった。朝鮮でも同様と思われる

2 豊臣秀吉

3 宇喜田秀家

4 豪姫（前田利家女）

5 加賀二代藩主前田利長

今月九日於金沢、人持組前田権佐家来小者市内ト申者、朋輩所持之脇指等盗取、右脇指を以、兼々馴合候女うたト申者を今朝下安江村ニテ刺殺し、血付候刃ハ七ツ屋火葬場辺ニ捨置、其外盗取候刀等ハ多賀左近下屋敷之内へ投込置候由等、改方井上井之助宅へ同人手合足軽召連来り、吟味之上及白状、翌十日右女検使所へ市内引渡有之、且多賀左近下屋敷之内へ投込置候刀共ハ井之助手合足軽遣之、左近家来立合ニテ尋出之取来、追テ夫々被盗主へ相渡り候由之事

脇田家之伝書

一、生国朝鮮帝都、父金氏、字時省翰林学(士脱カ)[1]、母姓名失念す、予名如鉄と号す、依国風、幼時より文章を学ふかゆへに記伝之

一、元(文)禄元年壬辰、関白秀吉[2]公朝(鮮脱カ)を襲んか為に肥前名護屋迄御出馬、中国西国之諸大名を引率し、備前中納言 于時宰相 秀家[3]卿為大将軍釜山浦迄渡海、朝鮮よりも要害構、於所々雖防之、数百年武に習はさる故に少々にて被討毀、都も敗北す、(時脱カ)于時省父子戦死す、予七才の時也、秀家卿之手にとりことなる

一、同年秀吉公名護屋に御越年、渡海の諸軍勢も然也、同年暮、備州岡山迄来る、秀家卿室[4]孤を憐給テ御母公へ 号芳春院殿贈一位利家卿于時宰相之室也 翌年被送、于時予八歳也、御母公是又御慈悲のあまり御嫡子中納言利長[5]卿 于時侍従 へ送り被遣、芳春院殿御母子両君の養育《ハククミ》を以て人となり、利長卿越中富山へ御隠居の刻も彼地へ被召連、若輩之処恩賞の地百石拝領、其後百三十石御加増、近習御奉公申上ル、加越能之大小身農工商に至迄、大半予諸事之取

1 脇田兵部重季の養子となり帯刀重俊女を娶る
2 前田利常
3 豊臣秀頼
4 加賀初代藩主と二代藩主、前田利家と前田利長

次を被仰付、然処に妻子依不帯、脇田氏先生か姪に嫁[1]し姓を改て脇田となる、弥御近習盛んなるに、依之為讒者一ヶ年之内閉居ス、此事なかりせは重畳可預御恩賞処不幸也、翌年芳春院殿以御口入、無科通被聞召届、近習如元

一、利長卿数年腫物御煩ニ御力(カ)「　」(空白)、慶長十九年五月廿日ニ御逝去、三ヶ国之上下奉惜、予かなしみの余りに

　四方はみな袖のあまりの五月哉

利長卿御在世の時、各御遺物過分に拝領すといへ共、別テ判金三枚拝領、御嫡君利常卿[2]へ如前々昵近御奉公可仕旨被仰出、銀二十枚拝領仕、故殿ニおくれ奉り便りなかりしを当君恵之不浅

一、同年大坂秀頼[3]公、御謀叛の沙汰内々有之処、已露顕、両御所[4]様関東より御出馬、利常公北国勢を引率し、御手勢三万余騎にて金沢十月御立、於大津両御所様へ御目見也、其時高岡より相越侍とも何も猶予いたし、大津迄御供仕者四人、北川久兵衛・野村角丞・高田伝左衛門・某、早速取合神妙被思召候旨御意ニて、右之面々へ金子拝領、時之面目也

一、御陣所嵯峨釈迦堂也、諸勢休息して大坂へ押寄、数日雖相挑ト、名城たるにより無理攻難叶御扱ひニ成、翌年春両御所様・諸国司共御帰陣

一、右御扱は一旦互之御謀やらん、又大坂表蜂起に付て両御所様御出馬、諸国如元、京都少御逗留にて五月五日ニ御押寄、六日ニ大坂よりも勢を出し、寄手の先手かけ合、於所々ニ迫

1 徳川家康
2 徳川秀忠

合、大坂勢不叶して引取、七日惣寄也、**大御所**[1]様天王寺口、将軍**秀忠**[2]公玉造口、此御先手**利常**卿なり、敵茶臼山迄取出矢合初、敵城中へ被入

一、旗本御崩し惣懸りに成て、玉造口惣構も抱ゆる事不成、敵二ノ丸迄引退、惣構ハ敗るゝ、諸勢は真田丸へ乗込、某・**葛巻隼人**・**原与三右衛門**・**河合数馬**四人、玉造口之埋門より乗込ニ、左手四辻ニ味方多勢たまり居申候間、其場へ乗込、向を見渡し候得ハ、味方一町も先ニ六七騎も指物を見付るや否馳馳(衍)加り、向の崩居に白ばれん指たる足軽の者、余多鉄砲打出す、まち懸たる敵も突て出る、味方も同し、敵大勢に依て味方突退らる、其時**矢野所左衛門**討死、是より前ニ一迫(カ)合有之由

一、味方突退らる其場を見申候得ハ、跡先二三町が間、敵味方壱人も不見敗北す、町筋ニ**某**・**古屋所左衛門**両人詞をかわし残る、于時**葛巻隼人**馳加り、左之方ニ有、黒ホ(カ)ロ金切団の出し也、其次に**梶川弥左衛門**、地白の羽織小将組番指物しない、其内ニ味方少々馳加り、敵味方散々穿鑿の時、**松平伯耆**申ハ、**九兵衛**手前**古屋**と両人後れ候ニ、残たる規模並を越たる義と申処に、**山崎閑斎**尤と諾す、然処に加増物並之事、其方遺恨に可存候と申、我等猶以其憤不浅由申候へハ、一度存分ニ可達由、慥ニ**伯耆**申候処ニ病気不復死去、我等迄恨不浅次第

一、御穿鑿之場にて我等申ハ、**葛巻**と玉造惣構より同事乗込、某ハ二度目の鑓より三度目ともに手ニ合候、**葛巻**ハ三度目に加り候、然ハ我等規模と存候と申候得ハ、**閑斎**云、両人共に鎗場迄馬にて参やと不審、尤四辻迄ハ両人なから馬にて参候由答、其後**閑斎**其外之面々も

徳川秀忠

兎角之無言句

一、水野内匠死去之刻迄、毎度参会之刻、其方最前之働並を越たる処、如何之義にて御加増其しるし無之やと申

一、右鑓之御吟味、何某と云者之口上を以被究、子細初度の鑓より其場之手ニ合候間、三度之内初鑓一廉規模有之、後三度之鑓御吟味之時、葛巻申候ハ、古屋所左衛門ハ隼人より一足先欤、扨何某と葛巻とはとたんと参候と申時ニ、何某が葛巻左様には申候得共、我等ハ一足跡の由辞申ニ付て惣様、扨も有様の申分御前ニも神妙ニ被思召之由也、然処に極テ御加増に至て、右之次第ニ申被下候、依之何かし後悔ニ存、後の御吟味之時偽を申、初の正直無ニ成申候、三度目の迫合場之様子を以、勝劣御穿鑿令決定故也

一、大樹秀忠公御他界之時、大坂戦功再興之時、先年之働御吟味其残り申事露顕し、並を越四百三十石之本知之上に五百七十石御加増、引合千石之御一行頂戴、御鉄砲御預御使番被仰付、無比類規模数年之遂鬱憤、家之面目何事ニ如之、剰嫡男平丞三百石、次男三郎四郎利常卿御近習之奉公、一廉可有御取立処早世、不便残念之至也、弐百十石、三男小平弐百石度々ニ被召出、御知行拝領仕候

一、後之御吟味之時、某申候ハ、先年之御穿鑿之次第、古屋所左衛門一、葛巻隼人二、梶川弥左衛門三、如斯御加増被下候、昔より及承候ハ諸人ニ一足踏出し一番鑓とハ申候、盃之召出し之様ニ三人突出る迄残りし者猶予可仕候哉、此段先年より遺恨ニ存といへ共、某若輩と申、高岡より罷越新参同前故、松平伯耆を以可立御耳と存処、伯耆死去ゆへ無是非数

年を送候処、此度の御吟味に達御耳事忝通近習篠屋宗栄を以申上ル、尤神妙候、左様ニ可有之と被成御意候

一、伴八矢岡山ニテ鑓を合、其後又町口鑓場へ加、某其時残居申候を、八矢慥に見申候よし、二度目之御吟味之時申上ル、此方より証拠に引不申所ニ、八矢如此申候ニ付て利常卿弥被聞召届、御加増惣並を越如件

一、利常卿小松御隠居之時、某小松へ可被召連人数之所に光高公某を被召仕度通被仰上候得共、一二往ニテ御許諾無之、然らハ可被進候、大坂表之事なと被仰立、面目らしき御意之由

一、寛永廿年五月、御小姓頭ニ被仰付、神尾主殿江戸光高[1]公御書持参、前田出雲守[2]両人被申渡、御意之趣某・中村惣右衛門御小将頭ニ被仰付候間、常ニ御奉公ニ不限御心持有之、御意之趣主殿口上ニ被申渡、料分弐百石拝領申候

小姓頭之内津田源右衛門・松平采女就病者数年任断指除候、此度両人義小姓頭申付候、連々思召寄事ニ候間、可得其意候、委曲神尾主殿可申候、かしく

五月十九日　筑前光高[3]御判

脇田九兵衛殿

中村惣右衛門殿

右御書頂戴仕といへとも、予存ル通有之ニ付、今枝民部方迄書付を以申上

覚

1 前田光高（加賀四代藩主）
2 前田利次（富山初代藩主）
3 前田光高

1 前田利常

2 前田利長

3 前田光高

一、私義、此跡中納言[1]様御近習之御奉公被仰付候処、眼かすみ其上筋気痛不行歩付、西尾隼人取次、誓詞を以御断申上、被成御赦免御役人ニ罷成候、其後御算用被仰付候得共、御国ニテ之御奉公故、只今迄相勤申候

一、古肥前[2]様以来、御近習之御奉公仕来、且て公儀向不存候、今程まして御旗本衆一人も不存候へハ、年罷寄眼かすみ候てハ、若役之御奉公公界向難勤、其段別て迷惑ニ奉存候

一、少将[3]様へ終御奉公不申上候処、跡々忝仕合難有奉存候、私ニ叶申御奉公ハ如何様ニも申上度覚悟ニ御座候、併寛永八年大坂表之義中納言様重て御吟味之刻、最前私並結句上め之御加増被下者にも越、過分之御加増拝領仕、物頭被仰付、外聞実儀忝冥加至極、難有奉存候得共、眼かすみ筋気御座候故、御近習御奉公御断申上、御役人ニ罷成申候、只今早速御請申上候義、連々たまり申候様ニ中納言様思召も難計、迷惑奉存候、其上御代々諸侍、年頭之御礼等をも、人持之次ニ御鉄砲頭申上、いつれの組頭より御鉄砲ハ自然之時も御先手へ加り申候ニ付て、諸侍望申所規模之御役ニ御座候て、諸事おとなしく御代々成来候、ケ様之義心中乍存忝と申上所存、表裏御座候得ハ、結句御うしろくらき儀と奉存候間、乍恐如是候、尤御帰城待附可申上儀ニ御座候得共、私老後露命難計、余之義替候条、先貴殿迄申入候、右之趣表向ヨリ被立御耳儀ハ御訴訟かましく候間、御内々を以御前可然様奉願候、以上

六月六日　　脇田九兵衛

今枝民部殿

民部返状

猶々御内状并御書付之義、此度かなめニ候間、御次テニ(ニテ)御披見ニ可入由、被仰越候、一世之御申分、今ならてハ掛御目ニ申ましきと御認御はし書ニ候、御小姓頭之事人持中ニも其器用多無之なとゝ随分被思召候処ニ、此度御書付沙汰の外存候得共、事之外之御存分、我等方へも又御つりも請可申かと千万不可然候得共、入御覧申候、御書付入御披見、被思召相違、御きもつふしの体相見へ申候、以上

今度**伊藤宇右衛門**御知行被仰付、為御礼参上、御便状到来、具令拝見候

一、今度貴殿御小将頭被仰付、御行当り之由、外聞珍重ニ候得共、御年被寄御近習御役御迷惑可為と何も御噂申候事ニ候得キ、一度**中納言**様御赦免被成、御国之御用被仰付候処ニ御眼かすみ御筋気、彼是公界向御奉公難成、第一**中納言**様へ御奉公御断御申上、安々と御請も**御前**如何可被思召候哉、右ヨリ御たまりニ成候テ一入御迷惑之由、此段御尤ニ候、連々乍存其段申上候事不成物と御推量之由、併貴殿被思とハ**御前**御意之通、格別之事候故、弥とかく愚意ニ不及候

一、**玉井藤右衛門・山森吉兵衛**御馬廻頭被仰付、貴殿御小将頭結句両人より劣申御書中ニ候、**御前**ニ被思召候とハ、天地相違之所、不及是非候、**中納言**様六年以前ニ御隠居被遊候節ヨリ、御小将頭之義**津田源右衛門**義ハ病者ニ罷成候、**松平采女**義ハ**伯耆**孫故被仰付候得共、其器量無之、誰ニても御指替有度との**御父子**様御内談度々ニ相聞得申候、御家中大勢之御人持ニ候得共其仁無之、御延引被成候、御馬廻組頭被仰付候衆なとにハ、中々可被仰付

体ニて無之と相聞え候、御小将頭始テ被仰付候ハ丹羽織部ニて候、大正寺ニて手ニ合、大坂・岡山ニて其時分御加増被下候、其後安彦左馬・葛巻隼人・杉江兵助・津田源右衛門、何も歴々ニて候、御加増も夫々ニ被仰付候、近年中納言様御代ニ、ヶ様之仁御馬廻組頭ニハ被仰付歟と存候、併貴殿思召寄色々被仰立候上ハ、御別紙・御状并御書付其まゝ可致披露と存候得共、此分ニては相手も出来、又第一御前向不可然と存候故、御同苗小平殿・中村六丞を我等所へ呼、一談合いたし御気ニ入間敷候得共、御書付引直、大方御存分之体ニ認直、夫より能筆跡ハ小平殿被能似候故、調させ一昨日御前へ上申候、以之外ニ思召相違之仕合ニ候、中納言様も此役儀被仰付候ハ、忝仕合ニ可存之由御意ニ候、筑前守様も過分之規模と思召寄、外聞旁被仰付候処ニ、其身左様ニ存候得ハ、諸事不詳ニ可存候、自然之御用ニも組中才許難成事ニ候間、御指替可被成ト被思召之旨、御内意ニテ、以之外御気ニ不入候

一、御父子様連々被思召候ハ、御代々御小将中御用立候者数多有之候、自然之時難所へハ御自身御手向可被成候旨、時分第一御小将を以御勝利可為候、其頭たるへきもの人多内ニも誰ニて可有之歟ト数年御父子様御吟味と相聞候、然処ニ御馬廻組頭より省(カ)候との御存分、我等共始合点不参候、定テ御恩(思カ)案たるへきとハ存候得共、天地相違之事

一、御眼かすみ御年被寄、江戸辺御供等難被成、第一先年中納言様へ御断之筋目相違之御断迄尤候、然とも余其分ニ被仰立候得ハ御奉公人作法も如何可有哉と此段も難計、少御存分之通をも書加申候ヲ、認替候下書、小平殿より可被進之由ニ候間、可被遂御披覧候、右御書

付をハ拙子ニ御預置、具小平殿より可被申入候、恐惶謹言

六月十九日　今枝民部直恒

脇田九兵衛様　御報

奉テ可及御断義、且ハ恐多ニヨリ御小将頭御請申上

一、同年九月江戸へ被召寄、翌年犬千代[1]様御三歳ニ被為成候間、御しらが[2]可上之旨御内意ニて正保二年正月廿一日御守殿二之間光高[3]公前ニテ御髪置御しらが上ル、従犬千代様康光御脇差、従光高公、黄金・御小袖、女共方へ銀子、従大姫[4]様女方へ銀子・御小袖、何も塚原治左（次）衛門并御局を以、過分拝領仕、于時御祝儀上句を奉る

いたゝたくや千年始の松の霜　直賢

みとりも春になひく呉竹　光高公

長閑なる池の岩ほに鶴の居て　同

一、犬千代様御髪置の儀式、大樹家光公達上聞、何者上候哉と御尋ニ依て某名被聞召上、夫婦子孫繁昌之者、其上大坂表之武功も被聞召上旨光高公御直ニ被仰聞候、奥方よりハ御局を以是又被仰聞候、其頃此沙汰江戸御屋敷中并金沢ニも少々可有伝聞候、

一、悲哉、同年四月五日光高公とみニ御隠れ、其程之次第難尽筆紙、予悲みニ不堪、当座ニ上句をもふけ百韻独吟

花はちりてかくになけきの茂り哉　直賢

一、回忌十百韻をつゝり影前に備奉る

1 前田綱紀
2 髪置祝のかぶりもの
3 前田光高
4 光高室（清泰院）将軍家光養女

第一　花はあたのたとへ有りけり去年の夢　直賢
第二　とふ跡の花やふりぬる軒の草
第三　花にちる下にかくるゝ袖の露
第四　いかにしていかに卯月のほとときす
第五　まほろしの伝やかたへり郭公
第六　したふなよ月の都を本津人
第七　かたよらぬ影や最中の秋の月
第八　山の端の心あはせや今朝の月
第九　あわ雪のあはとみし世のうらみ哉
第十　武蔵野のけふりくらへ雪の富士

一、光高公御逝去以後、犬千代様御幼君、三ヶ国之御仕置立帰り、利常卿万端御身ニ引懸、日夜無間被仰付、其儀右ニ越、別テ忝御意共折々の証文如左

一、公事場奉行被仰付、其後金沢町奉行可仕由御意之処、大役重畳難勤旨達テ御断申上ル、然共公事少々御用共可為御赦免、御小将頭并町奉行可令才許由、重テ被仰出、今以相勤、利常卿折々予ニ御懇意之御意之趣、奉書なと略書記之

慶安年中小松葭嶋ニテ御茶被下刻、当座

　月夜よし嶋根の木立今朝のゆき　直賢

金沢へ帰以後、小松ヨリ到来之状

御別紙御状令拝見候、今度ハ御仕合無所残珍重存候、貴殿歌道心懸連歌功者之由、被聞召上御噂之由、古左近・左門ヘ御意之旨ニ候、就其御墨跡をも俄ニ取ニ被遣候、右両人物語ニ候、扨々御手柄歌道冥加ニ御叶候と申事ニ候、将又御上句四句目まて調可進之旨得其意申候、内々左様ニ存候、土州[1]ヘ令相談追テ可申達候、以上

十一月廿日　　津[2]　玄蕃

葛[3]　隼人

脇[4]　九兵衛様　御報

又一通

先日孝治ノ第三仕置被申候

一時雨跡に深山の里とひ　　孝治

葭嶋におゐて

岩木たに心ありけり雪の庭　　明定

一、市川長左衛門御茶被下候砌、仕合之様子脇九兵ヘ物語仕、事外御感ニテ御座候

一、脇田九兵衛御茶被下候節、九兵衛連歌能仕候、あれ程仕ものなく候、只の者ニテハ無之由、品川左門ヘ被仰聞旨、古左近方ヨリ被申聞候、九兵衛葭嶋ニテ発句、定テ御聞可被成候、自是書付進之候、右上句左近書写被申候間、御詠覧ニ入可申ト存候、定家小紙俄ニ御懸被成候義、九兵衛ヘ御見せ可被成ためニ被為掛由、是又左近被申聞候、歌道にも何も冥加ニ叶たる仕合ト申儀ニ候、余無比類故、為御知如此ニ候、以上

1 土佐守
2 津田玄蕃
3 葛巻隼人
4 脇田九兵衛

十一月廿日　　津田玄蕃

今枝弥五次様

承応元年ノ正月、小松可令参賀ト存候処、年頭為御礼御手前此地ヘ可被罷越之旨相立御耳、寒気之節ニ候之条、罷越義必無用ニ候、此地ヘ参候同前ニ被思召候間、緩々と可有養生之旨、被仰出候、尤忝御仕合候、恐々謹言

正月十三日　　津田玄蕃

脇田九兵衛殿

予病気養生之刻

御餌柄之雲雀十五、両人ヘ被遣候、各病者老人之事ニ候間、雲雀給見被申候ハヽ、能可有之由被思召候、気分能覚被申候ハヽ、をひ〱雲雀可被下候、料理仕、其上ニテ心持能候ハヽ、拙者方迄様子可被申越旨、御意ニ候、誠忝御懇之御仕合ニ候、恐惶謹言

六月十五日　　竹田市三郎

脇田九兵衛殿

黒坂吉左衛門殿

御両人御飛札入御披見申候、先日被遣候雲雀被下見被申候処、持病之心持能覚被申旨、事之外御機嫌ニ御座候、雲雀態々あわさせ遣可申旨重テ被仰出、則八つ進之申候、誠以忝御意ニ御座候、重テ為御礼状ヲモ越申事無用と被仰出候、拙子心得ニテ遣体ニ可仕との御事ニ

御座候間其御意得尤ニ候、越中へ雲雀・鷹被遣候間、其節沢山ニ可被遣候、其時ハいかほとも御礼ニ飛脚をも被指上尤ニ候、此度ハ必々無用ニ御座候、中々御機嫌之事ハ筆紙ニ不被申候、誠ニ冥加御叶候体ニ御座候、恐惶謹言

六月十九日　**竹田市三郎**

脇田九兵衛様

黒坂吉左衛門様

明暦年中ニ

先日御用之義ニ付切々小松へ往来苦身ニ被思召候、年被寄御家中之かさりニモ候間、常々養生息災ニ可有之旨御懇之御意ニ候、漸々さむく成候条、可有恙之由被仰出、御小袖壱ツ被遣之頂戴尤ニ候、御礼此地へ被致祗（カ）候事、必無用之旨堅可申遣由被仰出候間、可被得其意候、恐惶謹言

九月七日　**津田玄蕃**

脇田九兵衛殿

一、明暦三年之暮、江戸天守台御普請、**綱利**公へ御頼被成旨上意之趣承、其儀数年**利常**卿御芳情忝不浅、**綱利**公御代御普請始ト申、無役人なから御奉公ニ候条間、余命モ不存候条、此度御奉公之名残ニ候条、役人並ニ被仰付候様ニト望申候処、奇特ニ申上ル旨**利常**卿御意之趣、**今枝民部**内状

猶以御訴訟一段首尾能相調、於拙子大慶仕候、首尾無残所候間、可御心易候、以上

先月廿一日御書付并御状三通、一昨十一日之御夜詰過ニ水原清左衛門方ヨリ被相届、令拝見候

一、来年御殿守台御普請加賀様へ就被仰出、貴様之義無役ニ候得共、御代始テ之御普請、其上御老後行末なかく御奉公之望も無之候間、此度御家中並ニ御普請役被相勤、又此地へ御越御屋敷之御番にても御勤有度よし、御書中之通具ニ品川左門へ致物語、御書付渡置申候

一、今夕能次テ有之、御書付入御披見候処、奇特成義被申上一段尤思召候、望之儀ニ候条、半役可相勤旨被仰出候、御前之首尾無残所御手柄ト存候、役人之義並モ可有之間、追テ其地三人衆迄可申入候、此地へ被召寄儀ハ有間敷候、二三日中清左衛門罷帰、其節委細可申達候、右之様子無心許候はんト先一日も早く御吉左右申入度、便宜も不存候得共此状調置申候、平丞殿へも御心得頼入存候

一、貴様ヨリ先ニ金沢頭衆之内一人、来年御役望之書付品川左門迄参、立御耳申候由、二番目ニ候得共余り間も無之中々左様之沙汰御聞候て御申上とハ不被思召体ニ候、此段御気遣有間敷候

一、御紙面之通、具ニ左門へ申達候間可御心易候、御息災ト相見御書面跡々ニ無替儀、先々目出度存候、御普請御用意彼是以之外取込続兼難儀仕候

一、時分柄寒気甚候得共、中納言様御持病指テ御痛も無御座候、御膳無御滞被召上候条可御心易候、加賀様御機嫌能事之外御成仁、今程御客等も有之御用ハ日々ニかさなり一入骨

前田利常

折申候、此状も鶏鳴時分漸々調申候、委曲追テ可申達候、恐惶謹言

今枝民部

十一月十三日

脇田九兵衛様　御報

品川左門状

改年之御慶目出度申納候、先以此方替義無之、両殿様御機嫌能被成御座候、然ハ先月四日之御状令拝見候、当年御普請役御望ニ付テ、今民部殿迄委曲御申入之通、立御耳半役可被相勤之旨被仰出、忝思召之由尤ニ存候、御懇之御意共珍重存候、御慇懃之預御札、却テ痛入存候、其御地別条無御座、貴様御堅固之旨、目出度存候、猶永日万喜可申入候、恐々謹言

品川左門

正月三日

脇田九兵衛様　御報

一、利常卿、万治元年十月十二日払暁ニトミニ身マカリオハシマス事不及是非次第也、某漸利常卿御前も熟候間、隠居之御断可申上ト頼み空敷、御幼君御十六歳、愚七十五才、残命露之消ヲ待耳（のみ）

一、金沢於宝円寺、微妙院殿御作善御執行、予悲嘆之志し百句ヲツラね御牌前ニ納奉ル

袖に見ようき世は北の片時雨　　直賢

十二月十日　御遺骨、高野御登山見送奉りて

帰山河そは終に雪の道　　直賢

愁涙難止

一、万治二年春、微妙院殿為御遺物、金銀并御道具なと小松人持・物頭、其外御近習之面々、諸奉行人等人々品により拝領、高下有之、於金沢ハ御一門・御家老中、金銀・御道具拝領也、御小将頭・御馬廻頭、黄金五枚宛、予も令拝領也、御鉄砲以下物頭分、黄金三枚・二枚多少有之、右ハ綱利公御下知如件

一、同年七月三日、奥村因幡・津田玄蕃を以被仰出、予御代々御奉公申、年も寄候間、隠居仕安楽ニ可罷在旨、忝御意ニテ嫡子平丞ニ千石之御一行被下、隠居料三百石拝領、重畳難有仕合、年来之望相達、則法体となり名のみむかしにかへりて如鉄と改め、聊と幽居、

薪尽[1]ナンタ（本ノママ写之）ヲマチ侍ル

一、予家業ハ作文タリトイヘとも自ら和国之風ニ習ひ歌道熟ス

源氏物語相伝之事

一、一華堂乗阿[2]　如見[3]

古田織部[4]公ハ西三条三光院[5]殿

源氏執心一部之功訖、雖然如元(見)、一華堂伝授之趣、講尺(釈)可申所望ヨリ、度々読申内ニ、西殿[6]之御聞書并口決不残如元(見)ヘ物語也

1 薪を尽すとは死去のこと
2 駿河長善寺僧
3 山田如見カ「金沢古蹟志」巻十にみえる
4 織豊期の大名茶人
5 三条西実枝（実澄）
6 西三条

芳春院殿[1]

直賢　　脇田九兵衛

如元（見）居士ハ薩州住人、為遊客歌道一篇ニ志深、住宅ヲ不求国々流浪シテ、所々ニ於テ人々の親み不浅、コ、ロハセ風流ニシテ無欲ノ人、是ヲ感スルノミ、一トセ芳春院殿、自江戸加州へ被為入候折節、如元（見）ヲ御誘引有テ、加越能連歌師共此流ヲ汲輩余多有、幸ト切紙伝授之人ハ、予一人ト覚へ候、其後利常卿室号天徳院殿御扶持人ト也、官女竹号岩崎トイフモノ源氏相伝弟子ニ被成、数年金沢ニ在留ス

古今伝授之事

宗訊[2]　堺町人 河内屋　　宗柳[3]　　島田屋常信

石野和泉　但集非伝授 宗訊箱伝　　芳春院殿　同上

牡丹花[4]　財部真存　薩州住人　麦生田道徹

財部以貫　財部宗佐　如元

芳春院殿

直賢　脇田九兵衛

山田仁右衛門

今枝民部　直友

---

1 前田利家室

2 連歌師、肖柏に学ぶ

3 連歌師、下田屋葦竹斎

4 牡丹花は肖柏

1古今集伝授
2夢庵は肖柏
3前田利長
4前田利常

奥村因幡　和豊

集伝授之事　宗訊聞書

芳春院殿へ石野和泉ヨリ依上之、如元(見)
集伝授[1]、完(元カ)祖宗訊・真存一流之趣

芳春院殿被聞召及、依御懇望読申処、宗訊聞書如合符切、勿論弥御信仰不浅、如元(見)嫡孫山田仁右衛門、依若輩難波津之歌ノ便有(カ)ヨシニテ予ニ被預、彼者成長しテ可相伝任遺言箱ヲモ開き申折節、直友執心不浅ニ因テ同聴、宗訊・真存聞書之箱共ニ綱利公之御文庫ニ有、牡丹花嫡流無疑事可知、真存法師ハ歌人也、蕚(夢)庵[2]へ所望ノ発句

鶯も梅か香おしむ羽風哉　肖柏

依伝聞之記了

右如見法師基ヨリ一所不住之人ニシテ、又遊客ト成テ京都ニ登り、其後武州到江戸、後藤少三郎宅ニテ終ニ身マカリ訖、于時七十五才

飛ほたるこゑきかぬ玉の行衛哉　直賢

一、予若輩より奉公之品々つく〱トかそふれハ、瑞龍院[3]様御代三カ国小取次被仰付、某ト大橋左門宛所之御直書方々ニ可有之、微妙院[4]様御代、諸代官手前残金奉行并金沢惣構奉行・御納戸金銀奉行青木助丞両人、大坂表御穿鑿之後、御使番御鉄砲十五挺、御普請役望候テ御

1 前田光高
2 前田利常

金奉行御理《ことわり》申上御赦免、三ヵ国御代官前御吟味之刻、又御用被仰付、新川算用聞前田刑部両人、右吟味一通相済候テ、三ヵ国御算用奉行奥村源左衛門・宮木（城）采女・青木助丞・某四人、御家中侍共除知御吟味被仰付候刻、御算用之上ニ奉行被仰付、津田源右衛門・菊池大学・青山織部・森権大夫・中村惣右衛門相奉行、公事場葛巻隼人・奥村源左衛門・菊池大学・某四人、陽広院[1]様御代、御小将頭津田源右衛門・松平采女断ニ付御指除被成、中村惣右衛門・某両人、森権大夫・北川久兵衛両人ニ御加被成候、微妙院[2]様より金沢町奉行富永勘解由左衛門ト某両人被仰付、則公事場・除知御用御断申上御赦免、御小将頭如前々、此外少分当座之御代官と、人持ニハ不成、乍去頭分並之者大方之人持ヨリ御賞翫之事無其隠、富貴ハ天命、右某子孫末々ニ成、如何成筋の玉かつらかけてもしらぬ世に、もし此筆之蹟残留らハ心得給へあなかしこ

脇田九兵衛直賢入道
如鉄　判

万治三年正月吉辰

脇田平丞殿
脇田小平殿

筆者
森田庄九郎
昌成　判

右ハ脇田家秘蔵ニテ漫ニ不許他見、有謂テ恩借、密ニ写之、本書誤字難解文面多し、然共

1重教室千間
2紀伊宗直女久
（鳥取藩池田宗泰室）

其侭ニ写之

丙辰三月小　　金沢御用番　奥村河内守殿

朔　日　二日快天、三日四日五日陰雨、六日七日陰晴交昏頃強地震少時有之、又一震正月七日ノ震ニ等し、八日申中刻ヨリ雨、九日十日快天、十一日雨、十二日寅上刻強地震衆人覚眠、昼后ヨリ雨、十三日快天、十四日雨、十五日十六日十七日快天昏頃強地震如十二日暁、十八日雨、十九日廿日快天、廿一日申中刻ヨリ雨、廿二日廿三日廿四日廿五日廿六日廿七日廿八日廿九日雨天、上旬春寒、中旬已来応時

三　日　両御丸へ御登城、直ニ広徳寺へ御参詣、九時御帰館、当日御祝詞御出之御客衆へ御対顔有之、御餅菓子・御吸物・御酒・御重肴出、当時ハ佳節ニテモ御饗物無之筈ニ候得共、従御城直ニ御出之御方モ有之ニ付、右之通也、且折々ハ御客方、組頭取計ニテ佳節・朔望・廿八日之内御餅菓子或餡懸団子等之内出之候筈之事

六　日　五時御供揃ニテ同刻過ヨリ寿光院[1]様略御行列ニテ御出、桂香院[2]様因州鳥取侯松平相州様御母堂、芝金杉御中邸ニ御居住、寿光院様御伯母也へ被為入、翌七日朝六時過御帰、右御邸ハ御庭ヨリ直ニ渡也、海際之御亭ニテ御饗応、芸子女被召寄、三味線・踊被仰付、且海路之通船等御見物、暨汐干ニ付貝御拾ひも有之、曳網モ被仰付候処、大鯛・鯔数多捕れ、夜ニ入候テハ女中等へ芝居・狂言被仰付、其外種々御饗応御慰共有之由也、御供人御表ヨリハ御大小将横目安達弥兵衛・御大小将三人罷出、御賄料理一汁五菜・御吸物・御酒・御肴、暮頃一汁一菜之

御賄、夜半頃一菜之御湯漬被下之、下々迄夫（々脱カ）右ニ准し被下之、従者共ヘモ赤飯被下之候事

七日　左之通被仰付

新知百石　　年寄女中幾野甥　**荻野佐右衛門**　改覚左衛門

右本組与力ニ被召出、附、勤方ハ御式台御附帳相勤候様同月十三日被仰渡、**高田新左衛門**申渡候、右**荻原覚左衛門**ハ**伊奈右近将監**[1]殿去年二月互見御家来ニテ御用方相勤候様之処、当時浪人也

同日　晩、御老中御用番**戸田采女正**[2]殿於御宅、御老中方列座并若年寄中出座、三奉行衆・大目付**安藤大和守**[3]殿・御目付**桑原善兵衛**[4]殿・**成瀬吉右衛門**[5]殿出席有之、**松平越中守**[6]殿左之通被仰渡

正親町前大納言[7]

尊号御内慮一件取計不行届并此度下向之上御尋共有之処、失体儀之儀不届之取《トリ》計御役柄別テ不行届義思召候、依之逼塞被仰付候

中山前大納言[8]

尊号御内慮一件取計不行届、此度下向之上御尋共有之処、不束之御答并軽率成取計、其外失体儀之儀共不埒ニ思召候、依之閉門被仰付候

右委細之趣、今日畾紙ニ書（カ）テ互見すへし

十二日　五半時御供揃ニテ同刻前御出、広徳寺ヘ御参詣

1伊奈忠尊（寛15 46頁）
2戸田氏教（寛14 379頁）
3安藤惟徳（寛19 304頁）
4桑原盛員（寛2 252頁）
5成瀬正定（寛15 133頁）
6松平定信（寛1 303頁）
7正親町公明（武家伝奏）
8中山愛親（義奏）

若君[1]様御髪置御祝儀、昨十一日有之、則昨朝左之通御献上

干鯛一箱　昆布一箱　御樽代千疋宛

公方[2]様・**若君**様へ　　御使人持組　**石野主殿助**

干鯛一箱　御樽代千疋宛

公方様・**若君**[3]様へ従**佐渡守**様　　同　御小将頭　**高田新左衛門**

干鯛一箱　御樽代千疋

御台[4]様へ従**相公**[5]様　　平川へ　同　御持頭　**伊藤津兵衛**

干鯛一箱　御樽代千疋

御台様へ従**佐渡守**[6]様　　平川へ　同　御先手物頭　**上月数馬**

十三日　右御髪置為御祝儀、惣出仕ニ付五時御供揃ニテ同刻頃御登城、九時頃御帰殿、但御下り直ニ御老中方御廻勤之筈ニ候処、上使有之御内沙汰ニ付御勤不被遊御帰、後刻御勤之筈也

同　日　九半時頃、御当番御目付衆ヨリ御小人目付ヲ以、追付上使御奏者番**松平能登守**[7]殿ヲ以御髪置為御祝儀、従**若君**様御両殿ヘ御拝領物有之段為御知、依之一統熨斗目・上下ニ着改候処、無程御拝領物**相公**[8]様ヘ干鯛一箱・御樽代千疋、**佐渡守**様ヘ干鯛一箱御到来、御大書院三ノ間御杉戸外迄御歩持参、夫　ヨリ御大小将六人受取之、御大書院御上段下ニ飾之、無程上使**能登守**殿御出、御門前ヘ**前田大炊**・**今枝内記**、聞番三人内**菊池九右衛門**御白洲之内御先立相勤、御白洲右之方ヘ頭分八人、左之方ヘ御門受取之頭并割場奉行等罷出、敷付ヘ**飛騨守**[9]様并御受取之御旗本衆五人、敷付中程ヘ**御前**御出迎御大書院ヘ御誘引、御熨斗

1 徳川家斉男竹千代
2 徳川家斉
3 竹千代
4 家斉室寔子
5 治脩（十一代）
6 前田斉敬（重教男）
7 松平乗保（寛1 69頁）
8 前田治脩（十一代）
9 前田利考（大聖寺藩八代）

山本茂孫（寛22 257頁）

木地三方出之、上意御拝聴之上、御小書院へ御誘引、御料理・御盃事御断ニ付御餅菓子等段々出之、御酒・御肴ハ御持参、御相伴御先手山本伊予守殿へハ御給事人出之、御かよひ御表小将、右畢テ御請被仰上、追付御退去之節、御作法最前之通、御刀取御大小将**永原七郎右衛門**、階上列挙組頭・御用人・聞番・御番頭・御横目・御大小将、右為御礼八時御出、御登城并御老中方御勤、且御立戻今朝之御勤モ有之、七時頃御帰、直ニ御居宅へ被為入候、将又**飛騨守**様并御取持衆へ饂飩・御吸物・御酒・御肴、上使御退去後、二汁五菜之御料理等、後御菓子迄出之、御給事御大小将

上使へ出候御菓子左之通

煮染麩 砂糖	御菓子 ようかん 紅薄皮餅 葛巻	御吸物 はた白 山升の葉
御酒御肴	まくりかまほこ 杉串	御茶受 山升餅 かわたけ
後菓子	有平糖 紅吹よせ 青柳小みとり	以上

右之外、二汁六菜御料理等御用意有之候得共、御断ニ付出不申事

同　日　左之通被仰付、但於江戸也

五十石御加増先知都合百五十石　江戸御広式御用人 **山森和兵衛**

右**和兵衛**御広式御用久々精ニ入相勤ニ付如此被仰付

今日御国へ之御暇被下
御発駕御前後ニ発足罷帰候様
被仰渡

御台所奉行
加須屋八郎右衛門

十五日　月次御登城、四時御帰館、且飛騨守様御目見相済候後、此方様ニモ御対顔、御盃事之上、御刀被進候御例之処、彼是相延去年九月右御作法ニテ御招請之筈ニ候処、其節モ相延今日御招請、従御城直ニ御出、都テ左之御作法書之通、御相伴能勢市兵衛殿[1]、御嘉儀斎藤[2]長八郎殿之事

飛騨守様当十五日御出之節御作法

一、御附人、御城下り并本郷三丁目弐人宛付置可申候、御登城無御座候ハ、御宅へ迄弐人付置可申候

一、御出之節、中之口御玄関へ物頭両人、御刀持御小将罷出、御溜へ物頭御誘引仕、御茶・御たはこ盆出之、御口上ヲ以可被仰上候

一、御居間書院へ御通之儀、被仰出次第組頭御誘引仕、右之通之段達御聴、御前御出、御対顔之内、御熨斗木地三方出之、引之、御前御勝手へ可被為入候

一、御刀御溜ヨリ新御廊下入口迄御大小将持参仕、夫ヨリ御表小将受取、御居間書院上之御椽頬ニ直之可申候

一、御料理二汁六菜塗木具、御相伴御取持衆之内御一人可申談之

一、御引菜、御前御持参可被遊候、御相伴へハ御給事人引之可申候、御酒之上、御肴御取持

1 能勢能弘（寛19 169頁）
2 斉藤総良（寛13 161頁）

衆御引被成申候ニ可申談候、御相伴ヘハ御給事人引之可申候
一、御盃事、御土器木地三方、御肴同一向出之、御前御初ニテ飛騨守様ヘ被進、御肴モ被進、此時被進候御刀、御取持衆之内御持参、御戴御退座、御指替御礼被仰上、重テ御着座之上、御加被成御返盃、御肴モ被上御加、御納可被遊候、御前御勝手ヘ被為入、御濃茶・後御菓子迄段々出之可申候
一、御退出之節、御居間書院御廊下中程迄御送可被遊候、夫ヨリ御溜ヘ組頭御誘引仕、御近習頭ヲ以御対顔之御礼等可被仰上候、御退出之節、御玄関ヘ物頭等最前之通罷出可申候
一、御居間書院御飾被仰付ニテ可有御座候
一、御取持衆本多帯刀[1]殿・斉藤長八郎[2]殿ニ可申遣候哉
一、御城坊主衆利倉善佐・谷村嘉順内、召出候様可仕哉
一、右御用携候人々、服紗小袖・布上下着用可仕候
右延享元年十一月造酒丞[3]様初テ御出之節、安永三年十一月造酒丞様・備後守[4]様御同道初テ御出之節之御振合ヲ以詮議仕奉伺候、以上

三月十一日　　大屋武右衛門
　　　　　　　高田新左衛門

右御客方、組頭ヨリ伺之通被仰出、則今日右御作法書之通り、本多帯刀[5]殿ハ御隙入有之ニ付能勢市兵衛[6]殿御出之義申遣候事
御料理三汁五菜、外御引菜、御膳塗木具

---

1 本多政房（寛11 296頁）
2 斉藤総良（寛13 161頁）
3 前田利道（大聖寺藩五代）
4 前田利精（大聖寺藩六代）
5 本多政房（寛11 296頁）
6 能勢能弘（寛19 169頁）

1浅野重晟(寛5 344頁)
2浅野斉賢(寛5 345頁)
3浅野長員(寛5 346頁)

御汁 つみ入 皮大こん ふき しいたけ つま白
御めし
鱠 すゝき くり しそ しやうか 金かん
香物 粕漬瓜
御汁 この葉鯛 山升の葉
杉箱 鮑煮 岩たけ 包とうふ 敷葛
浸物 かういか くこ ふりごま
一ツ焼鯛
御引菜 鰡みそ漬 青くし
御酒 御肴 大板かまほこ
御吸物 結きす いとな 紐のり
御取肴 巻鯣 こん切
御茶請 求肥飴 長いも色付
後御菓子 すいしやん 紅菊霜 黄小みとり
已上

十六日　安芸守[1]様・右京大夫[2]并松平近江守[3]殿御見廻懸り之趣ニテ九時前ヨリ寛々御出、御附人御出宅本郷三丁目并付廻弐人宛、近江守殿御附人ハ本郷三丁目迄、安芸守様御父子様御出之節御玄関鏡板へ年寄中・御家老中、敷付端へ組頭・物頭罷出、御前御広間御椽頬折廻辺迄御出向、御小書院へ御誘引、御刀直御大小将御広間上御廊下迄罷出、御刀御小書院御椽頬御杉戸之内御刀掛ニ直之候、近江守殿ニハ暫御早く御越、敷附中へ御平常御会釈之通、頭分并御大小将罷出、頭分御先立仕、先御定席御小書院溜へ御誘引仕置、安芸守様等御迎之

上、組頭御小書院へ御誘引仕候

但**安芸守**様御同道ニテ御出ニ候得ハ御小書院へ御一集ニ御通し、尤年寄中等其侭鏡板等ニ罷在筈、御退出モ御一集ニ候得ハ是又御同格、御引後《おく》れ御退出ニ候得ハ最前御出之節之通之筈ニ候処、御指続御一集ニ御退出ニ付**安芸守**様御会釈御同様之事

杉戸之外御刀懸ニ直之、御小書院御飾御懸物二幅対雪梅、銀大角鉢ニ立花、松椿白藤等、硯箱・紙青白・冊物・文鎮唐金人形、御休息之間御懸物古法眼筆山水、御三方様御小書院へ御着座、御挨拶之内御熨斗三方持参之御表小将迄布上下着用、其外ハ一統常服之事出之、**御前**御入之上、御茶・たはこ盆出之、追付二汁六菜、向詰一ツ焼之御料理等、御引菜御三方様へ御持参、御相伴**戸田久助**[1]殿・**能勢市郎兵衛**[2]殿ニハ御給事人引之、夫ヨリ後御菓子迄左之御献立之通出之、御給事御表小将・同加人・御大小将、右相済、御庭へ御出、御休息之間迄組頭御先立、御庭ハ御近習頭御先立、御取持衆御四人モ御一集ニ御出、御城坊主衆四人并御客方組頭両人モ御供、御刀御三方様共御表小将持参、御亭・御馬見所ニテモ左之通御饗応有之、乗馬御供頭并御近習之者坂下厩口ヨリ相廻し見物被仰付御覧、右相済、御小書院へ御復座、席画狩野洞春・諸葛翰(監)画之并一調一管・御囃子等左之通御覧、夫ヨリ一汁五菜之御湯漬等出之、夜五時頃御退出、御使者之間御杉戸之外迄**御前**御送、御取持衆御四人共鑑板迄御送、年寄中等敷付、組頭等敷付居こぼれ罷出候、御出之節・御退出之節共階上列居、組頭・御用人・聞番・御番頭・御横目・御大小将、**御父子様**御供人頭分ハ御広間溜ニテ一汁三菜之御料理等、其外ハ於饗応所、侍以上一汁三菜、御徒一汁二菜之御料理等被下之、**近江守**殿御供人頭分ハ上

1 戸田勝愛（寛14 353頁）
2 能勢能弘（寛19 169頁）

使腰懸ニテ一汁三菜、其外於饗応所右同様被下之、御三方様とも足軽以下へハ軽き御賄被下之、夜ニ入、御徒以上へ麺類・御吸物・御酒、足軽以下へハ赤飯・御酒等被下之

一、近江守殿御引後れ御退出ニ候得ハ、御広間上之御椽類御杉戸之外迄御送之筈ニ候処、指続御退出ニ付御会釈、都テ御三方様御同様之事

御番附

東北　仕舞　宝生太夫　語　蓬莱　新丞　二人静　仕舞　権五郎

語　鉢木　万作　国栖　仕舞　吉之助

一調　江口　清次郎　籠太鼓　三郎右衛門　善知鳥　清次郎

昭君　太右衛門

一管　鷺　養五郎

舞囃子　宝生太夫　鶴亀　三助　太右衛門　清次郎　養五郎

権五郎　紘上　伝蔵　太次郎　仁九郎　源蔵

一、御取持衆前記之御両人本多帯刀[1]殿・武藤庄兵衛[2]殿御越御相伴、御両人宛代々、尤於御常席モ品々出候事

一、御城坊主衆ハ利倉善佐・同善甫・谷村嘉順等五人罷出候事

一、乗馬被仰付候人々、御馬役有田侑右衛門・絹川治部吉并御表小将ヨリ高山表五郎・中村才兵衛、御大小将ヨリ永原七郎左衛門・三宅平太左衛門・堀左兵衛・中村織人之事

御料理二汁六菜外御引菜、御膳塗木具

1 本多政房（寛11 296頁）
2 武藤安徴（寛14 7頁）

鱠　たい　みるくい
しそ　くり　金かん
香物　粕漬　平瓜　花茄子
森口漬　蕪
御汁　角しんしよ　ふき
御めし　すゝ竹の子　小な

二
杉箱　湯引はた白　すたれふ
生わらひ　敷葛
青和　くしこ
うと
かふ小口
御汁　薄塩　鱸
山椒の葉

八寸
刺味　なよし薄作り　山吹　三嶋のり
黒えひ　黒くらけ　つま白
わさひ　九年母　笹
向詰　鯛焼て

いり酒
御引菜　鱒　みそ漬焼
青くし

御酒御肴　生干さより
御吸物　尾ひれ　花いか
きくな

御茶請　陽成餅
かわたけ
後御菓子　若松糖　紅ていさやう
黄吹よせ

御庭ヨリ御小書院ヘ御復座之上

花かつを
わさび
しほり汁
へに切
御下汁
御盛替　御吸物　あから
しそ

御酒御肴　石もち
口ほろ焼
巻鮨　ます　たて
浅草のり

御吸物《うしほ》　たい　同頭
　山椒の葉

酢みそ　赤貝わた煎　くこ
　紅葉のり

御椀　あわ雪　松露
　一塩きす

御茶請　葛焼
　ゆはいろ付

後御菓子　長生殿　紅黄小みとり
　麦細巻せんへい

御湯漬　一汁五菜　墨塗御膳

酒浸　一塩すゝき　からすみ
　よりかつを　防風

御汁　焼たい　ねいも
　岩たけ

香物

煮物　よせとうふ
　濂玉子
　薄葛通し

煮物　白魚
　枝山椒

浸物　のし　くこ
　ふりごま

御酒御肴　みそつけ
　いせ鯉

御干菓子　茶短尺　落雁　紅梅糖
　霜はしら

高山於御亭、八角蝶蒔絵御重一組

上　福目塩引　松葉ごぼう
　のしはな　南天葉

二　すたれはへん　あいなめ色付焼
　やきふ　塩しいたけ
　きんあん

たいらぎ貝

三
にしき糖　千代はま
黄小わん　金平糖
まつ笠

下
八重成やうかん
黄葛まき

染付徳利名酒
養老酒
忍冬酒
御ちよく

於御馬見所

煮染
小さゝゐ　結かんひやう
長いも色付

あん懸団子　　御盛替

砂糖

御吸物
こち
たゝきな

もみ蚫
薑せうが　九年母才(ママ)
いり酒

与
小平かん　うづまき
春の山

御小蓋
小鴨焼鳥　青串
むし玉子　板付かまほこ
苞はす　結ひしき
若菜　巻はへん
酢漬　紅かくてん

御銚子
角田川
煮しめくわい　笹
南天葉

御酒
御肴
苞とうふ
もみかつを

煎鳥　つぐみ　てうろぎ　つくし

以上

一、御三方様御供頭十人、平士三十人、一汁三菜・御酒・御肴・御茶菓子、但頭分ハ面々菓子、平士ハ惣体菓子、且麺類等左之通

鱠　ひらめ　九年母　ひしき　うと　紅葉のり　　香物　粕漬　平瓜　なすひ　　汁　つみ入　地紙大根　ふき　しいたけ

煮物　むし玉子　すたれふ　つくねいも　　切焼　わらさいろ付　　めし

酒肴　角はへん　　茶菓子　墨形落雁　等三品

暮過左之通

すりからし　しほり汁　そうめん　下汁　　吸物　こち　山升のは　　酒肴　苞とうふ　平ふし

右之外、御徒三十人一汁二菜・御酒肴・棹（カ）菓子、但一菜減ニ付切焼ハ無之、其外ハ右同断

一、足軽一汁二菜、小者一汁一菜等左之通、但陪従モ同断

鱒　いなた　うと　ひしき　防風　　香物　塩茄子　　汁　はまくり　大こん

煮物　つみ入　芋の子　こんにやく　にんじん　苞とうふ　葛通し　　酒肴　さひするめ

右之内小者ハ一菜減ニ付鱠無之、煮物・向付

但夕方足軽・小者陪従共一統へ左之通被下之

赤飯　ごま塩　するめ　香物

附、御提灯持へも右赤飯ハ被下之候事

十七日　大小将平田磯次郎・大脇靭負、佐渡守[1]様御道中宿割・御宿拵為御用、今月四日金沢発足之処、川々指支二日之逗留ニ相成候得共、追込昨日参着ニ付、昨日暁発足岩田是五郎・神保金十郎罷帰候筈之処、昨日ハ御客有之、御人支ニ付今暁発出罷帰、且是五郎義京都御使ニテ失墜多懸り難渋ニ付、頭大屋武右衛門ヨリ願之趣有之候得共、御詮義中ニテ層《かさねて》不被仰渡候ニ付、七月迄小払金三十両借用貸渡有之并両人へ春来諸物高直ニ付金五両宛御貸渡、返上之義ハ追テ被仰渡筈也

一、若君[2]様今度御髪置為御祝儀、従佐渡守様公辺へ之御使、於御旅中小川八郎右衛門御近習騎馬也、当御留守詰御用人、本役御先手へ被仰渡、今昼参着、御老中方等へ之御使、聞番同道相勤、右同断、以上使一種御拝領ニ付、御礼之御使御附御大小将御番頭樫田折之助へ被仰渡、今晩参着、翌十八日御使夫々勤之

十八日　八時之御供揃ニテ同刻過御出、飛騨守[3]様・出雲守[4]様へ被為入御通、夫ヨリ喜連川左兵衛督[5]殿・藤堂和泉守[6]殿御年賀御勤、七時過直ニ御居宅へ被為入候事

但自分[7]御供、於飛騨守様御茶御試仕候様御役人申聞ニ付御試仕、其段於御居宅御先詰石黒小右衛門ヲ以申上候事

---

1 前田斉敬（重教男）
2 竹千代
3 前田利考（大聖寺藩八代）
4 前田利謙（富山藩八代）
5 喜連川恵氏（寛2 122頁）
6 藤堂高嶷（寛14 298頁）室は備後守利道女
7 政隣

前田孝友

△春来諸物高直、御供ニテ罷帰候人々難渋、御供出立指支候者モ有之段、大屋武右衛門ヨリ段々願ニ付格別之趣を以御聞届、御帰国御供人之内去秋以来相詰候者ヘハ一人扶持ニ銀八拾目宛、古詰之者ヘハ一人扶持ニ金小判一両宛御貸渡、足軽・小者ヘハ右割合を以可被下段被仰出候由、今日前田大炊殿被仰渡候旨、大屋ヨリ諸頭ヘ廻状出

但交代帰之御大小将中ヘハ知行之高下無差別金小判五両宛御貸渡、是又諸物高直等ニテ指支候ニ付格別之趣を以頭ヨリ之願御聞届之事

一、左之人々元来勝手難渋或ハ小知ニテ繁儀相勤物入多、発足前払方等指支候ニ付大屋武右衛門ヨリ会所才覚金借用、左之通貸附有之、返済ハ当年七月・来年七月・十二月ト三ケ度ニ利足壱歩三之割合ヲ以相添返済之筈、尤連名之証文田辺・安達・永原ハ人別証文、夫々大屋名宛ニテ取立有之

但右会所才覚之義、大炊殿被聞届ニテ会所奉行ヘ被仰渡有之候事

拾五両	田辺長右衛門	五　両	永原半左衛門	弐拾両	安達弥兵衛
十五両	前田牽次郎	十五両	三浦重蔵	十　両	池田三九郎
十五両	真田佐次兵衛	十五両	成田長大夫	十五両	岡田徳三郎
十五両	堀　左兵衛	十五両	中　孫十郎	十　両	中村織人
十　両	永原七郎右衛門		都合百七十両		

十九日　暁七時御供揃ニテ佐渡守様蕨駅御発駕之筈ニ付、為御待請朝六時過揃ニテ、各御殿ヘ布上下着用相詰有之候処、四時過御着府、追分口御門ヨリ御入、中之口御式台ヨリ被為入、大

炊・内記[1]并頭分御白州へ罷出脇差迄ニテ出、御近習頭曁石野主殿助蔦之間御廊下へ罷出、中ノ口ヨリ御附人持永原将監御先立ニテ御溜へ被為入、夫ヨリ於御居間書院、御旅装束之侭ニテ相公[2]様へ御対顔、御熨斗三方御表小将上之、右相済御奥へ被為入重テ御表へ御出、御客衆へ御対顔、一先御溜へ被為入、夫ヨリ中之口二枚開ヨリ御本宅御広式へ被為入御対顔、等之御礼寿光院[3]様へ被仰上、夫ヨリ新御居宅へ被為入、追付御老中方御廻勤、御表ヨリ御供御先角御大小将三人迄、其外ハ御身附ヨリ罷出、且又入江廣瑞・古筆了意等御出入之町人共御客衆へ御対顔ニ御出之刻、御通懸り御目見、奏者組頭・物頭・御番頭勤之前廉大炊殿被仰渡有之義等相公様御着府之節御同事

一、御客衆等へ一汁五菜之御料理等、後御菓子迄段々出之

一、御表ヨリ御先手浅井和大夫・御横目水越八郎左衛門・御大小将湯原友之助・坂井権九郎、御道中御近習騎馬勤之、岸忠兵衛役附正月廿八日記之通ニテ参着、其外ハ御身附之事、附今月七日朝五半時頃金沢御発駕御作法等、都テ寛政二年八月御発駕之節同断ニ付略ス

相公様同日八時御供揃ニテ同刻過御出、尾張様[4]・水戸様[5]へ御勤、暮前御帰殿、明廿日五半時御供揃ニテ、聖堂へ御参堂、夫ヨリ伝通院へ御参詣被仰出、且御参堂ニ付御目見以上服御改之時モ石野主殿助ヲ以被仰出、奉自分、夫ニ付左之通相窺之候処、伺之通就被仰出候、夫々申談候、御取次石野

明廿日聖堂御参堂之節、仰高門之外ニテ御下乗、三十人頭此所ニ相残、入徳門外雁木坂之□（下カ）ニテ、私共以下新番迄并御草履取相残、雨天ニ候得ハ、入徳門之内御手傘御手

1 今枝易直
2 治脩（十一代）
3 重教室千間
4 徳川宗睦
5 徳川治保

自被遊御指、夫ヨリ内上下御供之者迄御供仕可申候奉存候
一、御下乗ヨリ上下御供之組頭御先立可仕義ト奉存候
一、歩御供一統羽織・袴着用可仕ト奉存候
一、仰高門ヨリ三四間計手前ニテ、御挟箱・御歩・御鎗等相残可申ト奉存候
一、惣従者仰高門ヨリ十間計手前ニテ見計相残可申ト奉存候
右元禄四年閏八月十八日御参堂之御振合ヲ以、詮議仕奉伺候、其以後モ御先代様毎度御参堂御座候得共、委曲之儀留帳ニ相見ヘ不申候間、右之御振合ニ相心得可申哉ト奉存候、右奉窺候、以上

三月十九日　**田辺長左衛門**　**津田権平**
永原半左衛門　**安達弥兵衛**

廿日　前記之御供揃ニテ同刻頃御出、御参堂等被遊、四半時頃御帰館、自分御供、御横目御供**安達弥兵衛**、聖堂上下御供組頭**高田新左衛門**・御使番**石黒小右衛門**・御表小将**林平二郎**、三人共服紗小袖着用、**御前**御長袴被為召候、聖堂ヘ御太刀馬代金御献納、御先使聞番**菊池九右衛門**勤之、但伺之上申渡置候迄、御草履取、入徳門外雁木坂之下ニ相残候処、杏檀門迄被召連候義不指支段御役人申聞候由、聞番**菊池九右衛門**申聞候ニ付御供為仕、其段御帰殿之上**主殿助**ヲ以申上置候、且入徳門ヨリ内ハ、上下御供等モ素足ニテ御供、**御前**ハ御草履被召替候事

廿一日　五時御供揃ニテ同刻過御出、上野御宮惣御霊屋、夫ヨリ増上寺惣御霊屋御参詣并御本

坊・方丈御勤、夫ヨリ芝御広式[1]ヘ被為入、夜九半時頃御帰殿
一、一昨十九日、今日・明日於竹之間、頭分以上布上下着用**佐渡守**様御着府為御祝儀、御帳ニ附候事
但御用ニテ指支候ニ付御帳三ヶ日出候事
一、昨日聖堂ヘ初テ御参堂ニ付今日**林大学頭**[2]殿ヘ長綿五把、御大小将御使ヲ以被遣之
一、御家老**西尾隼人**殿、一昨十九日**佐渡守**様御供ニテ参着ニ付今朝**今枝内記**殿発御国ヘ被帰候事

廿二日 御大小将**真田佐次兵衛**実母、御表小将**津田権五郎**厄介人病死之段、従金沢告来候ニ付**佐次兵衛**今日ヨリ忌中御番引、但御人支ニ付同月廿七日ヨリ忌御免
附、右厄介人ハ**権五郎**祖父故**五郎兵衛**妾ニテ、出生モ無之候得共、久々召仕候者故致厄介置候由、右之者元来ハ**佐次兵衛**実父芝御広式御用人**佐藤弥次兵衛**妾ニテ、**佐次兵衛**ヲ産候処、本妻之致産子ニ、右妾ハ暇ヲ遣候、依之**佐次兵衛**実母ハ則**弥次兵衛**本妻也、然れ共右**権五郎**厄介人共、生母之親しみヲ以**佐次兵衛**義致通路候ニ付、如本文忌引、重テ**弥次兵衛**妻死去之節モ、是又実母之続ヲ以忌引之筈、然れハ**佐次兵衛**義実母両人如何なから通路致し来り候、生母之事故、右之通也、勿論通路不致候得ハ服忌無之筈ニ候事、右御先手兼御用人**水野次郎大夫**家ニ先例的当之義有之候事

廿五日 依御紙面御席ヘ罷出候処、左之御覚書ヲ以**西尾隼人**殿御申渡、依テ当御在府支配之御使番**久能吉大夫**・**石黒小左衛門**ヨリ四月三日支配方引受候事

---

1 重教女穎の居宅
2 林信敬（寛12 400頁）

新番 〔(空白)〕

右 御留守中可有支配候事

廿六日 五半時御供揃ニテ四時頃御出、**紀州様**[1]ヘ御勤、八時頃御帰館

同　日 芝御広式ヘ四時御供揃ニテ**祐仙院**[2]様御年賀之御振合ニテ被為入、夜七時過御帰

(廿)十八日 昨日ヨリ上使之御内沙汰ニ付、今日一統五時揃之処、九時前御当番御目附衆ヨリ追付為上使御老中**松平伊豆守**[3]殿御出之旨、御小人目附ヲ以為御知有之、聞番承達御聴、夫ヨリ一統熨斗目ニ改、但御暇之上使ハ頭分以上并御給事役迄熨斗目、其外取次御小将等ハ服紗小袖・布上下之御例ニ候得共、今日ハ**佐渡守**[4]様御在府ニ付テ之上使モ御兼ニ付、一統熨斗目着用也

追付御拝領物紗綾三十巻・白銀五十枚、従**若君**[5]様紗綾二十巻到来、御玄関ヨリ御大書院三之間御杉戸際迄御歩持参、夫ヨリ御大小将六人台一ッ二人宛也ニテ持運之、御上段際ニ飾之、従**御台様**[6]モ御拝受物巻物五ッ到来、是又右同様ニテ先御大書院溜ニ指置、**伊豆守**殿御退出之上右同断御上段際ニ飾之、将又御拝領物ハ上使御小書院ニテ御饗応之間ニ、御大小将舟之間ヘ引之、然処御附人追々告来、九半時頃上使**松平伊豆守**殿御出、御門下ヘ**御両殿**様御出迎、御門外ヘ年寄衆等并聞番三人、御白州ヘ頭分十人、幕番所前ヘ御門受取之物頭・割場奉行与力、敷付ヘ**飛騨守**[7]様并御取持**山本伊予守**[8]殿等七人、階上列居前々之通、**御前**御先立被遊、**佐渡守**様ハ上使御跡ニ御随ひ、於御大書院上意御拝聴、御拝領物御頂戴、御勝手ヘ被為入、夫ヨリ**佐渡守**様上意御拝聴、畢テ御熨斗木地三方出之、夫ヨリ御小書院ヘ御誘引、

1 徳川治宝
2 吉徳女暢
3 松平信明（寛4 410頁）
4 前田斉敬（重教男）
5 徳川家斉男竹千代
6 徳川家斉室寔子
7 前田利考（寛17 289頁）（大聖寺藩八代）
8 山本茂孫（寛22 257頁）

二汁六菜之御料理等出、御前御相伴、向詰御持参、御濃茶ハ佐渡守様御持参、御酒・御肴ハ飛騨守様御持参、御両殿様共御盃事被遊、夫ヨリ後御菓子等迄段々出之、御給事御表小将、畢テ無程御退出、御作法最前之通、暫有之従御台様御使御広式御用人中嶋三左衛門殿ヲ以、前記之通御拝受物有之、御作法都テ御使番上使御同格ニ月二日之通ニ付略ス、於御大書院御餅菓子等段々出之、御盃事御断之事

但上使御刀持池田数馬、御使御刀持ハ石黒庄司郎之事

御料理二汁六菜塗木具

膾　たい　さより
　　たて　金かん

香物　粕漬瓜

御汁　つみ入　ふき　蕨
　　　しい茸　つま白

杉箱　くしこ　すゝ竹
　　　あわび　敷葛

としんきん　梅干
　　　　　　かつを
　　　　　　ちんひ

御汁　すゝき
　　　山椒の葉

二

刺味　鮪薄作り子付　みる　糸玉子　わさび
　　　黒くらけ　紅かくてん　久年母　なんてん葉

猪口　いり酒

向詰　鯛焼て

御酒御肴　小板かまほこ

御吸物　尾ひれ
　　　　花きす
　　　　いとな

御土器　木地三方

御取肴　木地三方　塩巻するめ
　　　　　　　　　こん切
　　　　　　　　　ふくらのし

御下捨土器　足打

御茶請　養老飴　川たけ　　御濃茶　　後御菓子　茶筋有平糖　紅吹よせ　黄小みとり

御使之御方御餅菓子等左之通

にしめ麩

さとう　さゝげやうかん　紅きく餅　おぼろまんちう　　御吸物　すゝき　山椒の葉

御酒御肴　御茶請　　後御菓子　右同断

一、飛騨守様并御取持衆等ヘ御菓子等出、上使等御退出後、右同様之御料理出之、但向詰ハ無之

一、八時過御出、右為御礼御老中方并本多弾正大弼[1]殿御廻勤、直ニ御居宅ヘ被為入、佐渡守様ニモ御同様御廻勤之事

廿九日　八時頃御用番戸田采女正[2]殿ヨリ以御奉書、明朔日五時御登城御暇之御礼可被仰上旨申来、佐渡守様ヘモ御同人ヨリ以御奉書、御参府之御礼可被仰上旨御同様ニ申来、依之明日御殿向一統服紗袷・布上下着用平詰之旨御横目中申談有之

同　日　交代ニテ発足御国ヘ罷帰候御大小将之内、池田数馬四月二日鑓持仁助供ニ後れ指急歩行之内、空腹ニ相成候ニ付、上州高崎町端茶屋軒端ヘ鑓ヲ指置店ニ入食餌致し出候処、右鑓相見ヘ不申、若党吉野直作義モ供ニ後れ同所ヘ罷越候ニ付、両人致し其辺尋候得共相見

1 本多忠籌（寛11 231頁）
2 戸田氏教（寛14 379頁）

へ不申ニ付、右之趣直作ヨリ茶屋へ申入、茶屋ヨリ町役人へモ相届、所々尋候得共、一向相見得不申、紛失ニ無相違、此上ハ内分ニテ為相済くれ候様町役人等申聞ニ付承届、右町役人紙面取受、替鐀用意仕、道中為持罷帰四月十二日候、右仁助道中ヨリ煩出、帰着当日病死し候旨等同月廿五日数馬書付ヲ以、頭大屋武右衛門へ及届、同人ヨリ御用番本多玄蕃助殿へ及御達置候事

今月十日　金沢ニおゐて左之通御用番本多玄蕃助殿被仰渡

白銀十枚、右御預地方為御用、江戸表へ罷越候ニ付　**戸田五左衛門**
前々之通被下候事

右ハ御預地懸り之公義御役人中へ為土産贈物、最前ハ従御上、品物被下候処、近年相止右為代、右之通白銀被下之、是ヲ以自分ニ贈物相調贈候由、依之御礼勤ハ無之候事

今月廿八日　於金沢左之通被仰付

定番御馬御番頭　**富田勝右衛門**代　江戸御広式御用人ヨリ　**千秋丈助**
二之御丸御広式御用兼帯

会所奉行　御馬廻会所奉行加人ヨリ　**永原貞五郎**

外作事奉行加人　組外　**中村半左衛門**

今月□(空白)日　例春之通、火之許厳重可相心得旨、御城代奥村河内守殿等ヨリ之御廻状両通、例之通ニ付記略ス

1正親町公明（伝奏）
2中山愛親（議奏）
参考文献
いわゆる尊号一件として、『美名録』早稲田大学図書館蔵等あり
3上野の寛永寺
4徳川家光
5鷹司輔平
6最澄
7徳川治保
8松平信明（寛4 410頁）
9石川総師
10今出川実種
11松平信明

今月廿二日　於金沢左之通被仰付

組外御番頭　安井左大夫代

定番御馬廻御番頭ヨリ
富田勝右衛門

前記今月七日記ニ有之[1]正親町前大納言殿、尊号御内慮一件取計不行届儀等ニ付逼塞、[2]中山前大納言殿モ同趣ニ付閉門被仰付候、委曲ヲ竊《ひそか》ニ承候処、[3]江戸表東叡山之儀ハ神君家康公、何卒京都比叡山ニ等しき天台国家鎮護之霊山ヲ御造立被成度御望有之候得共、其御願不満して止り給ふ、三代将軍[4]家光公神君之御年回之節、此度何卒右御願ヲ継、江府之鬼門ヲ守る天台山ヲ立、御追善ニ被備度由、御評之上禁裏ヘ奏聞有之処、関白[5]鷹司殿於清涼殿諸卿ヲ集め宣ふハ、抑比叡山延暦寺ト申ハ忝モ[6]伝教大師勅命ヲ蒙り唐土の天台山ヲ模し叡慮ニ比ふる山ト有之、比叡之山号ヲ賜ふ霊山なり、此度関東之願、威ニほこり甚不届也、関東ヲ王城同様ニ心得、上ヲ蔑ニする条心得恥し、各いかにト有しに殿下の命、諸卿御尤ト同じけれハ、則勅許無之由申下りし処、将軍家ニモ御残念不少、諸将ヲ召て御詮議之処、[7]水戸殿御申ハ下賎ニ候ハ賄賂ヲ以て致し方モ有へけれ共、高位の輩其事ヘモ成ましト仰けれハ[8]松平伊豆守進み出、左様ニテハ候まし、貴モ賎モ其好む処ヲ賄賂せハ心事成就すへしト被申しゆへ、能ニ計らひ候様上意也、依之[9]石川主殿頭ヘ向ひ、貴殿ハ[10]菊亭殿ニ和歌之師範ヲ受、別懇ト承る、上京有て、ケ様〳〵トさゝやき有、主殿頭上京菊亭殿之館ヘ行、御対面有之、彼是之咄之内、両殿下の好み物ヲ被尋候処、殿下ニハ古筆ヲ好み給ふ由ヲ聞、不日ニ江府ニ帰り[11]豆州ヘ右之趣ヲ被告けれハ、豆州ハ御前ヘ出、殿下ニハ筆道ヲ深く御好み候

間、御当家ノ御重宝たる古筆ヲ送り給ハ、御望成就仕へしト言上有之ニ、将軍家モいかゝ
ト思召候得共、何れニモして神君[1]の御望ヲ被継候事、御孝行ト思召それ〳〵遣すへきとの
上意ニ付、古筆之第一たる嵯峨天皇之御宸翰、菅丞相[2]之御真筆、小野道風之真筆、此三筆ハ
足利家ヨリ織田ヘ伝り、夫ヨリ秀吉公ヘ伝来、今御当家ヘ伝はり世ニ稀なる古筆ニ金子壱万
両ヲ添へ松平下総守[3]ヲ為御使被差登候処、殿下鷹司殿之御前ヘ召総州恐れ〳〵従将軍為御
見廻右之品々被上候段、演述有けれハ殿下喜悦不斜、我年来此三筆ヲ泰（慕カ）トいへとも、いま
た見る事ヲだに不得、将軍秘蔵たらん物ヲ予ニ送給る事過分之至也ト御悦限りなき体ヲ見
込テ、総州[4]曰、将軍ヨリ先達テ東叡山造立之義ヲ及奏聞候処、勅許無之ニ付、殊之外なる嘆
きニ候、何卒従殿下宜く御執成ヲ相願候ト恐入テ申けれハ、予毎度叡慮ヲ伺ひ奏聞せし処、
猶叡慮御ゆるし之体ニ候間、近々ニハ必勅許有へし、此事ハ安心被致へし、予将又よきニ
叶ふへしとの事ニ付、将軍承候ハ嘸々喜悦有へしト、夫ヨリ御暇ヲ乞ひ、道中昼夜のわかち
なく帰府有之、被達上聞ニ候得ハ、将軍御悦不浅して伊豆守か計ひ奇妙なりト御感有之、
無程勅許之勅使御下向、東叡山之山号并年号ヲ寺号ニ被下之、天海上人[5]ヘ大師号ヲ贈らせ
られ、誠ニ王城同様の結構、依之御二心なき趣ヲ被表んトテ二代将軍[6]之姫君ヲ女御号東福門
院ト後水尾院之御代也ニ被奉度由奏問有之ニ無子細勅諚有之、将軍モ御上洛二條之城ヘ御入有
之、天子[7]ニト二條之城ヘ行幸し給ふ、京都の町人ヘ将軍ヨリ為御土産物ニテ銀五十貫目ヲ賜
る、かくて京都之賑ひ前代未聞之事共也、天子御歓ひの余り将軍ハ御舅たるニより召上天
皇、仙洞御所同様之御会釈也、因テ于今関東ハ規模残れり、今寛政之聖帝兼仁天皇[8]ト奉申

1徳川家康
2菅原道真
3松平忠和（寛1 275頁）
4松平忠和
5南光坊・智楽院
6徳川秀忠
7後光明天皇
8兼仁（ともじと）は光格天皇の幼名

ハ閑院宮一品親王[1]之御子ニテ後桃園院の春宮ニ立給ひ御即位有之、寛政之帝ト申奉る、御孝心深く御父一品親王たる事ヲ歎かせ給ひ、何卒太上天皇[2]の尊号ヲ宣下有度由、内官の女房ニ度々勅諚あり、中ニモ大典侍局、新典侍局ハ才智勝れし人なれハ内々の勅諚ニテハ叶まし、表ヘ被仰出テ宜からんト奏しけれハ、則表ヘ被仰出テ、伝奏関東ヘ下り閑院之宮太上天皇宣下ニ付、千石ニ二千俵可被相送之趣、演述之所、此義暫御延引トのみニテ、其後沙汰ハ無之、かくて寛政四年関東ヨリ殿下ヘ迄、関東武運長久之御製諸卿之詠歌被下度願ひ有、皆々不肖〳〵ながら殿下之進めニヨリ被遣之、仙洞御所ニハ兎角ニ御心ニ不叶か御出詠モ無之ゆへ、殿下鷹司関白輔平公[3]案内有之、此度之御製不被遣時ハ院之御所ハ御歌不被為成等ト嘲りモ恐れ有、まして御秀作ト申旁以テ御製被遣然るへしト勧め奉り給ふニヨリ御製遊はされ、芝山三位持豊卿為院使下り給ひしニ不斗旅中薩埵《さった》之山中ニテ心付給ひけるハ仙洞御所関東之武威ニほこりし事ヲ御怒り給きニあらず、殿下の勧めゆへ不被為得止事ヲ被遊たる、御製ト承るなれハ、うか〳〵ト参るへき御使ニあらす、然りトテ勅封ヲ開くモ恐れ有ト色々思案之上、いかゝ思はれけん、山中乗物の中ニテ恐れ多くモ勅封モ開き拝見ありしニ

葎《むくら》おひ茂りて道もわかぬ世に
ふるは涙のあめかしたかな

芝山殿打驚きヶ様なる御製ヲ持下りテハ一大事ト俄ニ病気ト称し帰京ニ付、右御製ハ関東[4]ヘ下らす、扨又同年関東ヨリ殿下ヘ五ケ條之難問ヲ被申越ける條々

1 閑院宮典仁親王
2 天皇譲位後の称号
3 展仁親王実弟・光格天皇叔父
4 ここでは徳川幕府方

一、勅使ト行合候テモ諸大名道中ニテハ可致下座、関東ニテ登城之節ハいか様之勅使ニテモ下座致ましき事

一、即位入内等ハ使者ヲ雖指登ト、其外之儀ハ使者ヲ立申間敷事

一、位ハ禁庭の御心任せなれ共、禄ハ仮(たと)へ壱石たりとも関東へ御沙汰之上御計ひ可有之事

一、たとへ勅諚たりとも筋ニ違ひ候義ハ無遠慮違勅可仕事

一、後醍醐天皇、北條高時ヲ亡し給ふヲ、天王御謀叛[1]ト称ス、上ヨリ下ヲ打ハ征罰トすへきニ太平記ニモ天皇御謀叛ト言たり、公方の重き事是ニテ知りぬへし

右之條々御返答承申度、尤議奏之内何れ成共罷下り申聞へしト云々

右ニ付殿下大ニ驚給ひ、先関東の使者ヲ返して御評定、左右之大臣已下諸卿不残清涼殿へ被集め彼五ヶ条の難問ヲ見せ給ひ、関東威ニほこり禁庭ヲ蔑ニせらるゝ振廻、先達テ千石二千俵の事ヲ申下す処、其返答モ無之、ヶ様ニ五ヶ条之難問ヲ申事言語同断之次第、各いかゝ被思哉、各朝廷ヲ大切ニ思ひ給ハヽ、所存不残被申へしト有けれハ、一条左大臣従一位輝光(良)[2]公進み出、奇怪なる申条此侭ニ指置難し、申開すんハ聖徳廃れ武威弥盛んニ成へしト云々、徳大寺寛祖(実)[3]卿モ左府の侭尤なり、然共此器ニ当る人なしト有けれハ殿下曰、申開く人なき時ハ今言出テ難渋ニ及んより此侭に只延引せん外なしト宣ふ、二条内大臣[4]正一位治孝公の曰、殿下の宣ふ如く人なけれハ聖徳爰ニ廃たり、武威弥盛んになり大事ニ及ん事も計り難し、何分其器ニ当る人御吟味有之然るへしト評議区なりし処、中央より進み出て殿

---

1 いわゆる「正中の変」

2 輝良の誤り

3 実祖の誤り

4 左大臣の誤り

下ニ向ひ、此儀何卒某に命し被下へしト申上らる人々誰なるらんト見給へハ**中山前大納言愛親**卿也、**殿下**聞給ひ、やさしくも被申たり、然共此使尋常の事ニあらす、一大事の義ニ候得ハ先被控よト仰有、**中山**殿重テ曰、聖王の徳を頭に戴き、**殿下**の御威勢をかり奉り於関東ニ可申開間、是非に命せられ被下へしト再三御願有けれハ、**殿下**又宣く、関東ハ万事決断する役目にて其道に賢き者山の如く集り居る、其中へ行て、却て不慮を引出しなは大難渋ニ及ふ条、指ひかへ被申よト有処ニ、**中山**殿押返し愚軽身不肖ニハ候得共、思ふ子細も候得ハ、一命を擲ちても参り度候間、是非ニ被仰付被下かしト申さるれハ、**殿下**曰、其許一人命を捨る共いかで事済へきや、其難義諸卿ニ及はん、**中山**殿いや其義ニ於テハ少も気遣ひ被下申まし、聖徳ニよりて事成就せハ一段之事故、仕損候ハ某一人にして事ヲ計ひ諸卿の難ハ有間敷ト悲義ニ凝れる、**中山**殿ヲ御簾之内より**主上**叡覧御感まし〱テ大典の局ヲ以テ**中山愛親**いしくモ申たり、罷下りて五ヶ条之義申開へしト勅諚下りけれハ、流石の**殿下**モ畏り暫有之、宣ふハ仮令勅諚なれバとて却テ叡慮ニ不叶ことニ相成なれハ後悔する共詮なし、汝**中山**思ふ子細の有ならば彼強敵ヲ引受争論の下稽古有テ然るへし、**予**其次第ヲ聞届、其上ニテ遣すへしト仰けれハ、**中山**殿曰、**殿下**の仰ニテハ候得共、大勢ヲ引受及問答ニ、其時の有さま事ニ応して申へし、只今爰ニテ申事ハ安けれ共、若其外の義ヲ取出さバ案ニ相違の具あらん、臨機応変勝利ヲ得ハ是聖徳ト**殿下**の御威光たるへしト大丈夫なる一言、奥ふかく皆たのもしく被思けり、**殿下**モ詮方なく然らハ兎モ角も被計へしト有けれハ、**中山**殿ハ悦ひテ帰館有、下向の用意有うちに翌寛政五年の三月伝奏**正親町前大納**

1 六角広孝（寛21 114頁）
2 松平乗完（寛1 62頁）
3 松平乗完
4 有馬広春（寛20 31頁）

言公明卿・議奏中山前大納言愛親卿于時五十二歳京都ヲ御発途なり、両卿旅中無恙江戸伝奏邸へ御入ける、即日高家衆之内六角伊予守[1]参出、正親町殿ト対面之処、六角曰、此度御登城之節御丁寧ニ被成下置由、月番老中松平和泉守[2]ヨリ私ヲ以内意を奉申上ト述けれハ、正親町殿曰、泉州[3]内意過分なり、随分心得候ト有、それヨリ中山殿ニ対面ヲ乞し処、旅疲れニて持病発り対面ハ遂難し、しかし是非逢度事ニ候ハ寝所へ通り被申よト有ゆへ、六角モあきれしか暫思案ある処、泉州の申含モ有事ゆへ、是非対面せてハ叶難く、此使内意の事ニ候間、上使ト違、苦しからず候条、寝所へ参り可申とて奥之間へ通りしに中山殿ハ仰向ニ臥て近習之者に足をさすらせなから、六角トやらんゆるし呉よ、折節持病ゆへ此まゝ居候ぞ、和泉守より丁寧ニせよとの事、随分心得たりと有しかハ、六角曰、其御詞承らんト見参ヲ申乞たりト申せし時、中山殿一寸起上り、又横ニ成られけれハ六角モ存外なる奴哉ト仰天し、立帰り右之為体一々泉州ニ告けれハ左も有へしト云々、六角、有馬兵部大輔[4]ニ向て、登城之節ハ定て乗込へし、竜之口へ入ならハ、下乗〳〵と声ヲ懸、四五間ハ返すへし、其上ニテ狼藉トいふならハ、御不案内ゆへ御介抱申と詞ヲ懸下ろすへしト申合登城、同月十二日辰之刻ト御使有テ可承知之御請有之、其日ニ至りけれハ正親町殿ハ早天ニ登城之処、中山殿ハ登城なし、月番泉州大ニ気ヲもみ遠見ヲ被出候へ共見へずといふニ付、六角ヲ招き中山遅参不敵なり、御辺被参同道有之参らるへしト被申ゆへ、六角早速走行テ御遅参いかゝト述し処ニ中山殿ハ白紋絹の狩衣、紫の差貫ニテ立出、是ハ出迎大儀也ト仰けれハ、六角腹ヲ立、御遅参ヲこそ催促ニ参りたりしニ過言哉ト思へ共、左様ニモ難申、はつト答、彼

松平定信（寛1 303頁）

天皇譲位後の称号

是延引ゆへ、又、有馬ヲ催促ニ被指出、中山殿此両人ニ向ひ、今日参る筈なれ共、所労ニ候条全快次第参へし、此旨帰テ申へしト有けれハ、両人詞ヲ揃へ、執権松平越中守今朝（カ）より被待居候処、只今ニ至り左様之事難申、何卒御登城希ト被申しかハ、然らハ参るへしト則御乗物ニ召、行列正く出門有、下部ハ皆水流トハ裏薬師御門之外ニ居テ日雇の事也の事ゆへ案内ハよく知りたり、六角・有馬跡ヨリせり立有故ト弥静なる行列也、泉州ハ性急成人ゆへ大ニいらち、途中迄出懸られしか、中山殿目早くモ是ヲ見付、近習者ヲ以、和泉守出迎大儀也、ト被申入しかハ大ニ腹立なから、御遅参ヲこそ催促ニ参候トテ直ニ引返し、御玄関ニ被待居、かくて龍之口ニ成しかハ下乗〳〵ト大音ニ声懸れ共、構なく行列矢ヲ射る如く七・八間モ進まるれハ、六角・有馬されバこそとて先ヘ廻り、御下乗ト申せ共聞ぬ体にて進申し処、有馬ハ無隠大力ゆへ棟端ニ手ヲ懸、力ニ任せて押戻す、こハろうせきト咎ける故、御不案内故御介抱ト答へしかハ、中山殿乗物之内ヨリ、是ハ泉州ヨリ之内意ニ背くか、夫か丁寧といふ物か、有馬曰、それハ御心得違成へし、中山殿曰、いや先日泉州ヨリ六角ヲ以、登城之節丁寧ニ御会釈可有之間、御承知可被下ト申越候、其義ヲ尚更泉州ニ尋参へしト尋けれハ、有馬うろつく所ヲつと走らせ御玄関ヘ乗物横付ニおろしたり、それヨリしつくト立出、何之会釈モなく松之間ヘ通り給ふ、和泉守罷出正親町殿ニ向ひ、昨年五ケ条之奏問其返答承るへしト有けれハ、中山殿引取テ、いかにも答へ申へし、併、先それ以前太上天皇宣下之事今ニ沙汰なし、此答ニよつて五カ条之義モ答へし、初ヨリ不埒明してハ不順也、右宣下の事ハいかゝぞト宣へハ、泉州曰、正親町殿ニこそ問奉れ、尊公ヘハ不申と有けれハ**中山**殿曰、予所労ゆへ参ましト申せしヲ是非〳〵とて皆々出迎ニ迄来り引よせて今又不問トハ何事そ、無用の予ヲ何ゆへニ呼寄せしそ、太上天皇の義ハいかに〳〵、其答ニよつて五ケ条の事モ答へし、何と〳〵と問給へハ、**泉州**猶予之体ニ付、老中**太田備州**[1]両卿ニ向ひ、今日御登城有之処執権**越中守**[2]煩出候ゆへ不能御対談候、近々御沙汰可仕候間今日ハ御帰被下へしト有しゆへ、両卿ハ帰り給ふ、同十五日両卿邸へ使ヲ以、明十六日**上様**翠簾出御候間　翠簾出御トハ甚重き事と云々　辰刻不遅御出ト申入けれハ承知之旨御返答有之、さて十六日ニハ翠簾之中ニ**将軍**[3]御束帯、**御三家・御三卿**等列座、**水戸**[4]殿左脇ニ添給ひ、御簾近く**越中守**次ニ**松平伊豆守・太田備中守・和泉守**、其外若年寄・寺社奉行・御奏者衆・高家衆左右ニ列し、其ヨリ下つて伝奏之御着座ヲ設け、其外諸大名中並居ハ、威勢ヲ以テ言伏んとの結構たり、古今稀成問答なれハ皆々今や遅しト待かねたり、例の如く**正親町**殿ニハ時ヲ違はす出門、前々之所ニテ下乗、登城有之、指図之通り着座あり、扨**中山**殿ハ巳之刻になれ共登城無之ゆへ、月番**泉州**[5]大いれ[6]なれ共遠見ヲ出せハ出迎等ト言れんモ口をしく見合す内、午之刻ニ移りしかハ、彼大勢列座して**中山**殿一人ヲ待居る事なれハ**上様**の御たいくつも恐れ有、今ハ堪へ難く**六角**ヲ呼、早速参り引つりて来られよト有ゆへ、即**六角**走奉り、**上様**モ早朝ヨリ出御ニて尊公ヲ御待有、常体の義ニ非す、何ゆへ御遅参候ト、只今御登城有へしトあわたゝ敷申さるれハ、近習之者取次、右之通相達、**中山**殿ヨリ同人ヲ以、成程参候筈なれ共、今朝ヨリ持病発り大ニ難儀ニ候ゆへ、保養ヲして居るなり、全快次第参へしとの返答されハ、**六角**大ニ腹ヲ立、今ニ至テ左様成事成難し、仮令いざりてなり共御出

1 太田備中守資愛（寛4 380頁）
2 松平定信
3 徳川家斉
4 徳川治保
5 松平和泉守乗完（寛11 62頁）
6 焦（いれ）る

手懲り

取拉ぐ

なくて叶まし、此段被申上よト有ける内、此問答ニ又時刻移る故、重テ**有馬**モ走来り、是非共ト申上、暫く有之、**中山**殿装束ヲ改られ、杖ニすがりテ被立出、所労ニテモ参れト有ゆへ乗物ニ助けられテ参るへしト、今度の如く静なる行列ニテ出られ、**泉州**モ余りの遅参ニたまりかね、途中迄被出けれ共、先日ニてこりして早々帰り被待受、かくて大手御門内へ乗込ゆへ下乗〳〵ト声懸れ共聞入す被進けるニ、此度ハ是非共下乗さすへしト兼テ期したる事なれハ、**六角・有馬**両人乗物先へ立塞り、下乗有へしト大音ニ申せ共聞入なく進まんトせらるゝ所ヲ、両人棒はなニ手ヲ懸テ二・三間計おし戻す、こは狼藉ト咎あれハ、御不案内ゆへ御介抱仕、大臣之外乗付ハ叶まじト答けれハ、**中山**殿御乗物之内ヨリ、**予**今日所労ゆへ参り難しト申せしヲ、是非にてト有ゆへ乗物ニ助られてやう〳〵寔迄来れる也、行歩ハ一寸モ致し難し、然りトテ乗物ニテ行時ハ其元達の不念、又関破り同前、彼是気之毒ニ候条、旅邸へ帰り養生して快気次第此方ヨリ案内ヲして参へし、今日ハ爰ヨリ帰るへし、其旨ヲ伝へて呉よと宣ひて乗物返せト仰けれハ、**六角・有馬**仰天し是ハ迷惑なる事共かな、暫く御待被下トテ早速右之次第ヲ**泉州**へ達す、**泉州**モ一存ニ不能、**越中守**へ被申けれハ所労とてあれハ是非なし、併後例ニ成らぬ様計ふへしとの事ゆへ、右之趣ヲ申けれハ、**中山**殿曰、中々例ニハ不致とて大手ヲふらせて御玄関へ横付にさせ、乗物ヨリしづ〳〵ト立出、何の会釈モなく大広間松の間共いふへ至らるれは、諸大名きら星の如く並居られ、威勢ヲ以取ひしかんとの結構なり、又此裏ヲかくへしトそしらぬ体ニテ行給ふ処ニ、**中山**殿御着座〳〵ト声ヲ懸るヲ不聞入す御簾際迄通りぬけ笏ヲ正しく立給ふ、傍ヨリ大音ニ、翠簾内ニハ**上様**

1太田資愛(寛4 380頁)
2備中守
3平将門
4光格天皇
5典仁親王

之着御也、早く御着座有へしト有しかハ、中山殿ハ六角ヲ呼ひ、今咎しハ誰なるぞ、谷(太)[1]田備中守太田也ニテ候ト申、中山殿、備州[2]〳〵、上様着御トハ誰か事ぞ備公方の着御の事ニテ候、中日上様トハ誰ぞ、泉日是天下之政ヲ聞政所ぞ、御下座有へし、中日泉州よくきけ、抑政所トいふハ忝も一天万機之御位ニテ紫宸殿ニ出御有之、君南面し臣北面して主上万機の政ヲ勅問ある所ヲこそ政所ト称する事、紫宸殿ニ限れり、紫宸殿の一字ニ子細あり、ト大音ニ呼はり、又御簾の内ヲ見込テ、高御座ヲ設け天子同様の振廻、其上此所ヲ政所ト称する事往昔相馬小次郎将門[3]か叛逆ニおさ〳〵劣らぬ振廻哉、ト相笑ひ泉州ニ向つて、抑公方の宣下トいふハ足利将軍の武功ヲ叡感有テ、其時の天子公方宣下有之ヨリ外ニハ公方の名目なし、此所ハ刑罰の相談所也、頭ヲ下るハ冠の穢れ、併公方の宣旨有か拝見すへし出されよ、無ニおいてハ公方とハ言へからす、いかに〳〵ト問給へハ、和泉守無言ニして立んトせられしヲ、いかに泉州中言(ママ)ニして立ハ無礼とやいわん、比興とやせん、時ニ越中守殿ハ一言モいわず、右問答ヲ聞居られし処、流石時の執権殿、中山殿の奥意ヲ考へ一句モ出さず御座候けるが、泉州其座ニたまりかね別席へ退出ある其時、越州進み出、先達テ五カ條之奏問致所、于今其御答なし、早く御答有へし、中日其義随分申へきなれ共万事ハ順ヲ以捌くならずや、先達テ太上天皇の貢・勅有、此事ヨリ先被埒明候へ、当君[4]御孝心深く御父君[5]いまた一品親王ニテ被為在ヲ嘆き給ひ、太上天皇宣下有んニ付、千石二千俵被附度旨勅命有しニ今迄其沙汰不被致ハ何事そ、早々貢有テ然るへし、其時越日此事ハ決して叶まし、御孝心トあれ共筋なき事也、抑天子ニハ父母なく、日月ヲ以テ父母トし給ふへきニ当君御若

鷹司輔平

年ゆへ御心得違ヲ朝廷ニ御諫ヲ上る人モなきか、中曰越州の詞当然なれ共、孝行ハ世の至宝、悪ヲ作れハ罰ニ行ふ、仮令筋ハ違ふ共一天の君ハ万民の本、曲て承知あれ越州ト宣へハ、越曰いや天下ヲ治る理ヲ以テするに然らす、理ニ背くハ多少ヲ言わず、御父へ尊号の御会釈有共、是ハ是姿の孝也、たとへ一品親王たり共、御心ニさへ御孝あらハ是心孝ニして肝腎也、中曰小魚ヲ煮ニ杓子ヲ用ひず理ヲ以テせバ難あらん、大抵善悪ヲみるニ然らん、越曰理ニ違ひ難ニ及ふハ自業自得、何のいたむ事か有ト懐中より何やらん取出し、殿下ヨリ到来ト中山殿の前ニ置、中山殿披見有ニ、一首の歌也

玉椿砂のうてなに咲かせては
八千代のいろをますそめてたき　輔平

ト有けれハ是ハト驚き給ふ、越曰先達テ殿下の思召ヲ探事斯の如し、尊公いかに争ひ給ふ共、決テ此義ハ勅ニ難随ひ候、尊公理ヲ以テ御諫言然候へしト有ゆへ中山殿心中ニ拗モ不忠の殿下哉、関東の賄賂ニ眼くらみ、にくき事ト思へ共、左あらぬ体ニテ同殿下ニモ此思召其元モ理ヲ尽して被申旁以テ難黙止早く宮中ニ帰り御諫申さんト面目モなき体ニテ御座しける、御簾の内ハ勿論各冷汗ヲ流し居たりしモ此時ふつと溜息つき、人心地付たり節有之、中山殿越州ニ向ひ予ハ年六十其許ハいまた中老ニモ不満ト見ゆる処、流石太守之執権程有テ、英智之程ヲ感入せり、中々予なと及ふ所ニ非すト頻りニ賞美有しかハ、越曰若輩の某出仕ニ隙なく修学の暇なし、執権の器ニ非といへ共、只忠義の二字ヲ頭ニ戴き君ニ仕へる計也ト神妙ニ答られけり、中曰太上宣下之事、理ヲ以テ御答至極なれハ御諫申へし、去

鷹司輔平

葎、野原などの雑草

なから主上先達テ女官ヲ以テ御父君ヘ太上天皇の御内約相済、其会釈有之処、今ニ至りテ御いさめヲ申上御会釈御止被成候義、御気の毒千万なり、越曰あやまつて改るニ憚かる事勿れ、御心得違ヲ直、道ニ趣かせらるゝ事何のつかへかあらんト和漢の例ヲ引く、御先代の御掟モ理ニ違ひし事ハ改らるゝ趣ヲ詳かニ述らるゝ、中曰然らハ先君の御定モ御誤りハ改るな、越曰勿論なり、中曰いかに越中様当家三代将軍神君の願ト号し東叡山造立ヲ被願しニ時の殿下拒み給ふヲ賄賂ヲ以テたぶらかし、つゐニ勅命有之、思ひのまゝ成就す、依之二心なきヲ表せんト将軍の御女ヲ皇后ニ願ひしモ勅許有之入内し給ふ、皇后の父君ハ御舅たるニ依テ、其時の天子誤テ将軍ヘ太上天皇の号ヲ宣下ありし事、足下《そっか》定テ聞つらん、主上御父ヘ尊号ヲ宣下有度との叡慮さへ筋違ひと拒む事なれハ御舅に尊号ヲ被下ハ其筋違ひ大ならん、天子ニ父母なしトいふ時ハ御舅モ有へからす、依テ先君の御誤りヲ只今相改る条、其分ニ心得至し、右之規模有ニよつて今以テ天子ヨリ之御会釈格別なれ共、此以後ハ東代官之御会釈たるへし、其許不思儀の振廻せり、一天の勅命ヲ背き言下ニ主の位を下す、是其許理ヲ正して此難ニ及ふ事、自業自得也、又先達テ武運長久の御製等ヲ殿下迄願ひし時、摂家・清花（華）之人々ハ止む事ヲ不得詠せられしニ仙洞御所御憤りあつて勅許なき処、殿下達テ御すゝめ被申上、不被得止事ヲ詠せられし御製ニ

むくらおひしけりて道もわかぬ世に
　ふるは涙のあめかしたかな

との御作意ヲ恐入て感し奉り、聊叡慮ヲ慰めんト予かくそ詠し侍る

利鎌

徳川秀忠

八重雲のとかまをもつて狩はらひ
しけるむくらの道ひらきせん

ト献る、今末代ニ及テ武家盛ニ禁庭ヲ侮る事甚し、只今太上尊号ヲ此中山持帰へしト立上り、懐中ヨリ一書ヲ出し、御綸旨成そ、越中守下かれすされト大音ニ、さしもの越中理ニ伏しさしうつむいて有けるが、ふり仰向テみれハ薄墨の御綸旨也、こハいかにト次之間迄退しかバ、星の如くの諸大名夢ニ夢見し心地して、仰天せし有様なり、簾内の騒動大形ならす、御綸旨ト聞よりモ先将軍ヲ奥ヘ移し奉り、三家等モ逃給ヘハ将軍簾中ニハ御褥等計なり、于時水戸殿御一人ハ止り居給ひ、威儀ヲ正く簾巻あけて出給ひ、中山殿の前ニ平伏し、今日将軍所労ニテ某水戸宰相名代ヲ勤候ト申給ヘハ、中曰名代なれハ将軍同前御綸旨頂戴致されよ、抑当君聖王ニテ渡らせ給ヘハ兼テかくあらんト御賢察、宸筆し給ふ、其文ニ曰、先年二代将軍後水尾帝の御舅なるニよつて太上号宣下有之候処、是帝の御誤ニ付此度改め、向後将軍の会釈たるへし、余下略、右之通中山殿高声ニ読給ヘハ水戸殿当惑詮方なく頭ヲ畳ニすり付られ、恐入テ御座しなから御心中ニ思ひ給ふハ此御請申時ハ末代迄の瑕瑾《かきん》なり、是ヲ受てハ叶ましト何分ニモまつ御綸旨ヲ御納テ被下へし、中曰納まし早々拝納可有之、水戸殿ハ将軍ハ病気ゆへ名代の某御綸旨ヲ奉預りモ恐れ多し、将軍病気本復まで何分ニモ御待被下よトひたすらの願ひニ付、中曰然らハ御父一品親王太上天皇宣下ハいかに水戸殿其義ハ某身不肖なれ共、治保御実名也が一命ニ替テモ取計ひ奉るへし、御任せ有ならハ武門の面目ト有けれハ、中曰しかト領掌致されしや、水戸殿、少しモ違勅仕まし、御安

1 松平伊豆守信明（寛
4 410頁）
2 典仁親王

心可被下ト仰けれハ、中日然らハ御綸旨将軍病気全快迄預るへしト懐中ニ納給ふ
是中山殿の智略ニテ白紙ヲ用意、綸旨ト名付、臨時ニテ文言ヲ作り、廸モ不受取ヲ先知して、再三頂戴ヲすゝめ給ふ、忠臣ト崇めんハ此卿の事也ト云々
扨正親殿ハ一言半句モ出さす、不忠の名ヲ取らんモ口惜しや思はれけん、料紙ヲ乞テ一首ヲ詠し、水戸殿の前へ指出されしゆへ、水戸殿ハはつと押戴き御覧あるに

池水に散しく木の葉吹のかは
さやけき月の蔭を宿さん

トありしかハ、水戸殿御作意奉承知、此義モ拙者か胸中ニ候、草々計ひ申へし、中日先達テ之五ヵ條之難問奏し置たり、汝一々尋へし、予又返答及はんト有しかハ、水戸殿大ニ恐れ給ひ、是ハ御意ニテ候得共、最早御返答ニモ及ふまじ、中日然らハ彼五ヵ条ハ反古たるへし、此義相済候上ハ外ニ用事モ有へからす退出すへしト御両卿打つれて出給へハ、水戸殿慇懃ニ礼ヲなし、跡ヨリ御見送りニ出給ふ、水戸殿さへ御送りなれバ其以下之諸大名何ニテモ以て猶予成へき我モ〱ト押合テ御玄関迄被送けり、此節モ御玄関ヨリ乗物ニテ例の水流の下部トモ大手ヲふり、ゆう〱ト行列正して下城あり、誠ニ中山殿之忠勇智古今独歩の事也ト称美せざるはなかりけり、夫ヨリ御帰有テ始終ニぬかりなき中山殿自分旅館ヲ閉門有テ過言失礼ヲ慎み給ふ、翌日早天御使松平伊豆守[1]御老中也ヲ以言上、宣下之貢千石二千俵の御墨付ヲ被渡けり、于時二月七日前記之通被仰付候処、閉門之日数立御立有之、御帰京有、直ニ宮中へ御出、御墨付ヲ捧給へハ甚以叡感之程不浅并諸卿称誉有、即日一品閑院[2]

の宮へ太上天皇之宣下有之、其中ニ面目なきハ関白[1]殿ニテ隠居退役ヲ御願ひ有れハ早速ニ勅勤ニテそれより河原御殿ニ閑居、代り関白職ハ一条左大臣[2]殿ニ被仰付、是ヨリ後朝庭静ニなり、且中山大納言[3]殿へハ為御褒美候儀同三司之官是准大臣之官也ヲ補せられ、面目ヲ施し給ふ、御家之規模御身之誉れ難有領掌し給ひ、即日一日其侭ニ有之、翌日早々御免ヲ願ひ給へハ朝庭ニモ甚惜ませ給へとも達テ御辞退ゆへ御息中納言尹卿[4]ヲハ大納言ニ昇進被仰付ト云々

丁巳四月大

金沢御用番　本多玄蕃助殿

朔日　雨、二日同、三日快天、四日陰、五日雨、六日陰晴交、七日快天、八日雨、九日陰晴、十日十一日晴、十二日十三日雨、十四日晴、十五日十六日十七日同十七日（ママ）陰雨、十八日晴、十九日微雨、廿日快天、廿一日雨昼ヨリ晴、廿二日晴陰、廿三日雨、廿四日陰晴、廿五日廿六日廿七日廿八日晴陰交、廿九日陰、晦日微雨、気候応時

同日　昨日之依御奉書、今朝六時御供揃ニテ同刻過佐渡守[5]様御同道御登城、御下り御老中方并御同格若御年寄衆御廻勤、九時過御帰館、但上下御供ハ熨斗目着、佐渡守様ハ尤若御年寄御廻勤無之義御先例之通也

　附此方様若御年寄御廻勤ハ御暇之御礼被仰上候刻、其外ハ［（空　白）］

同日　於御席、頭分以上并聞番見習へ左之通大炊殿御演述、畢テ於竹之間頭分以上迄御帳ニ付恐悦申上候事

1 鷹司輔平
2 一条輝良
3 中山愛親
4 中山忠尹
5 前田斉敬（重教男）

前月廿八日上使松平伊豆守[1]殿ヲ以、御国許ヘ御暇被進、白銀・御巻物御拝領、従若君様右御同人ヲ以御巻物御拝領、従御台様[2]モ中嶋三左衛門[3]殿ヲ以、御巻物御拝領被成候、昨廿九日依御奉書、今日御登城被成候処、於御座之間御礼被仰上、御懇之被為蒙上意御手自慰熨斗鮑御頂戴、御鷹・御馬御拝領、次ニ大炊・隼人御目見、拝領物モ被仰付、重畳難有被思召候、将又今般佐渡守様御参府ニ付前月廿八日上使松平伊豆守殿ヲ以被為蒙上意、且今日御礼可被仰上旨、昨日依御奉書御登城、於御白書院御礼被仰上候処、御懇之被為蒙上意、相[4]公様ニモ御礼被仰上候処、御懇之被為上意、難有被思召候、此段何モヘ可申聞旨御意ニ候、

一、今日右ニ付御出之御客衆ヘ於御席ニ一汁五菜之御料理・御酒・御濃茶・御茶受・後御菓子出、御両殿様御対顔被遊候事

一、今朝御拝領之御鷹二据大鷹也相渡り、御鷹匠等暮頃受取来り大御門ヨリ入御広間御椽頬通御居間書院ヘ罷越、御作法前々之通ニ付略ス、右之節御式台鑑板ヘ御門受取之物頭・聞番・御横目布上下着用出、其外御番頭・御大小将常服ニテ階上列居之事、但今日之服故何も布上下也

一、出雲守[5]様今日御着府ニ付御老中方御廻勤、夫ヨリ直ニ御出、於御溜ニ御熨斗三方上之、御対顔之上御退出之事

二日　昨朝御拝領之御馬黒毛歳古・鹿毛八才伊豆守様ヨリ以御使者来、取次御小将御使者之間ヘ誘引、組頭罷出御口上承、聞番及挨拶、追付御馬受取候段申述、前田大炊・西尾隼人并御門受取頭・御用人・聞番敷付ヘ罷出、其節御使者御白洲ヘ出、御馬奉行不詰合ニ付割場奉行御

1松平信明（寛4 410頁）
2徳川家斉室寔子
3中島行敬（寛21 298頁）
4治脩
5前田利謙（富山藩八代）

保科容頌（徳3 222頁）

馬受取之、其外御作法前々之通、畢テ御使ハ御広間溜へ聞番誘引、御料理被下候上、御返答大炊申述退出、但右敷付へ出候人々并組頭・御横目布上下着用、其外ハ都テ常服之事
明後四日御発駕、御供人八時揃、御下屋敷へ御立寄も被仰出、右ニ付御見立揃刻限昼九時揃之旨、夫々申談有之候事、但火事御行列前々之通、明昼ヨリ相建不申様被仰出候段、火事方主付河内山久大夫・村杢右衛門ヨリ廻状出

三日　五時御供揃ニテ広徳寺へ御参詣、夫ヨリ御老中方并御同格御勤、肥後守様へモ御勤、九時過御帰殿
御大小将岡田徳三郎家来小者、昨二日昼暇を乞、暮頃御門入致候得共、御小屋へハ不罷帰、行衛不相知ニ付、断書付出候、然処谷筋御小屋前五筋目井戸之内騒敷義有之、御作事所ヨリ今朝改候処、死骸有之引揚候節、徳三郎家来指出為致見分候様御横目ヨリ申来、則徳三郎家来遣為致見分候処、右小兵衛ニ相違無之ニ付徳三郎ヨリ検使乞書付取立、高田新左衛門書添を以、御家老衆へ指出候処、則夫々被仰渡、今夜九時頃御歩横目塚本和左衛門・藤田新左衛門為検使徳三郎御小屋へ罷越、徳三郎書付并家来共口書取受、暁天右井戸前へ罷越死骸見分之上罷帰候事、但右小兵衛請人不請合候ニ付死骸取扱等徳三郎家来小者ニ為致候、右一件夫々四日朝五時過迄ニ相済、徳三郎義蕨駅ヨリ之御供ニ付四時頃致発足候事

四日　一昨日記之通、御供揃ニテ今日夕七時過御例之通表御式台ヨリ御発駕、其節御通り懸

り御目見、御居間書院四ノ間ニテ出雲守様等御附使者、同御廊下先入口広端、御料理之間御勝手之方御椽頬屏風囲之内古筆了意、同下之方藤井貞立、御料理之間上之間御城坊主衆聞番御取合申上、同御廊下屏風囲公義御役者宝生大夫等、御広間上之間御敷居際中納言様等御附使者但御附使者不来、右御椽頬御通筋西之方、親安・意安・後藤本家之者同御椽頬西之方御一門肥後守様等御附使者、御使者之間御椽頬御杉戸之外町医師等、右夫々会釈、奏者、組頭・物頭・御番頭・御台所奉行代々繰々ニ相勤、尤先達テ奏者可相勤旨被仰渡有之大炊殿也、御式台階上畳之上ヘ御出入御旗本衆御送廿人余御出佐渡守[1]様・飛騨守[2]様・織田織部[3]殿・前田信濃守[4]殿并御用御頼之御先手衆、其外本多帯刀[5]殿・斎藤長八郎[6]殿等御格別之御出入衆十人余敷付ヘ為御送御出、且又階上板之間御勝手之方ヘ後藤・本阿弥・狩野家・宝生弥五郎罷出、御白洲ヘ御目見之町人共幕番所前ヘ罷出、其外前々之通、御先立御家老西尾隼人若年寄兼也勤之、御供之前田大炊舗付ニ蹲踞、御跡ヨリ御行列ニ加りて、御着笠如例三十人頭、加藤甚五兵衛上之、御馬ニ被為召候事、但御小将頭大屋武右衛門等前記之通御供ニテ発足之事

一、為御見立御出之飛騨守様等於御席々、一汁五菜之御料理等、後御菓子迄段々出之并御附使者等都テ御見立ニ出候人々於席々御料理等被下之候事

当御留守中会所奉行馬場孫三一人ニ付相見、立合等暨故障之節之ため兼テ加人

御式台取次等御大小将
中村助大夫
岸　忠兵衛

1前田斉敬（重教男）
2前田利考（大聖寺藩八代）
3織田信応（寛8 177頁）
4前田長禧（寛22 244頁）
5本多政房（寛11 296頁）
6斎藤総良（寛13 161頁）

飛騨守様御屋敷へ被遣候
御横目兼帯

御中屋敷仮御横目
御大小将　坂井権九郎

政隣

右昨日西尾隼人殿夫々可申渡旨御申渡、頭高田新左衛門申渡之
今日御発駕十二御泊附左之通
浦和　熊谷　板ケ鼻　追分　榊　牟礼　高田
糸魚川　境　魚津　高岡　津幡
同御昼休
蕨　鴻巣　落合新町　坂本　小諸　丹波嶋　関川
名立　青海　三日市　下村　今石動
一、今暮頃ヨリ雨降、路次泥道ニ相成、浦和御泊ハ翌暁御着ト云々

五日　五半時御供揃ニテ広徳寺へ佐渡守様御参詣

御大小将組御預地方
御用　戸田五左衛門

割場奉行兼帯被仰付、本役岩田平兵衛御馬
廻組ニ付座列之義僉議之上五左衛門上列ニ
相極候事

八日　四時御供揃ニテ上野御宮惣御霊屋へ佐渡守様御参詣并御本坊御勤、夫ヨリ伝通院へモ御参詣
一、今日自分義上野御寺坊へ佐渡守様ヨリ之御使ニテ参上、御返答書ハ翌九日於御用所堀三郎兵衛へ相達上之

同　日　一ツ橋刑部卿[1]様前々様[2]ニ候処、公辺御続故歟、大目付衆御廻状ニ様[3]之字調来就御逝去普請ハ今日一日、諸殺生・鳴物等ハ当十二日迄五ヶ日御停止之段、御大目付衆ヨリ御廻状ニ付、右日数致遠慮候様西尾隼人殿御申渡、御横目所ヨリ小屋触有之、右ニ付佐渡守様為御伺御機嫌明九日御登城被仰出、然処御風気ニ付御登城御断之事

十二日　五半時御供揃ニテ佐渡守様広徳寺へ御参詣

十五日　五半時之御供揃ニテ佐渡守様両御丸へ御登城、公方様御騰中御伺御機嫌ニ付御登城御刻限御遅候事

十八日　公義就御忌明、溜之間詰并御譜代大名衆布衣以上之御役人登城

同　日　昼前肥後守[4]様御留守居ヨリ奉礼を以て若狭守[5]様肥後守様御嫡也御出之旨申来、夕七半時頃御出、佐渡守様御広間御椽頬迄御出向御小書院へ御誘引之処、近々御暇被仰出次第御在所へ奥州会津也御発途之段被仰聞候ニ付、俄ニ頭分以上并御通ひ役布上下ニ着改、御熨斗木地三方出之、御餅菓子・御吸物・御酒・御茶受・後御菓子迄出之、御重肴ハ佐渡守様御持参、御盃事ハ御断ニテ無之、御相伴斉藤長八郎殿、御かよひ御側小将・御大小将、右相済引出し橋ヨリ佐渡守様御誘引ニテ御広式へ御通、御料理等御饗応、畢テ御退出、其節御使者之間御椽頬御杉戸之外迄佐渡守様御送、其外御作法御例之通ニ付略ス、夜ニ入五時前御退出之事、但為御取持前記之斎藤長八郎[6]殿・佐野六十郎[7]殿モ御出、於御着席一汁五菜之御料理等・後御菓子迄段々出之、且七時頃素麺・御吸物・御酒・御肴モ出之

浅草並木町ニテ前月廿八日犬子を産候処、人面其外之形体ハ犬ニ候、二三日立死ス、是近

1 徳川治国（徳3 18頁）
2 
3 
4 保科容頌（徳3 220頁）
5 保科容住（徳3 222頁）
6 斉藤総良（寛13 161頁）
7 佐野運高（寛14 37頁）

1 徳川治国

2 前田利考（大聖寺藩八代）

3 前田利謙（富山藩八代）

年御制道厳重ニテ新吉原之外ハ都テ娼家御停止ニ相成、賤価之娼妓悉皆相止候故、壮勇之侠僕等令淫犯故也ト云々

附享保之末、四谷辺ニテモ犬人面之子ヲ産ム、是モ人胤ニ無違由云々、又宝暦初之頃、日出橋裏店ヲ借り住める日雇某ナルモノ独住ニテ犯犬ヲ愛畜せる内孕み出産之処人面也、近隣等ヘ無面目令出奔ト云々、但形容異る故歟、母犬乳を不為呑候、仍テ右子共不日ニ死ト云

廿　日　上野ヘ御成、還御後、九時過右御仏殿ヘ**佐渡守**様御参詣

廿一日　**敬宗院**[1]殿**一ツ橋刑部**様御法号御葬式、於上野浚雲院有之、未之上刻御出棺、御邸内火消方間廻、午刻ヨリ一時一度宛間廻出、右御葬式相済候段、附人ニテ承之間廻相止

廿二日　五半時御供揃ニテ増上寺惣御霊屋ヘ**佐渡守**様御参詣、方丈御勤、直ニ芝御広式ヘ被為入、暮頃御帰之事

同　日　**飛騨守**[2]様御前髪被為執候ニ付御出、御口上如例御用人ヘ被仰聞、携候人々ハ一統布上下ニ改之、御熨斗木地三方上之候事

廿三日　**出雲守**[3]様御参府之御礼儀被仰上候ニ付為御普為聴御出之事、**佐渡守**様火事御行列当廿六日ヨリ相延候段、御横目**水越八郎左衛門**中聞ニ付於御横目所御行列帳等披見、左ニ写之

佐渡守様御行列帳

菊菱高提灯　菊菱高提灯　足軽十八人内二人小頭

六輪違高提灯　騎馬　**柘櫂儀大夫**

（朱）
●印略御行列其時ハ此内二人御纏鐀之先ヘ立御先払勤之

雲高提灯　粒子御大纏　足軽二人　手替　雲高提灯　御纏奉行　御抱守

加古祥五郎
渡瀬七郎大夫内　菊ヒシ高提灯　菊ヒシ高提灯　騎馬　御番頭　**樫田折之助**
不破五郎兵衛内　・御紋付高提灯

御屋敷之内御巡見之節ハ
御先御番頭ヨリ御茶弁当迄御供可仕候

御城程近火事有之、為
御伺御機嫌御老中方
御廻勤之節、此所聞番

大火或御城程近き節、御纏鑓
本御行列之通、御鑓印附之不可然時ハ
御纏鑓被省之其所ヘケシカラ蕨手
之御鑓持之、不残御鑓印不附之

・御纏鑓　二枚短尺附之　手替
・御纏鑓　同断　手替

・御歩・同・同・同　・御紋高提灯　・御薙刀　二枚短尺付之　・御先供
・御歩・同
・御歩・同・同・御歩小頭　・拍子木役　御手廻小頭代　・御先供

御次番　・同断　・御紋小丸　・御先角御大小将　・御仲間　・御側小将
御次番　・同断　・御紋小丸　・御先角御大小将　・御仲間　・御番頭

御抱守之内　・御側小将　御抱守之内・同上・同上・御紋小丸・御近習

樫田折之助
不破五郎兵衛　内・御側小将　御抱守之内・同上・同上・御紋小丸・御近習

勤仕・同上　　用ノ古文字　　御横目　　・御歩横目・御鐙
勤仕・同上　・高提灯　・**本保六郎左衛門**　・御馬廻頭
　　　　　　　　　　　　　　　　　　　　　・御歩横目・御鐙
手替
手替　此御左右之手替御薙刀も兼之　・御帽子懸持
御手廻小将代　・御草履取　・御挾箱　手替
御手廻小将代　・御草履取　・御挾箱　手替　御紋・箱提灯
御茶弁当　手替　・御居間方二人　三ウロコ　高提灯　騎馬
御側小将**杉江弥太郎**　飛　・高提灯　・御馬壱疋　同上　高提灯
御使馬二疋　歩御供之面々頭分其外ハ不及牽馬、御使等
　被仰付候ハ此御馬ニ可乗候
草履取　・若党　・鐙　○　・高提灯　・押足軽　三ウロコ　高提灯
　　　　　　　　　　　　　　　　・押足軽
騎馬　御側小将**上坂久米助**　同　此間騎馬何騎ニテモ
牽馬等此所　御医師　御一門様等御勤之節、御医師
　御供可仕候、常御出之節不及御供候

（注）
●は朱丸

御玄関より御門に向け右側に整列している御抱守と御先角の間の「等」は御抱守等で●は誤りと思われる

○高提灯　押足軽
押足軽　騎馬　永原将監
人持指支之節ハ堀三郎兵衛等之内

一、御人数進退拍子木打方之義、四ノ手御行列振合之通

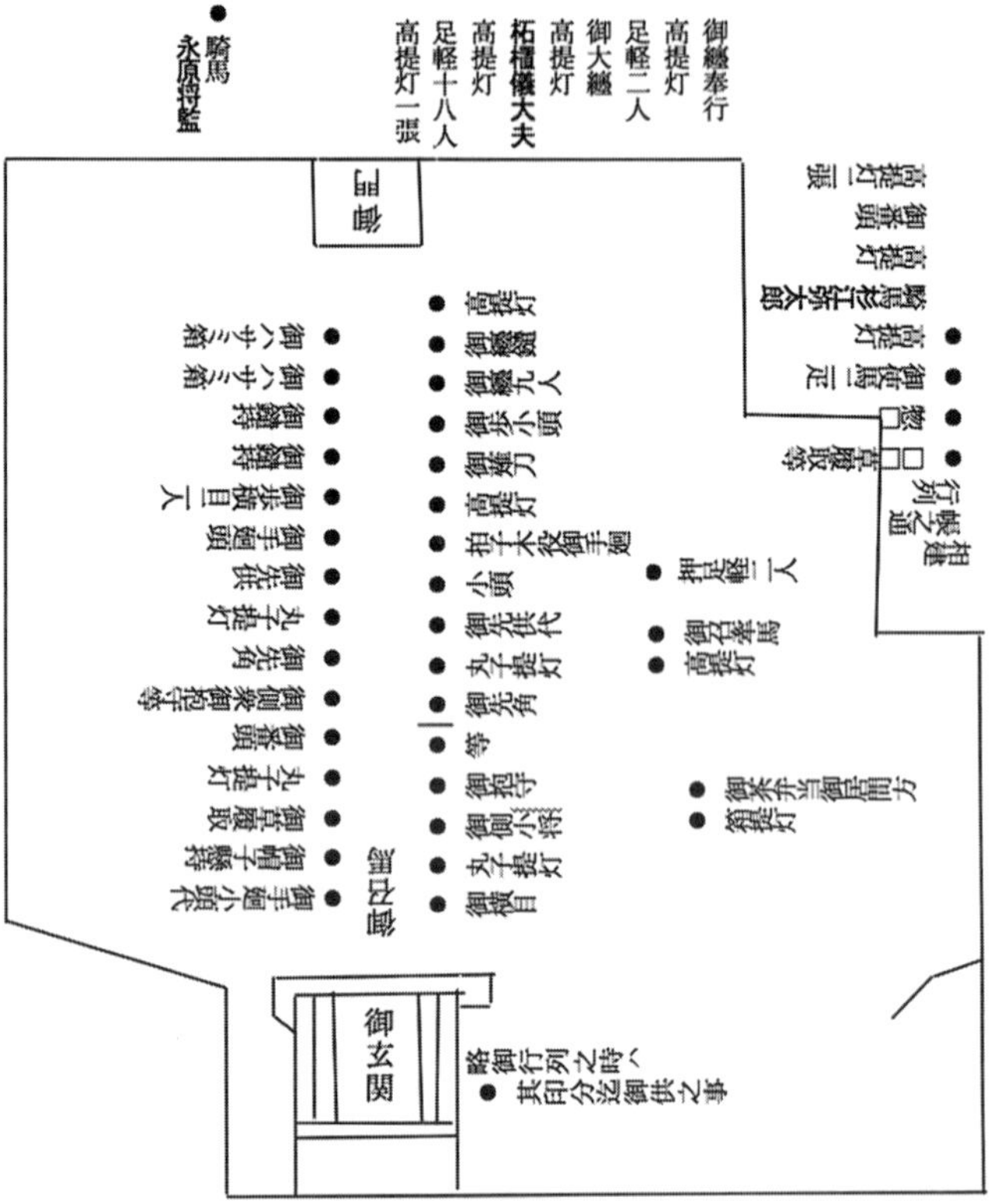

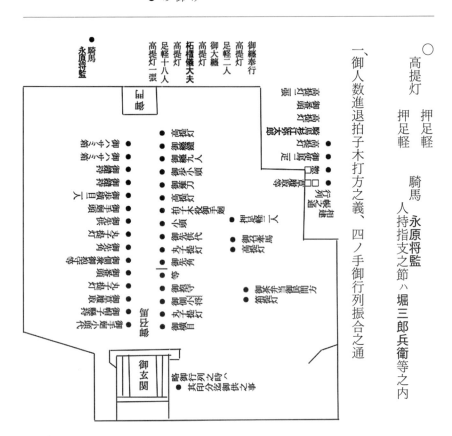

同　日　去十六日金沢発之中飛脚、戌上刻江戸着、左之通申来、相公[1]様道中御日図之通御通行、十六日朝五半時頃御帰城、追付之御供揃ニテ野田泰雲院[2]様御廟ヘ御参詣、且御帰国為御礼、公辺ヘ之御使生駒右近御目見被仰付候後、御年寄衆於席御例之通沙綾二巻・御羽織被下之、披露御大小将松原安左衛門

　但生駒右近廿七日江戸参着

出雲守[3]様御障気ニ付御茶不被召上、依之御出之節当分御茶指上不申筈、尤御料理之節ハ無構御濃茶等上之候筈

廿五日　飛騨守[4]様今日御登城之処、御在所ヘ之御暇始テ被仰出、御巻物十・御馬一疋御拝領・御目見御礼被仰上候処、御懇之被為蒙上意、従若君[5]様も御拝領物被成、依之御普為聴直ニ御出之事

　但昨日御老中方御連名之以御奉書、今日御登城被成候様申来候由之事、若狭守[6]様モ今日御在所ヘ之御暇初テ被仰出、御礼御目見被仰上御懇之上意、且御鷹二据・御馬壱疋御拝領之事

若君様ヨリモ御暇之諸大名衆并交代寄合衆ヘモ夫々拝領物被仰付候得共、御品物御城書ニモ記し無之ニ付、相知れ不申候事

廿七日　朝より為御行歩寿光院[7]様浅草辺ヘ被為入、夫より両国筋等御船ニテ御廻り、投網等被仰付御覧、夜五時過御帰

廿八日　佐渡守[8]様月次御登城、四時過御帰、若君様ヘ御飾兜一刎今朝御献上、但葵御紋付奇麗

1治脩（十一代）
2重教（十代）
3前田利謙（富山藩八代）
4前田利考（大聖寺藩八代）
5徳川家斉男竹千代
6保科容住（徳3 222頁）
7重教正室千間
8前田斉敬（重教男）

至極之結構也、兜懸共鎖前之箱入之事

同　日　飛騨守様為御暇乞九時前御出、左ニ記ス御作法書之通ニテ、御料理御相伴斉藤長八郎殿、御酒・御肴御持参、且御嘉儀ハ能勢市兵衛[1]殿、畢テ九半時頃御退出、中之口御門辺ヨリ為御礼御立戻、御口上御用人へ被仰置御退出、其節ハ御平生之通御先立物頭、附御献立記略

飛騨守様就御帰邑御暇乞御出之節御作法

一、御附人御宅、又ハ御勤等御座候、其外ニモ御附人指遣可申候

一、御出之節、中之口御玄関へ御家老并組頭・御横目罷出、組頭御先立、常御溜へ御誘引仕御口上、佐渡守様へ達御聴、被仰出次第御居間書院へ組頭御先立可仕候

一、御刀、御居間書院御棚下ニ直之可申候

但御刀新御廊下之内迄御大小将持参、夫ヨリ御側小将へ相渡可申候

一、佐渡守様御出御挨拶被遊、御熨斗木地三方出之可申候、御料理之御挨拶被遊、御勝手へ被為入、御取持衆之内御相伴ニテ二汁五菜御料理出之、御引菜佐渡守様御持参被遊、御相伴へハ御給事人引之可申候、御酒之上御肴御取持衆御持参、御相伴へハ御給事人引之可申候

付札、明和九年四月、備後守[2]様御着府御出之節、御前御在国、泰雲院[3]様於御居間書院御対顔相済、於御溜御料理被進、御引菜并御盃事ハ被遊間敷旨被仰出候

但於御溜御料理出候ニ付、御大小将御給事仕候事

一、御吸物出、御土器塗三方、御肴同出之、佐渡守様御始ニテ飛騨守様へ被進、御肴モ被進、御返盃御肴も被上、御加御納可被遊候、御嘉儀御取持衆可被成候

---

1 能勢能弘（寛19 169頁）

2 前田利道（大聖寺藩五代）

3 重教（十代）

徳川家継（七代）

一、御退出之節、御家老初最前之通中ノ口ヘ罷出可申候
一、御客衆ヘ罷出候人々迄、服紗小袖・布上下着用可仕候
右御先例等引合奉伺候、以上
四月
大屋武右衛門
高田新左衛門

右御作法書ハ、御発駕前今月二日、御客方組頭右両人ヨリ石野主殿助を以奉伺候処、伺之通被仰出候事

晦日 増上寺ヘ御成、且佐渡守様九時御供揃ニテ増上寺有章院様御霊屋ヘ御参詣、池徳院ヘ御立寄、七時御帰

今月朔日 金沢長谷観音祭礼能、左之通

千歳 源太郎
翁 三番叟 永吉　高砂 権進 藤助　田村 権三郎 弥一郎
面箱 庄吉
芭蕉 宮門 惣三郎　船弁慶 勘次郎 舟中之語 久左衛門　金札 祝言 文蔵 弥助
煎物 金助　釣狐 次郎吉　髭櫓 幸助

同二日 同断

千歳 清助
翁 三番叟 三次　大社 宮門 長十郎　八嶋 又助 又太郎
面箱 九郎右衛門

羽衣　権進 直次郎　　花月　幸三郎 知左衛門　　谷行　権八郎 甚助

祝言 松尾　庄八 義左衛門

三人夫　久作　　楽阿弥　長右衛門　　花折　又三郎

今月六日暁、小松定番御馬廻御番頭**葛巻内蔵太**領七百石金沢居邸安江木町専光寺向儀、家来才許人を致手討候処、初刀薄手ニテ部屋へ逃込候処、追懸来り討留之、右家来取遮候ニ付手疵を為負、**内蔵太**居間へ立帰検使乞、書付自筆ニ調、其上ニテ致乱心候哉、其身自害相果、依之為検使御大小将横目**今村三郎大夫・丹羽六郎左衛門**、翌七日暁金沢発小松へ罷越、八日夕方罷帰

但**内蔵太**検使乞書付を調居候処、右家来妻、夫ト之敵也ト背ヨリ突貫候処、深手故令自殺ト云々

一、(朱書)御馬廻組会所奉行当時在江戸**馬場孫三**嫡子**籐左衛門**儀今年廿八才三月廿八日ヨリ出奔之体ニテ、在合不申ニ付所々尋候得共、行衛不相知ニ付、今月上旬表立及御届

但**千代野**ト申徘徊女ヲ先へ為致発足置、**籐左衛門**義跡ヨリ金子モ五六十両計貯罷越候由風説有、此次五月十日ト同次丁互見

今月十五日　加州寺中祭礼能、左之通

翁　千歳　作次郎　　加茂　弥兵衛 源蔵　　経政　小左衛門 太左衛門

三番叟　金助

面箱　金五郎

六浦 権之進 惣三郎　安宅 権之進 甚助　舎利 幸三郎 金作
祝言 弓八幡 晴吉 徳三郎
庖丁聟 九郎左衛門　棒しばり 梅十助　骨皮 九郎兵衛

徳川治国（徳3 18頁）

今月十七日　於金沢被仰付
御普請奉行　**金森猪之助**代　御大小将 **三宅平太左衛門**
御歩小頭　（**小嶋七右衛門**
木村久左衛門

同十八日　同断
奥御納戸奉行　御近習番ヨリ **今井叉忠義**

同　日　左之通
刑部卿様去八日御逝去之旨申来候ニ付、普請ハ今日一日、鳴物等ハ明後廿日迄三日遠慮之
△
筈ニ候条被得其意、組・支配之人々ヘ可被申渡候、尤組等之内才許有之面々ハ其支配ヘモ相
達候様可被申聞候事、右之趣可被得其意候、以上
四月十八日　**本多玄蕃助**
諸頭一役等連名殿
付札　定番頭ヘ
／学校方御入用御手当ニ被成置候御貸附銀、去暮御貸渡被成候振合を以、御家中自分知三百

石以上五百石迄、少分之義ハ御貸渡可被成候条、来寅年ヨリ二拾ヶ年賦八朱之利足を以借用仕度人々ハ、交名知行高等書記、来月五日迄ニ願紙面不破和平等迄可差出候、尤右御かね学校永久之御手当ニ候間、返上方等之義急度相心得可申趣等去年相触候通候、猶更証文并銀高等之儀ハ、和平等より可申談候事

右之趣被得其意、組・支配之人々へ被申渡、組等之内才許有之面々ハ、其支配へモ相達候様可被申談候事

丑四月

右同月廿日　定番頭池田禮平ヨリ副文廻状出、尤右御覚書ハ学校御主付河内守殿等御渡之事

今月十九日　宝円寺・天徳院へ御帰国後初テ御参詣

但十七日御参詣被仰出候得共、御供人揃候上御延引被仰出

付札　御小将頭へ

御大小将御番頭申談、四書等学校御用ニモ候ハ指上度旨紙面添書ヲ以被指出相達御聴候条、紙面之通指上候様可被申渡候、志之義奇特之至御喜悦被思召候、此段可申聞旨被仰出候条、夫々可被申聞候事

丑四月

右今月廿四日被仰出趣、御小将頭御用番野村伊兵衛被申渡、同人宛所之御請、在金沢同役中連名ヲ以指出候旨五月十日告来、翌日左之通出之

私共同役申談、四書等学校御用ニモ候ハ指上度旨紙面指出候処被達御聴候条、紙面之通

政隣

可指上候志之義、奇特之至御喜悦被思召候段、被仰出候旨難有仕合奉存候、為其御請上
之申候、以上
丑五月十一日　津田権平判
高田新左衛門殿

今月廿四日　於金沢、左之通被仰付
(朱書)
一、不慎之趣有之ニ付蟄居被仰付、御横目足軽両人宛
勤番、但翌廿五日ヨリ御近習御用横浜善左衛門・御
表小将横目玉川孤源太、右宅ヘ連被罷越、家伝之軍
書等御取揚、土蔵モ善左衛門・孤源太立会相改封印
被仰付　御馬廻組　有沢数馬

同月廿五日　同断
不慎ニ付逼塞　定番御馬廻組　荻原惣左衛門

同月廿六日　九半時、御供揃ニテ粟ケ崎筋御放鷹、暮六半時過御帰殿、御獲物鶺・鷺九ッ、御
拳モ有之候事

同月廿七日　於金沢、左之通被仰付
役儀被指除遠慮　表御納戸奉行　不破新左衛門

左、任承記之、去寅ノ年於禁裡御歌会之時、武者小路実兵卿(岳カ)詠歌

前田斉敬（重教男）

政隣

田家月　もる月の露をよすがに宿りくる
　　小田の苅穂のことは身にしむ
右三百年以来之秀歌ト云々

戊午**五月**小　金沢御用番　**長　大隅守**殿

朔日　二日晴陰、三日四日雨、五日六日快天、七日雨、八日九日十日晴陰、十一日快天、十二日十三日雨、十四日十五日晴陰、十六日十七日雨、昼後雷雨一頻十八日十九日廿日廿一日陰、廿二日廿三日廿四日廿五日廿六日廿七日廿八日陰雨混雑、廿九日晴、属暑

佐渡守様御登城、四時過御帰

同日　前記ニ有之御着城為御礼被差出候御使者**生駒右近**ヲ以、八講布二十疋・御樽一荷・干鯛一箱・昆布一箱御例之通御献上、**若君**様ヘモ二種一荷御献上、**御台様**ヘモ一種御進上、且**右近**自分献上御太刀銀馬代、御目見被仰付、御老中御列座ニテ巻物二拝領、都テ御例之通ニ候事

五日　**佐渡守**様両御丸ヘ御登城、四半時頃御帰、且今日御例之通御殿向平詰之事、但近例之通、御客衆ヘ御料理出不申候事

一、**自分**今日御奏者番衆十ヶ所ヘ御使ニ罷越、四時頃出、今度御途中無異義御到着ニ付、為御礼御使者被指上候ニ付、御使者被遣候旨之御口上也、且御老中等幷御側衆ヘハ**生駒右近**御使相勤、前々之御例也

右御使八時前相済、芝口一丁目新橋爪春日野ト云料理屋ニテ致食餌、夫ヨリ裏町通両国橋渡り、於羅漢寺五百羅漢堂并栄螺堂、夫ヨリ梅屋敷臥龍梅、夫ヨリ亀井戸天神参詣、此境内気色多し、大なる池反橋三ツ中之橋爪ニ飴菓子ヲ売者あり、是ヲ求テ池中ニ投けれハ数百之鯉・鮒并緋鯉等争之体目覚敷事也、又三十間ニ五間計之藤棚有、数三ツ少し之大小有、妙義堂あり、其前右之方ニ亀井戸あり、是ハ清水涌出し上ニ石ニテ造れる大亀ヲ置テ、其亀之口ヨリ滝水流れ出る也、柵有て茶碗ト長き柄杓あり、万授の霊水とて呑事ヲ免ス、手洗等ハ堅く禁制也、其外景色不遑筆記ニ、右道筋所々河堀夥し、鰻・鮒・雑鯀《ざこ》・蝦等ヲ釣人モ夥し、間々船ニテ投網ヲ打モ有、猶又今朝ヨリ通行之筋所々幟あり、然れ共、如金沢目ニ立つ出し等ハ無之、折々鯉之吹登有而已《のみ》也、夫ゆえ見物之人ヲ入る所モ一円無之、餝兜類モ甚粗なる由也、右之外妙見萩寺、吾妻の森、秋葉三廻り、牛御前弘福寺モ巡見、浅草大川橋ヨリ帰る図り之処、亀井戸ニテ最早七半時ニ及候ニ付直ニ又両国ヘ出、暮前本郷御邸ヘ帰候事

六日　**寿光院**[1]様五半時御供揃、御行列ニテ芝御広式ヘ為御年賀御出、翌朝六時頃御帰

七日　**祐仙院**[2]様五半時御供揃ニテ略御行列ヲ以、為御行歩品川筋ヘ被為入、御帰ニハ高縄ヨリ昌平橋迄御船ニテ夜四時過御帰

八日　上野御本坊ヘ御再答使ニ参上之事、**佐渡守**様九時御供揃、同刻過御出、上野**厳有院**[3]様御霊屋ヘ御参詣、八時前御帰之事、但御供惣従者黒門ニ残、押足軽**林唯右衛門**・**長谷川伊左衛門**従者之前後ニ罷在候処、**尾張宰相**[4]様御参詣、下座呼候ニ付、右**唯右衛門**等従者ヘ其段

1 重教室千間
2 吉徳女暢
3 徳川家綱〈四代〉
4 徳川治行（徳2 228頁）

申示し候ため走廻り候処、御先払之者下ニ罷在候様申聞候ニ付、致承知候段相答、猶又従者之不作法等無之哉ト延上り致見分候処、致承知候ト申候テ不致下座義難心得段申候テ、右御先払之者四五人罷越、右唯右衛門ヲ理不尽ニ押臥せ、じつてい（十手）ニテ頭ヲ打、乱髪之為体ニ致候ニ付、唯右衛門義不得止事ト脇指ヲ抜放候得ハ十人計立懸り、其脇指ヲ奪ひ取候、右之体伊左衛門見付来候処、伊左衛門ヘモ十人計立懸り候テ理不尽ニ手込ニ致し候、右之内唯右衛門義刀ヲ抜、最初ニ頭ヲ打候者ヲ目懸切懸候、其者逃候ニ付追駆候得ハ、右之者転ひ候ニ付切付候処、帯刀之大小ニ当り身ニハ当り不申候由、其所ヘ伊左衛門走来り候テ唯右衛門ヲ抱き留候内、相手ハ逃延候、然処ヘ尾張様御供人大勢罷越、唯右衛門・伊左衛門ヲ手込ニ致し、上野之内番所ヘ預置之、但唯右衛門義被押伏なから脇指ヲ抜候故指ヲ少々怪我し、伊左衛門儀唯右衛門ヲ抱留候節、足之脛ヲ余程怪我し致破血候、然処尾張様御供頭ヨリ迎可申旨申来、御供之御横目本保六郎左衛門罷越懸合候テ唯右衛門・伊左衛門ヲ受取御屋敷ヘ罷帰候、只（唯）右衛門ハ歩行ニテ帰り、伊左衛門ハ足之疵ニテ歩行難成駕籠ニテ罷帰候、今夜東御門続於饗応所、御横目水越八郎左衛門・本保六郎左衛門罷出、唯右衛門・伊左衛門呼出始終之趣承糺候処、両人申分之通ニテ敢テかさつ成趣モ相聞ヘ不申、先唯右衛門ハ割場ヘ指預、伊左衛門ハ無構自分居小屋ニおゐて疵保養之義申渡候事

九日 御家老西尾隼人殿御申渡之趣有之ニ付、聞番菊地九右衛門義、今暁七時過尾張様ヘ罷越、昨日於上野申分之一件懸合、昨日切内分ニテ相済致落着、今昼九時頃罷帰候事

佐渡守様五半時御供揃ニテ広徳寺ヘ御参詣

十日　左之通ニ付、孫三義十一日暁発足帰、前記四月晦日互見
(朱書)三、不応思召趣有之ニ付役儀
被指除候、用意出来次第御国へ罷帰候様可申渡旨、
於金沢頭多田逸角へ御用番玄蕃助殿被仰渡候旨、
前月廿九日出之紙面今十日来着、此次金沢之九日互見
御馬廻組会所奉行　馬場孫三
右ニ付左之通
御大小将　岸　忠兵衛
馬場孫三代　参着迄
会所奉行当分加人

十二日　佐渡守様、五半時御供揃ニテ広徳寺へ御参詣

同日　自分、水戸様へ御再答御使ニ参上

十三日　在江戸御先手浅井和大夫頃日気分少モ相替義無之、今日夕御番ニ付八時ヨリ御殿へ出、
御使者取次等仕罷在候処、七時頃俄ニ煩出、不一通体ニ付御医師横井元秀等追々出、診察
之処、卒中風ニテ歩行難叶、依之詰合之人々ヨリ御横目へ申達、駕籠ニテ御小屋へ帰、参附
湯等用候得共、次第ニ及大切ニ、翌十四日末期之御礼申上度段、御先手奥村十郎左衛門、
西尾隼人殿御小屋へ罷越申述候処、七時過和大夫御小屋へ隼人殿御越、其節小屋前へ才許
人并警固、尤式台前盛砂、白洲へ若党三人、右家来之分何モ布上下着用、敷附ヘハ小川源
兵衛小川八郎右衛門せかれ出、階上刀取家来若党曁高田新左衛門・原弥三兵衛・自分並居、小
川八郎右衛門ハ少々進み出有之、居間へ誘引、今少以前落命之段申述、屏風開之、名代奥
村十郎左衛門御礼申置候段申演、屏風重テ如元引廻、夫ヨリ組頭前田土佐守殿御封印有之

遺書并控差出候処、其侭ニテ八郎左衛門ヘ御渡、於金沢忌明之上、類中等内土佐守殿御宅ヘ持参之義御申談、控ハ御取受有之、無程御退出有之、其節送等如最前、且御出之為御挨拶十郎左衛門義隼人殿御小屋ヘ罷越、将又暮頃下谷広徳寺塔中持香院ヘ指遣取置料金二両、委曲ニ持香院ヨリ調来御門出し方并僧呼入等之義、跡取捌主付十郎左衛門ヨリ取捌之、家来共ハ十六日朝為致発足相返候事

十四日　左之通被仰渡、但浅井和大夫病死ニ付テ也

大御門方主付当分可相勤候　　奥村十郎左衛門

十五日　佐渡守[1]様五時御供揃ニテ御三男様昨日御誕生之為御祝儀御登城

但右ニ付月次出仕ハ相止、四時揃ニ相成候事

廿日　佐渡守様五半時御供揃ニテ広徳寺ヘ御参詣

廿二日　御同公様九時御供揃ニテ御一門様方五ヶ所御勤

同日　飛騨守[2]様ヘ、今度御前髪御執ニ付為御祝儀干鯛一箱被進之、且御普為聴御出之御挨拶御使ニ参上

今月十四日御誕生之御二男様ヘ昨廿一日左之通御称号被進之

松平敏次郎[3]殿

右御二男様等ハ前々徳川ト被称候処、左候テハ品重ニ成、不可然趣等ニ有之ニ付、段々松平[4]越中守殿御詮儀有之、松平之御称号被進之、是此度之新規也

今月朔日　於金沢、左之通被仰付

---

1 前田斉敬（重教男）

2 前田利考（大聖寺藩八代）

3 徳川家慶（十二代）

4 松平定信

弐千石　内五百石与力知　主水嫡子　**奥村兵部**

主水義配流御赦免後、追テハ思召モ被為在候処致死去候、依之**主水**為遺跡**兵部**被召出、新知如此被下之、人持組ヘ被加之

改**逸角**知行三百石之内
百五十　改田逸角跡相続　**改田鉄之助**

父**主馬**儀致自害相果候ニ付名跡之不被及御沙汰ニ乍去**主馬**義最前御近習勤仕、心懸宜且今石動等支配被仰付候テモ甚致入情候処、不斗致自害相果候段御不便之事ニ被思召候、依之**主馬**せかれ**鉄之助**被召出、**逸角**跡如此相続被仰付、組外ヘ被加之

遠慮御免許
御馬廻　**沢田順九郎**
同　**長谷川八十左衛門**
組外　**福田喜左衛門**

指控免許
御馬廻　**佐々左助**
同　**大平金太郎**
定番御馬廻　**山岸十左衛門**
同　**大嶋忠左衛門**

今月二日　左之人々於金沢、御大小将ニ被仰付
千石　十七才　**三輪政之助　正敏《マサトシ》**

同　　　　十九才　稲垣久五郎　安貞
六百石　　十八才　坂井長三郎　直好
五百石　　二十七才　高畠彦之丞（改平馬）　定則
四百石　　十九才　飯田万作　長儀
同　　　　二十五才　小幡余所之助（改半六郎）　景尚
同　　　　十八才　山口喜三郎（改左次馬）　一寧

同四日　左之通被仰付
大聖寺御横目御用無之
高田昌大夫
堀　勘兵衛
役筋之儀ニ付不念之趣有
之、役儀被指除指控
表御納戸奉行　**大村武次郎**
大屋奥左衛門

同六日　同断
役儀被指除
能州所口町奉行　**浅井源右衛門**

同九日　同断
白銀十枚宛、於御次御内々
横浜善左衛門ヲ以拝領
高田昌大夫
堀　勘兵衛

学校方御用御免除　　不破和平

御次御用

（朱書）四、盗賊改方手合足軽廿人余召捕ニ被遣候処、於越前召捕、今九日帰、父孫三宅ニ縮所出来入置之、前記今月十日互見

孫三せかれ　馬場藤左衛門

（朱書）五、馬場藤左衛門出奔前、書物預置候処、出奔後不及届候、然処藤左衛門被召捕候ニ付出奔、［（空白）］　此次金沢之廿一日互見

金沢才川　宝久寺

同十日　同断

組頭並御算用場奉行　　物頭並御勝手方ヨリ　笠間九兵衛

御算用場奉行兼帯御免　　御馬廻頭　小寺武兵衛

学校主付御用

付札　定番頭へ

△両学校へ御出之節、出座之人々衣類等見苦候義ハ少モ御貪着無之候間、夫々得ト申渡候様被仰出候条被得其意、組・支配之人々へ被申渡、組等之内才許有之面々ハ其支配ヘモ相達候様夫々可被申談候事

五月

右例之通、定番頭廻状出

今月十一日　**飛驒守**様御登城、但昨十日金沢御着也、御作法別冊諸御作法書ニ有之

同十二日　宝円寺へ御参詣

同　日　**華厳院**様御三十三回忌御茶湯一朝、於天徳院御執行、但御家中普請・鳴物等不及遠慮、乍然御寺近辺ニ罷在候者ハ御茶湯御執行之内、自分ニ指控可申旨等四月十一日御用番**本多玄蕃助**殿被仰聞候由等御横目廻状出

同十三日　左之通被仰付

御馬廻組 **佃　久五右衛門**
彦三一番町町番人ニ手疵被負、頭**江守平馬**ヨリ相尋候処、木刀ニテ致打擲候等ト不分明成趣ニ付、先指控、其後蟄居被仰付寛政七年冊末晶紙ニ有委記互見

御家老役 **津田修理**
御勝手方御用

同断 **本多頼母**
御勝手方御用御免除

同十五日　金沢於御前、被仰付

横山蔵人
奥村左京
御家老役

同十八日　於御次、当春御帰国御道中歩御供無懈怠相勤候人々へ布・金夫々前々之通拝領被仰付

同廿日　盗賊改方御用**井上井之助**宅へ、割場附足軽**小嶋杢左衛門**呼出、**杢左衛門**江戸詰之内、於御門外馴合候女**りえ**ト申者ヲ今度従江戸金沢へ引越候、御医師**横井元秀**妻之姪、江戸ニ罷在候**せん**ト申者之下女分ニ致し為引越候体ニ付、**りえ**義モ召寄僉議之処、江戸下谷町肴

屋長兵衛方ニりえ罷在候処、去々年以来度々馴合、去年十二月男子出生、然処此度段々手組、せん供仕、当月四日元秀方ヘ参着候趣共及白状、杢左衛門義割場ヘ預、りえ義ハ元秀在江戸ニ付代判賀来元達ヘ預、六月十八日ヨリ公事場詮議ニ相成、公事場ヨリ杢左衛門等割場等ヘ預候処、七月廿一日朝杢左衛門義自害相果候、於江戸右白状致し候割場附足軽小頭瀬野甚右衛門、於公事場禁牢之事、附りえ義江戸山下辺ニ罷在候女ト云々

同廿一日　馬場孫三宅ヘ頭多田逸角并相頭伴源太兵衛罷越、(朱書)六、馬場藤右衛門ヘ逢、出奔之趣意尋有之処、父孫三勝手方取捌致候処、次第ニ及難渋候ニ付致出奔等ト不分明之答ト云々、

前記互見金沢之九日也

(朱書)七、同夜　馬場孫三金沢ヘ帰着、翌廿二日自分ニ指控可申哉之旨紙面出之候処、指控罷在候様被仰出　此次六月廿三日互見

会所奉行本役、今廿一日被仰付、翌廿二日馬場孫三為代江戸詰被仰渡、六月八日発十九日江戸参着

会所奉行加人ヨリ　堀与三左衛門
改　与一右衛門

今月廿六日　於金沢御大小将ニ被仰付

三百石
廿五才　田辺佐大夫　信成

同廿八日　於金沢左之通被仰付

定番御徒小頭
児玉佐市兵衛

今月七日以来、相公様両学校ヘ度々御出有之

今月、**相公様**度々御放鷹・御川狩御出有之

△**松平越中守**[1]殿被仰聞候由ニテ、大御目付**桑原伊予守**[2]殿ヨリ相渡候御覚書両通之写

諸家ニテ前々ヨリ相伝教習致来候武術・武備等其次第書出候様寄々可被相達候并面々家中之内武芸格別抜群成もの等是又書出候様可被相達候、別紙申達候趣、足軽備打等之類ハ何方ニテモ致調練候事ニ候得共、此度書出之義ハ代々格別相伝致世話候類之義ニテ、仮ハ犬追物又ハ騎射或ハ船方調練水馬・備打火業等類、其外乗初之式等之類迄他方ニ無之、前々伝来之類之義ニテ候事、武術・武備等、其次第等之義并武芸格別抜群成者等御書出之義ニ付、大御目付**桑原伊予守**殿ヨリ相渡候御覚書両通写相越之候条被得其意、有無之義早速可被書出候、且又組等之内才許有之面々ヘモ被申渡、是又有無之義夫々直ニ書出候様被申談、同役中可有伝達候事、右之趣可被得其意候、以上

癸丑五月廿八日　　**本多安房守**　印

長　大隅守　印

諸頭御用番連名殿

己未**六月大**　　金沢御用番　**村井又兵衛**殿

朔日　二日三日四日五日　昏頃雷鳴一雨降　六日七日快天、八日折々微雨、九日十日　未刻一雨降　十一日十二日十三日十四日十五日十六日十七日陰晴交、十八日大風雨昼ヨリ快天、十九日廿日廿一日快天、廿二日雨、廿三日廿四日廿五日陰、廿六日廿七日雨、廿八日快天、廿九日雨、晦日昼ヨリ快天、今月上旬大暑、土用入十日計ハ朝夕涼、昼列（烈カ）暑、其後ル

1 松平定信
2 桑原盛員（寛22 252頁）

1前田斉敬（重教男）
2徳川家斉女
3徳川宗睦
4徳川治行
5かちん、褐色
6保科容頌
7徳川家斉
8家斉長男竹千代
9徳川家斉室寔子

時服難用程之冷涼、重衣ニテ難凌程之気候不順之処、及月迫暑又大ニ強し
佐渡守[1]様月次御登城、四時過御帰

三日　淑《ヒデ》姫[2]君様へ今日徳川五郎太様尾張大納言[3]様御嫡孫十一才ヨリ御結納之御祝儀物、以御名代被指上、大納言様・宰相[4]様五郎太様御父ナリハ御登城、殿中花色帷子・返し小紋ニテ無之半上下、御給仕ハ嘉珍[5]上下着、無地熨斗目之代ト云々、淑姫君様御年四才

四日　昨日御結納被為済候為御祝儀、今日惣出仕四時揃ニ付、佐渡守様五時之御供揃ニテ同刻過御出、両御丸へ御登城、御下肥後守[6]様へ御立寄、夫ヨリ御老中方御廻勤、八時過御帰

同日　昨日之右為御祝儀、三種干鯛・鰑・昆布一箱宛・御樽代金二千疋宛、公方[7]様・若君[8]様へ御献上、御使組頭高田新左衛門、聞番同道ニテ為持登城、御台[9]様・淑姫君様へ二種鰑一箱減・千疋宛御進上、御使組頭指支候ニ付、御歩頭篠嶋平左衛門、聞番同道平川へ為持罷出、従佐渡守様、公方様・若君様へ一種千疋宛御献上、御使御附御小将頭堀三郎兵衛聞番同道、御台様・淑姫君様へ一種三百疋宛御進上、御使組頭指支候ニ付、御附御歩頭神田吉左衛門聞番同道平川へ為持罷出、右ニ付献上方御書付写左之通

　淑姫君様御結納御祝儀献上物

公方様　三種二千疋　三拾万石以上　二種二千疋宛　十万石ヨリ廿九万石迄

若君様へ　二種千疋宛　五万石ヨリ九万九千石迄　一種五百疋宛　一万石ヨリ四万九千石迄

御台様　二種千疋　三拾万石以上　一種千疋宛　十万石ヨリ廿九万石迄

淑姫君様へ　一種五百疋宛　五万石ヨリ九万九千石迄　一種三百疋宛　壱万石ヨリ四万九千石迄

公方様
若君様へ　一種千疋宛　拾万石以上嫡子・同隠居

御台様
淑姫君様へ　一種三百疋宛　同断

右之通可有献上候

公方様・若君様へ之献上物ハ御本丸御玄関ヨリ、御台様・淑姫君様へ之進上物ハ平川口御門番所迄、御結納御祝義之翌日朝六時ヨリ五時迄之内、在国在所之面々共一同以使者可有献上候、且又疱瘡・麻疹・水痘之障有之候ハ追テ可被差上候、尤其節可被申聞候

四月

五日　南御門続御長屋及破損候ニ付建修理被仰付候段、御作事奉行へ今日被仰渡、御入用銀二百貫目余ト云々

八日　於増上寺惇信院[1]様三十三回御忌御法事、今日ヨリ明後迄二夜三日御執行ニ付、火消方御邸内間廻、御法会中遠方御成之御格、一時ニ一度宛出候事

十一日　上野護国院夫ヨリ広徳寺へ寿光院[2]様九半時過ヨリ御出、七半時過御帰

土用
十二日　増上寺へ御成、佐渡守[3]様御予参之筈ニ候処御風気ニ付御断之事

1 徳川家重
2 重教室千間
3 前田斉敬（重教男）

前田吉徳女暢

十三日　朝御香奠御献納、御使組頭**高田新左衛門**昨夜四時過御邸罷出、今暁七時前増上寺へ罷越、未明ニ献納相済、今日四時過罷帰、但御香奠黄金壱枚、従**佐渡守**様白銀弐枚、御使御附組頭**堀三郎兵衛**、従**寿光院**様白銀壱枚、御使御広式物頭並**原弥三兵衛**

附、金壱枚之御香奠ハ御三家様・此方様迄也

十五日　月次登城相止、但例年之事故御大目付ヨリ御廻状モ無之候事

祐仙院様両国筋へ為御行歩御出

十六日　嘉祥ニ付、**佐渡守**様御登城可被遊候処、就御風気ニ御断之事、御屋敷之内御貸小屋家

△来罷在候処、自分ニ窓明け申義ハ不相成筈ニ候段、前々度々相触候得共、頃日窓明け候御小屋〳〵モ有之由相聞へ候条、自分ニ明候窓之義ハ早速塞之、自今右之族無之様家来末々之者へ急度可被申渡候、右之趣夫々可被申談候、以上

丑六月十七日　　**西尾隼人**

御横目中

右例之通廻状有之

十八日　**堀三郎兵衛**儀**佐渡守**様附御大小将御番頭**中川**故**次郎兵衛**跡、息**勝三郎**へ之触次之義申談相洩し候ニ付、**佐渡守**様御発駕後ハ右**勝三郎**へ諸触相洩有之、依之**三郎兵衛**不念之趣ニ付先自分ニ指控可罷在哉之旨、御家老**西尾隼人**殿へ紙面指出候処、有無共御指図ハ難被成旨被仰聞、紙面之趣御国へ御伺有之由之事

附、右相洩し候義不念之義被思召候、以来入念候様七月八日被仰出候段、同月廿日被仰渡、

且於金沢モ左之通

音地清左衛門 御部屋付御大小将横目也、樫田等ハ同御番頭也

樫田折之助・不破五郎兵衛、在江戸留守中堀三郎兵衛支配之人々触次之義申談候処、当分支配中川勝三郎名前訳テ申談無之故、触次相洩候、勝三郎義ハ三郎兵衛ヨリ直ニ触出ト而已《のみ》相心得罷在候テ其節得ト相糺可申義心付モ無之、不念之仕合迷惑奉存候旨等之紙面添書ヲ以被出之、相達御聴候処、不念之義ニ被思召候、以後急度入念候様可申渡旨被仰出候条、此段可被申渡候事

丑七月八日

右、御用番玄蕃助殿ヨリ支配頭御用番之御小将頭野村伊兵衛ヘ御渡、同人ヨリ清左衛門ヘ申渡之

廿日　御儒者鴇田喜内領二百石江戸御邸外在住、享年七十七才、篆書并唐様之達筆病気之処、及大切末期之御礼申上度旨ニ付右宅ヘ支配頭高田新左衛門罷越候処、暫以前落命ト云々

廿一日　御老中御用番松平和泉守[1]殿・御用御頼之松平越中守[2]殿ヘ佐渡守[3]様暑中為御見廻御出之事

廿二日　上野御本坊ヘ御使ニ参上

今日夕方暑気御尋之宿次御奉書渡、暮過発出、同廿六日昼八時前金沢着、猶金沢之廿六日互見

同日　暑気為御伺被指出候御使御馬廻組中村伊織五百石、去十二日金沢発、今昼参着七月十

1 松平乗完（寛1 62頁）
2 松平定信
3 前田斉敬（重教男）

日帰

廿三日　今月十一日於金沢、左之通御用番又兵衛殿被仰渡候段申送来、今日高田新左衛門於御小屋、自分立会新左衛門被申渡、御請書判形取立候事、前記金沢之五月廿一日互見

付札　高田新左衛門へ

同　馬場孫三せかれ藤左衛門姉聟　坂井権九郎

平田磯次郎

右藤左衛門儀、致出奔候義ニ付於公事場遂御吟味候処、不届之趣有之、牢揚屋へ被入置候条、権九郎・磯次郎義指控罷在候様可被申渡候事

右ニ付指控之義故、前々之通代判人ハ不申談、且御門外へ家来指出候義ハ相止、成たけ同組中之家来頼、内々用向被弁可申候、夫共自分家来ニテなくてハ難叶義有之節ハ拙者へ迄被及断承届之上、両人可被差出旨等申談、且右ニ付権九郎代御中屋敷仮御横目ハ同所火消之内阿部波江へ当分兼帯申談有之、此次八月廿五日モ互見此次今月金沢之七日互見

廿五日　若君[1]様御不予之処、昨廿四日酉上刻御逝去、依之為伺御機嫌、今日御三家始惣出仕、病気・幼少并隠居之面々ハ老中本多弾正大弼[2]宅へ使者可指出候、在国・在邑之面々ハ弾正大弼宅へ使札可指越候、普請ハ来ル廿八日迄、鳴物ハ来月三日迄停止之旨、大御目付衆ヨリ御書付今暁到来、且公方様・御台様[3]御定式之御遠慮被遊候段、松平阿波守[4]殿留守居廻状ニテ申来候事

若君竹千代様御享年二歳也

政隣

1 徳川家斉長男竹千代
2 本多忠籌（寛11 231頁）
3 徳川家斉室寔子
4 蜂須賀治昭（寛6 248頁）

右ニ付普請・鳴物遠慮之義、御横目所ヨリ小屋触有之

同　日　組外御番頭印牧弥門義、淑姫[1]君様御結納御祝儀之御使、当月十一日被仰渡、同十五日金沢発足今日江戸着之処、公辺御凶事ニ付御使相控、御用番松平和泉守[2]殿へ伺有之、此次廿八日互見

佐渡守[3]様今日御風気ニ付御登城御断之事

付札　御横目へ

△若君様御逝去ニ付普請・鳴物御停止日数之義、従公義御触有之通ニ候得共、御葬式相済候迄ハ鳴物等自分ニ指控可申候、右之趣夫々可被申談候事

六月

右西尾隼人殿御申聞之旨等、御横目水越八郎左衛門ヨリ廻状有之

右御凶事ニ付御近所火消方間廻、風高廻之振ニテ出、御葬式御当日迄遠方御成格ニテ出

廿六日　大御目付衆依御廻状、今日為御伺御機嫌佐渡守様御登城可被遊候処、就御風気ニ御断之事

廿八日　朝御国使者中村伊織、聞番同道登城、暑気為御伺御機嫌、清水米一箱御献上之事

但御例ハ右ニ串海鼠一箱モ御献上之処、今般公義御凶事ニ付旧例於御用所僉議之上、松葉海苔一箱被添候、御前例ニ候故、御用意出来、猶更昨日御用番松平和泉守[4]殿へ聞番坂野忠兵衛参上相伺候処、清水米・一種可有御献上旨御指図、依之御老中等へモ右一種宛御配り、且御呈書之内若君様ト申御文面有之ニ付、御呈書ハ相控ニテ口上勤可然旨、是

---

1 徳川家斉女（尾張宗睦嫡孫徳川五郎太婚約）

2 松平乗完（寛1 62頁）

3 前田斉敬（重教男）

4 松平乗完（寛1 62頁）

1 徳川家斉男
2 水野貞利（寛6 118頁）

又和泉守殿へ伺候処、御指図有之事

一、廿五日記ニ有之印牧弥門御使札モ御呈書相控、口上勤ニテ来月朔日可為勤旨、是又昨日和泉守殿御指図之事、但重テ来月六日可為勤旨御指図有之

同　日　御館詰人平月之通、頭分以上并取次御小将布上下、平侍等継肩衣着用

晦　日　昼八時御出棺ニテ於増上寺孝順院[1]様竹千代君御法号御葬式有之、右ニ付御家中末々迄方角留之旨昨日御小屋触有之、火消方間廻、朝六時ヨリ夕七半時迄、遠方御成之御格ヲ以出、昨廿九日於上野広小路、黒雲トいふ相力（撲）取ヲ水野石見守[2]殿中奥御小将六千石家来供、頭［（空白）］及殺害、黒雲義町家之店ニ居候処ヲ呼出し意趣ヲ申聞、肩先へ切懸候処、飛懸り候ニ付両腕ヲ切落し、其侭捕へ留めヲ刺殺之、畢テ町行司へ逢、町格之通取捌候様申達、帯刀ヲ相渡、其所ニ控有之町役人ヨリ夫々及断暮頃駕籠ニ乗せ評定所へ遣之、遺恨ハ妻女ト黒雲令密通候故也ト云々

今月朔日　於金沢、左之通於御前被仰付

町奉行　**長谷川三右衛門**代

御先手ヨリ　**青地七左衛門**

同七日　同断、前記今月廿三日互見

於火事場、御尋之義有之候処、不届之趣有之ニ付、牢揚屋へ被入置、附同道令出奔候女千代野モ禁牢被仰付

馬場藤左衛門

右ニ付近き続之者指控伺紙面、各指出慎罷在候処、同十一日夫々指控被仰付、且左之通モ

徳川家重

被仰渡

父藤左衛門不届之趣有之牢揚屋へ被入置候ニ付藤左衛門

父孫三并一類へ御預、此次八月廿五日互見馬場孫三せかれ 藤左衛門せかれ 馬場恒太郎

同十二日　於如来寺惇信院様三十三回御忌御法事有之、御狩衣ニテ四半時御供揃ニテ御参詣

同十七日　於金沢、左之通　　高田昌大夫

大聖寺へ被遣候御横目、御用ニ　　堀　勘兵衛

無之段被仰渡置候得共、重テ右

御用被仰付

同廿日　同断

能州所口町奉行　　御馬廻組 山崎十三郎

△京都誓願寺勧化銀、組支配等惣知行高合割符左之通候条、来月廿日迄之内諸方御土蔵へ上納有之、右奉行受取切手当場へ可被指出候、此段同役中伝達可有之候、以上

六月廿日　　御算用場

諸頭御用番連名殿

丑三月十日知行高、但御役料知并与力知除之

高八千五百六十石

一、四匁五分五厘　　高田新左衛門 組支配共

但百石当五厘三毛一味

古オランダ語で火喰鳥kasuarisの聞き言葉と思われる

右七月朔日ヨリ十日迄之内、頭々へ可指出候、且三月十日以後組替之分ハ先頭へ可差出旨等組々へ触出有之

今月廿六日 八時前暑御尋之宿次御奉書金沢到来、御礼使御馬廻頭**河地才記**へ被仰渡、同廿九日金沢発七月十二日江戸参着、御日柄ニ付御本宅等御内輪之御使モ翌十三日相勤、但戸田川等洪水ニ付逗留遅着之事

七月廿八日互見

金城卯辰八幡宮於社地、前月ヨリ今月へ懸、駝鳥為見物有之、貴賤群集、此鳥寛政元年七月紅毛船ニ乗せ長崎へ来着、紅毛ニテハ加豆和留ト言、和名駝鳥或火喰鳥共いふ、常ハ米麦ヲ以飼ふ、憤んなる時ハ鉄・石・瓦・火炭を食ふて、其侭糞ニ出す、鳥ニして鳥ニ非す、便尿二ツ、鳴声地響き殆雷の如し、其時惣毛逆立ト云々、此次七月畾紙互見

庚申七月小　　金沢御用番　**本多玄蕃助**殿

朔日 快天、二日三日雨天、四日快天、五日雨、六日快天、七日大雨、八日同昼ヨリ晴、九日快天、十日十一日十二日雨天、十三日快大、十四日十五日雨、十六日陰、十七日十八日十九日廿日廿一日廿二日快天、廿三日朝雨、廿四日雨、廿五日廿六日廿七日廿八日廿九日陰雨交、気候上旬中旬涼増、下旬残暑復

付札　御横目へ
佐渡守様御口中御痛ニ付御登城御断之事

徳川家斉男竹千代
1光高（四代）室
2吉徳（六代）室
3利常（三代）
4重靖（九代）
5重教（十代）
6綱紀（五代）室の松嶺院カ
7宗辰（七代）室
8利長（二代）
9吉徳側室
10光高男万菊丸
11広徳院塔中僧

△

当三日ヨリ五日迄、於増上寺孝順院様御法事有之候旨、右日数中鳴物自分ニ相控候様
夫々へ可被申談候事、

七月

右西尾隼人殿御申聞之旨等水越八郎左衛門ヨリ例文之廻状出

右ニ付御法事二日夜ヨリ初り五日暁迄就有之、今夜ヨリ五日暁迄火消方間廻、風高廻之振ニテ出候事

二日 例年之通、伝通院・広徳寺へ御施餓鬼料被遣候御使ニ罷越

[1]清泰院様 白銀弐十枚 [2]光現院様 伝通院へ

同十五枚 [3]微妙院様ヨリ[4]天珠院様迄
御七方 白銀五枚宛

[5]泰雲院様白銀十枚

[6]梅嶺院様・[7]梅園院様
白銀五枚宛

[8]瑞龍院様ヨリ[9]浄珠院様迄御七方白銀三枚宛

以上広徳寺へ

[10]桂香院様白銀三枚、[11]桂香院へ

右伝通院ニテハ吸物・酒・殽《さかな》・素麺、広徳寺ニテハ干菓子被出之

四日 増上寺方丈へ御使番以上使、干菓子一箱孝順院様御法事就被相勤候被遣之、但今朝公方様へ為伺御機嫌、御三家様初万石以上并御附御家老ヨリモ御菓子一種宛献上、従此方様胡麻餅一箱御献上、附俗名胡麻胴乱トいふ、御三家様等ヨリモ干菓子或求肥飴・浅地飴又ハ

平砂糞(カ)・砂糖漬等之類家々前格ヲ以献上之事

六日 朝、増上寺大方丈へ**孝順院**[1]様御香奠白銀百両御献納、御使組頭**高田新左衛門**、**佐渡守**[2]様ヨリモ同断白銀五十両御献納、御使組頭**堀三郎兵衛**、**寿光院**[3]様ヨリ同断白かね十両、御使御広式物頭並**原弥三兵衛**、**松寿院**[4]様ヨリモ同断、御使御附物頭並**竹田源右衛門**、右各装束半上下着用、暁八時出、於地徳院見合五時献納之事

同日 七夕為御祝詞御例之通、今朝鯖代黄金壱枚并鯖二百刺御献上、御使聞番、従**寿光院**様モ鯖五十刺女中ヲ以被献候事、右御残百刺宛御老中方・若御年寄衆、五十刺宛御側衆へ御配之事、於京都御所司代へモ御配り遣之

七日 御例之通、御表向一統平詰之事

佐渡守様御口中御痛ニ付御登城御断候事

組外江戸御広式番ヨリ **青山数馬** 江戸定府也

江戸御広式御用人 **千秋丈助**代
寺社奉行支配ニ被仰付、御役料
五十石被下之

右之通今日於御席、**西尾隼人**殿御申渡

十一日 **飛騨守**[5]様へ御前髪御執被成候為御祝儀、五月廿二日干鯛壱箱被進候、御使相勤候ニ付今日**自分**御小屋へ、御使者**宮永弥六**(カ)御小将組ヲ以、八講布三疋包のし御目録被下之、右会釈前々之通、熨斗三方・たはこ盆・薄茶出之候、為御礼夕方御式台迄参上仕候事

十二日 京都住**荻野左衛門**[6]高弟**矢野幸助**年五十才参着従者四人、是**佐渡守**様御保養方為御用就被

1 徳川家斉男
2 前田斉敬（重教男）
3 重教室千間
4 重教女穎
5 前田利考（大聖寺藩八代）
6 萩野元凱（御典医・蘭方医）

召候罷下ル、御貸小屋谷筋之内、頭分小屋也
今般次之間迄天井張之壁上塗張附、襖等迄結構ニ修理被仰付候テ御貸渡之事、附御貸小屋ハ都テ天井無之、詰人自分ニ簀或ハ紙ニテ天井拵之事、故如本文、此次十一月廿五日互見
頃日、御本宅御広式御庭之内ニ有之三尺計之蘇鉄ニ花咲、色薄黄、形容松カサニ似り

十三日　前記前月廿八日ニ有之**印牧弥門**今昼発足帰

十四日　御先手**窪田左平**儀、**浅井和大夫**為代江戸詰被仰渡候処、煩ニ付前月晦日金沢発足、川支等ニテ今日参着、且又若君様御逝去ニ付御悔之御使被仰付候筈之旨、御用番**本多玄蕃助**殿御紙面、早飛脚於榊駅追着相届候由之事

十五日　昨日記之通**窪田左平**へ御使被仰付候段、**西尾隼人**殿御申渡、依之白銀五枚・御羽織壱、御目録ヲ以、拝領被仰付、但**左平**儀戸田川満水舟立不申ニ付岩淵へ廻り、昨日参着之義ハ内分之事ニテ候故、若御老中等ニテ高水故諸方往来留り候処、何方ヨリ参着哉ト被尋候得ハ岩淵廻り之義難相答訳ニ付戸田川減水舟立次第御使勤候筈也
附前月金沢之廿六日ニ合（カ）記之通、**河地才記**モ岩淵廻ニテ去十二日参着之処、諸向共心付無之、翌十三日御老中等へ御使勤之処、何等之尋モ無之故相済候事
右之通ニ候処、今日ヨリ戸田川減水舟立候ニ付、明後十七日ヨリ御使相勤候筈ケ所ハ、御老中・御三家・御内輪并芝御広式迄也、廿四日切ニテ御使御用相済翌日ヨリ御番等勤

十九日　左之通於御席、**西尾隼人**殿被仰渡、但於金沢之跡目迄ハ今月十日也、則末ニ記之

誠左衛門せかれ
中嶋小兵衛
亡父知行無相違
弐百五拾石　只今迄被下置候自分知ハ被指除之

廿三日　左之通被仰出、御老中方ヨリ越中守殿へ被達候書付写

松平越中守

兼テ内願之趣意尤之事、是迄永々取続相勤大儀思召候、今度被遊御聴届候ニ付、御補佐并加判之列御免、溜之間詰被仰付、被任少将、去未ノ年以来万端骨折莫太之勤功御満悦無此上、依之以後代々之内溜詰ニ可被仰付家格ニ被成下候

覚

一、御機嫌伺登城之節、一ヶ月一両度御座之間へ被召出御目見へ可被仰付事、尤御用有之節ハ御側へ被召出候之儀モ可有之候

一、年頭・八朔・五節句・月次御座之間ニテ御礼、其外一ヶ月ニ両三度登城、御用部屋へ罷出、御側ヲ以御機嫌相伺可致退出候、被召出候節ハ控可罷在候事

寛政五年七月廿三日

廿八日　前記前月金沢之廿四日記ニ有之御国使者**河地才記**ヲ以、今朝串海鼠十五桁箱入御献上、御例之通**才記**義御目見被仰付、八月二日御剪紙ヲ以、御呼出申来候ニ付翌三日**才記**御城へ罷出之処、御返礼御渡、御例之通巻物二紗綾拝領、翌四日江戸発帰之事

同　日　**自分**義広徳寺へ為拝礼参詣、帰路三周（囲）[1]ヨリ稲荷社、牛御前[2]・弘福寺・秋葉[3]等初テ巡見、牛御前向**中田屋太郎**[4]亭ニテ休息、暮前帰候事

今月朔日　於金沢左之通

松平定信

1 三囲（みめぐり）稲荷は墨田区向島にある
2 牛御前社
3 秋葉社
4 葛西太郎（鯉のあらいが有名）

△
若君様去月廿四日御逝去之旨申来候、依之普請ハ昨晦日ヨリ明二日迄三日、鳴物等ハ当四日迄五日遠慮之筈ニ候条被得其意、組・支配之人々へ可被申渡候、組等之内才許有之面々ハ其支配へモ相達候様可被申聞事、右之趣可被得其意候、以上

七月朔日　本多玄蕃助

諸頭一役宛連名殿

右ニ付朔日御表へ御出無之、出仕之面々御機嫌可伺旨被仰渡、年寄衆謁之事

同月五日　同断

御勝手方御用改テ被仰付　**前田大炊**
　本多玄蕃助

御勝手方御用御免　御家老役　**今枝内記**

宗門奉行加人御免　御小将頭　**大屋武右衛門**

御勝手方御用被仰付　御馬廻組　**矢部覚左衛門**

同月十日　左之通、跡目等於金沢被仰付

千石　金五左衛門養子　**小堀左膳**

二百五十石　十郎左衛門嫡子　**芝山直助**

三百石　五郎兵衛せかれ　**今村直九郎**

六百石　五郎兵衛せかれ　半田惣左衛門
五百石　庄兵衛嫡子　篠嶋政七
三百石　太左衛門養子　河合左平次
二百石　市郎左衛門養子　稲葉善大夫
同　善九郎せかれ　石黒勝之助
二百石之三ノ一　六十石　金助せかれ　小倉金次郎
二百石　半左衛門末期養子　山田粱三
百五十石　加平太養子　佐川九八郎
同　庄蔵せかれ　中村弥五兵衛
同　与三兵衛養子　浅野数江
百三十石　左平太養子　野村勇助
百二十石　久大夫嫡子　丹羽隼太
百石　弥五兵衛養子　曽田永蔵
七十石　忠左衛門末期養子　野坂安之丞

十五人扶持
幸左衛門せかれ
出野政大夫

百六十石
作右衛門嫡子
高田作助

百五十石
平之丞嫡孫
広瀬助左衛門

三百石
庄兵衛嫡子
小塚藤左衛門

十五人扶持
元昌養子
今井春庵

百石之内先知高之通
八十石
半左衛門せかれ
林　幸左衛門

百十石
儀右衛門嫡子
本郷半三郎

百石
得助末期養子
平田金左衛門

残知
百四十石都合二百石　組外へ被加之
中川勝三郎

二百石都合三百石
大原吉次郎

百四十石都合二百石
片岡源太郎

同断
山崎虎太郎

亡父吉左衛門へ最前被下候御切米
高之通三十五俵
神戸勇三郎

残知

八十石都合百二十石　藤田和次郎

百三十石　与左衛門せかれ　西村与平

只今迄之通、御近辺之御用可相勤候与平へ被

下置候御扶持方ハ被指除、組外へ被加之

今月十一日　縁組養子等諸願被仰出、且於御前左之通被仰付

物頭並聞番　高田新左衛門代　御大小将御番頭ヨリ　恒川七兵衛

同十三日　野田并御寺御廟へ御参詣、且左之通

御騎射御用等烈敷相勤　候ニ付、白布二疋宛拝領　御馬奉行　神尾織部

武田何市

同十四日　於金沢、左之通被仰付

御算用者小頭　松波六郎大夫

吉崎由右衛門

同十六日　同断

外作事奉行　田内惣左衛門

渡部源三

定検地奉行　佐久間新丞

渡辺新丞

吉徳側室流瀬

同十七日　同断

表御納戸奉行　**神子田五郎兵衛**
野田太郎左衛門
中村喜平太

御書物奉行　**中村常丞**

改作奉行加人　**野村忠兵衛**
小谷左平太

今月十九日　跡目之御礼等被為請、且於御前左之通被仰付

小松定番御馬廻御番頭　**葛巻内蔵太**代　御表小将ヨリ　**中村右源太**

御使番　御近習頭兼帯　同断ヨリ　**中村才兵衛**

依願改名　五郎介事　**神子田五郎兵衛**

△

来月三日実成院様三十三回御忌ニ付、御当日一朝於実成寺ニ御法事御執行有之候、右之節
普請・鳴物遠慮ニ不及候、併実成寺近辺ニ罷在候者ハ、御執行之内自分ニ指控可申候、此段
組・支配之面々へ可被申渡候、組等之内才許有之人々ハ、其支配ヘモ相達候様可被申聞候事
右之趣可被得其意候、以上
七月廿三日　**本多玄蕃助**
一役宛連名殿

附、右ニ付八月三日四時御供揃ニテ、実成寺ヘ御参詣被仰出、御供人相揃候上御延引被仰
出

今月廿五日　於金沢左之通於御前被仰付

御留守居物頭　**大河原五大夫**代　御先手兼学校御用ヨリ　**槻尾甚助**

御先手物頭　**中嶋誠左衛門**代　御大小将横目ヨリ　**今村三郎大夫**

同　**富永右近左衛門**代　同断ヨリ　**小原惣左衛門**

同　日　於御席被仰渡

両学校御用被仰付　寄合　**神谷治部**

同廿六日　於金沢被仰付

会所奉行帰役　御大小将　**仙石兵馬**

同廿七日　同断於御前

御台所奉行　**加須屋八郎左衛門**代　小松町奉行ヨリ　**沢田五郎左衛門**　改伊佐左衛門

今月朔日　金沢半納米価左之通

地米五十六七匁位　羽咋米　四十四五匁位

井波四十一匁位　余ハ准テ可知之

金沢於卯辰八幡宮境内、為見物之駝鳥、前月末ニ記有互見

駝蹄鶏・食火鶏等云々

本草細目ニ委シ、互見可考

惣身ノ毛如此ニテ長キ所二尺計

頭ニ鳥帽子ニ似タル角アリ
凡背ノ高サ四尺余、頭ヲ上レハ六尺余

辛酉八月大　　金沢御用番　奥村河内守殿

朔　日　二日三日快天、四日五日雨、六日七日快天、八日雨天、九日晴、十日十一日雨天、十二日陰、十三日十四日十五日十六日十七日快天、十八日昼ヨリ雨天、十九日廿日廿一日廿二日廿三日雨天、廿三日夜ハ大風雨、廿四日廿五日廿六日廿七日廿八日廿九日快天、晦日雨天、上旬中旬秋暑不退下旬俄ニ秋冷追日催

佐渡守[1]様御口中御痛ニ付御登城御断、御例之通御太刀金馬代黄金壱枚御献上、御使堀三郎兵衛、相公[2]様御献上御同断御使高田新左衛門、各例之通白帷子・長袴着用登城、同道聞番菊池九右衛門、御館一統布上下着用平詰之事

二　日　御居宅ヘ懸り候御作事所日雇新兵衛ト申者、何方ヘ参候哉行衛不相知ニ付、御邸内井

1 前田斉敬（重教男）
2 前田治脩（十一代）

前田重教室千間

戸不残捜し、御庭之内隅々迄尋候得共相見得不申、右新兵衛廿才いまた両親有之正直者之由、翌三日親共終日御門迄来り嘆き有之由、于時四日御門外所々尋候処、王子稲荷ニ居候ニ付、宅へ連帰候得共病悩之体ニテ言舌モ不慥、前後覚不申体ト云々、天狗ニ被抓候トいふ属歟ト云々

七日　上野御本坊へ御再答為御使参上候事

寿光院様為御行歩、朝五時ヨリ両国筋へ被為入、夜四時過御帰

付札　高田新左衛門へ

当春以来此表米諸物共高直ニテ、詰人一統難渋之体ニ付、御救方之義追々金沢表へ申遣候処、委曲御聴ニモ相達候、今以米価等引下ケ不申、一統難渋之体、無拠義ニ付御救モ可被仰付候得共、連々御難渋打重り候上、去々年・去年凶作相続、過分至極之御損毛ニテ、当時必至ト御差詰り之御時節ニ付、何分難被及御沙汰候、乍然御歩並以上勤向等ニヨリ格別難渋之者へハ、壱人扶持ニ金二歩宛御扶持方代之内繰上御貸渡可被成候、足軽・小者へハ、先達テ九月渡御扶持方代之内、足軽へ金二歩、小者へ三歩宛御貸渡之分、格別之趣ヲ以被下候段被仰出候、表向之人々御勝手如斯御行詰り之場ニ至候トハ奉存間敷候得共、誠ニ御難渋至極ニテ指定り候、御地盤方御手当すら無之程之御儀ニ候間、此処何モ奉恐察、何分倹約ヲ以御奉公取続候様可相心得旨被仰出候、右体之御勝手振ニ候ハ、此後米価等高直ニ付テ、願之筋有之候テモ何分御取上無之候間、兼テ其心得可仕候、尤当時御小屋暮等モ質素ニ相心得、人々油断モ無之体ニ候得共、猶又右被仰出候趣、厳重ニ相守候様一統可申渡

旨、御勝手方主付大炊等ヨリ申来候
右之趣被得其意、組・支配之人々ヘ被申渡、格別難渋ニテ拝借相願候面々ハ交名可被書出候、尤諸頭中ヘ演述、組等之人々ヘモ申聞候様可被申談候事
八月
別紙写之趣、西尾隼人殿御申聞ニ付、写相廻之候条、御同役御伝達、御組・御支配之人々ヘ御申談可被成候、以上
八月十三日　　高田新左衛門
諸頭連名様
右ニ付組・支配之人々ヘ夫々ヨリ申談候処、何モ難渋ニ付借用仕度段申聞ニ付、夫々頭等宛所之願紙面取立、頭等引受之願紙面隼人殿ヘ御達申候、頭分以上モ春来諸物高直ニ付、六月渡御扶持方代跡引ニ相成、其上不順之気候等ニ付、次第ニ米価高貴ニ可相成ト之沙汰、左候テハ跡引申処可取直手段モ無之候ニ付、御時節柄奉恐入候得共、御扶持方代人数当り之通拝借仕度段願紙面差出候、但佐渡守[1]様御用、人持組永原将監ハ知行当り之通高御扶持方受取罷在候ニ付願無之、其外ハ一統願有之候事
右御貸渡金、当十二月渡り御扶持方代ヲ以返上之筈ニ可相心得旨、西尾隼人殿御申聞之旨等高田新左衛門ヨリ同月十八日廻状有之
十五日　尾張宰相[2]様御簾中従姫[3]様ヘ御使ニ参上、尤御再答之事
佐渡守様御口中御痛ニ付御登城御断之事

1 前田斉敬（重教男）
2 徳川治行（徳2 228頁）
3 紀伊徳川宗将女

十九日　御老中松平和泉守[1]殿卒去ニ付今日明後廿一日迄鳴物遠慮之旨御大目付ヨリ御書付到来、
依之右之趣御横目所ヨリ小屋触有之候事

廿四日　駒込長元寺ヘ四半時御供揃本御行列ニテ祐仙院[2]様御参詣、暮頃御帰、御供人布上下着用

今日御老中ニ被仰付　若御年寄ヨリ　安藤対馬守[3]殿

廿五日　去十三日於金沢、御用番河内守殿左之御覚書御渡之由ニテ送来ニ付、高田新左衛門於
御小屋自分[4]立会、新左衛門申渡之御請紙面判形取立、且為御礼布上下着用、西尾隼人殿、
高田新左衛門・自分[4]御小屋ヘ被相勤候様申談候事、前記六月金沢之七日互見

此次寛政七年皛紙ニ有委記互見

付札　高田新左衛門ヘ

馬場孫三せかれ藤左衛門姉聟　坂井権九郎

同　平田磯次郎

右藤左衛門義致出奔候儀ニ付、於公事場、遂御吟味候処、不届之趣有之、牢揚屋ヘ被入置
候ニ付、権九郎・磯次郎儀指控罷在候得共、御免被成候条此段可被申渡候事

今日若御年寄ニ被仰付　御奏者番兼寺社奉行ヨリ　立花出雲守[5]殿

廿七日　詰之内御席ヘ御用有之段申来罷出候処、定番御徒組渡辺次左衛門義、今日新番並ニ被

1 松平乗完（寛1 62頁）
2 吉徳女暢
3 安藤信成（寛17 180頁）
4 政隣
5 立花種周（寛2 379頁）

仰付候条可致支配旨西尾隼人殿御申聞ニ付只今迄之支配頭篠嶋平左衛門ヨリ引受、布上下ニ為改御席へ誘引、当座之御礼相済重テ御席へ可罷出旨ニ付罷出候処、左之御覚書隼人殿御渡

付札　御大小将御番頭へ

新番組御歩並
渡辺次左衛門

右次左衛門義佐渡守様御使番加人被仰付候条可被申渡候事

右之趣於竹之間申渡、且御近辺勤之義ニ付拙者御小屋迄へ為御礼相勤、其外夫々申談候事

晦　日　聞番物頭並恒川七兵衛去十七日金沢発足、道中川支ニテ今日参着、菊池九右衛門九月四日発足帰

今日朔日　金沢ニテ左之通於御前被仰付

御大小将御番頭　恒川七兵衛代　御大小将ヨリ　田辺善大夫

御大小将横目　今村三郎大夫代　同断　神田平蔵

同　小原惣左衛門代　同断御算用場横目ヨリ　横地茂太郎

同月八日　於金沢、左之通被仰付

御近習番　久田忠大夫

同月九日　同断

御細工者　御手木足軽ヨリ　中村源蔵

右源蔵刀研ヲ好、本阿弥弟子ニ相成甚上達、当時ハ師匠ニ不劣上手、依之右之通被仰

付ト云々

同月十一日　同断

小松町奉行　御馬廻組　**有賀清右衛門**

御算用場横目　御大小将　**渡辺治兵衛**

依願改名　**平蔵**事　**神田十郎左衛門**

御大小将組**堀三郎兵衛**支配ニ被仰付　**佐渡守**様御抱守御馬廻組　**安宅与右衛門**

今月十三日　於金沢、左之通被仰付

御加増百五十石　先知合三百五十石　御小将組　**大屋武右衛門**

武右衛門義、数十年品々役儀入情相勤小身ニモ候処、当時重役儀相勤候ニ付如斯御加増被仰付候段、御題紙ヲ以御用番**河内守**殿被仰渡

於御前

若年寄兼帯被仰付　御家老役　**不破彦三**

江戸御広式番　御馬廻組　**鶴見勘兵衛**

同月廿五日　同断

不応思召趣有之ニ付役儀被指除遠慮　定火消　**前田兵庫**

定火消　**松平大膳**

付札　定番頭へ

△変死人有之砌、公事場ヨリ検使与力共罷越候節、於先々彼是費有之段相聞候ニ付、今般公事場奉行へ申渡候趣有之候条、以来ハ馳走ヶ間敷義仕間敷旨、去戌年申渡候通ニ候処、今以心得違之者モ有之体ニ相聞候条、弥厳重ニ相心得可申事、右之趣被得其意、組・支配有之面々へ夫々可被申談候事

丑八月

右御用番**河内守**殿御渡之旨等、如例定番頭御用番**池田祲平**ヨリ廻状出

壬戌**九月**大　　金沢御用番　**本多玄蕃助**殿

朔日　二日雨、三日陰、四日雨、五日快天、六日昼ヨリ雨、七日八日陰、夜雨、九日十日晴陰、十一日十二日雨、十三日十四日十五日十六日十七日快天、十八日雨、十九日快天、廿日廿一日廿二日廿三日廿四日廿五日廿六日廿七日廿八日亥上刻地震、廿九日快天続く、晦日昼過ヨリ陰風吹暮頃ヨリ雨降、今月気候時節相応

佐渡守様御登城、御下り**安藤対馬守**殿へ今度御老中へ御転役ニ付御勤

三日　**日光御門跡**当七日日光山へ御登山、御発途ニ付今日於殿中御饗応御能左之通有之

国栖　宝生太夫　　田村　観世太夫　　雲林院　七太夫　　安宅　織部　　張良　十太夫

靫猿　仁右衛門　　釣狐　弥三郎

御料理　木具　二汁七菜

五　日　左之通、於江戸被仰付

寿光院[1]様附御用人　御馬廻組御広式番ヨリ　武藤伊織

尾張大納言[2]様御嫡宰相[3]様、前月下旬ヨリ御所労之処、昨四日ヨリ御指重今日御逝去、依之普請ハ今日一日、鳴物ハ五ヶ日遠慮之旨小屋触有之、但今月十九日御発棺有之、於尾州御葬式有之由也

御法号　源白殿

御簾中

従姫[4]様御院号　聖聡院様

六　日　右就御逝去、今朝伺御機嫌惣登城有之、佐渡守様ハ御風気ニ付御断之事

八　日　浚明院[5]様御祥月ニ付上野御成、佐渡守様モ九時御供揃ニテ御参詣

九　日　重陽ニ付御表向平詰、但鳴物遠慮中ニ候得共、先例有之無構平詰等有之、当日御祝詞之御客等モ如例有之、佐渡守[6]様御登城

十二日　佐渡守様広徳寺ヘ御参詣

十五日　月次佐渡守様御登城之処俄ニ御弘、敏次郎[7]様御儀若君様ト奉称候様被仰出、依之一先御帰之上重テ追付之御供揃ニテ御老中方ヘ右為御祝儀御廻勤、暮過御帰、右御弘之義ニ付宿次御奉書相渡、御用番太田備中守[8]殿ヘ聞番御呼出、坂野忠兵衛受取来、如例上認等於御用所出来、大御門ヨリ夜五時過発出、其節御作法前々之通、但右御奉書廿一日四時過金城

1 重教室千間
2 徳川宗睦
3 徳川治行
4 徳川宗将女
5 徳川家治（十代）
6 前田斉敬（重教男）
7 徳川家慶（十二代）
8 太田資愛（寛4 380頁）

へ到着、同日御礼使御馬廻頭中村九兵衛へ被仰渡廿八日発足、此次十月九日互見

十七日　左之覚書ヲ以、御用人小川八郎左衛門夫々へ申談

酒井雅樂頭[1]殿

右先年ヨリ御不通ニ候処、此度御和順有之、是以後
御縁家前々御勤合ニ候事

丑九月

御用所

右御和順之義ハ去々年依来従雅樂頭殿被仰込有之、従肥後守[2]様モ段々御取扱有之、彼方御代モくれ、其上讃岐守[3]様共御続有之、旁今般御和順ニ候事

十九日　物頭両人共御使ニ罷出指支候ニ付、右為代智恩院宮[4]様御使者谷野土佐守[5]旅宿増上寺境内覚降寮へ迄、佐渡守様御使ニ罷越候事

廿七日　於江戸、左之通被仰付

堀三郎兵衛支配御大小将組
佐渡守様御抱守本役

佐渡守様御抱守加人新番ヨリ
富永侑大夫

右御席へ誘引前々之通略ス

付札　新番頭へ

新番組御歩並
渡辺次左衛門

右小笠原平兵衛[6]殿へ礼法弟子入被仰付候条、此段可被申渡候事

---

1 酒井忠道（寛2 13頁）
2 保科容頌
3 松平頼儀（徳3 101頁）室は治脩女藤
4 舜仁入道親王（亀代宮）
5 知恩院宮門跡の諸大夫（上級家臣）
6 小笠原常方（寛4 19頁）

右今月十八日御用番玄蕃助殿被仰渡、以紙面次左衛門へ申渡候旨、新番頭山森沢右衛門ヨリ十九日出御用状ニ申来、依之拙者ヨリ諸事西尾隼人殿へ御尋申、次左衛門へ及指図候大綱左之通

一、初テ罷越候節ハ袱紗小袖・布上下着用、従者若党一人・鎗持・草履取召連候事

一、重テ罷越候節ヨリ継肩衣着用、従者共（カ）同断之事

一、年頭始テ罷越候節ハ格別之趣ヲ以、熨斗目着用之事

一、組柄被相尋候ハ士列之者ト可相答事

右之外、諸事心付候趣相尋候様次左衛門へ申談候処、追々尋及指図候趣略之

一、御貸人足軽・小者一人宛平兵衛殿御宅へ罷越候度々御貸渡候義、願紙面出候ニ付以書替隼人殿へ御達申候処、御聞届有之

但次左衛門御扶持方組当之通、上下三人ニ付本文之通

一、平兵衛殿へ何日ニ可罷越哉ト次左衛門以紙面申聞候ニ付、書替ヲ以隼人殿へ御尋申候処、聞番へ承合候様御申聞、則承合候処、四・九例月稽古日ニ付其段御達申候処、来月九日頃可然由等御申聞ニ付、同日五時頃出可罷越旨次左衛門へ申渡候事

一、平兵衛殿御宅へ罷越候刻、次左衛門断次第御番詰之義永原将監等へ申遣候処、承知之返書有之候事

十月朔日左之御覚書ヲ以、隼人殿御申聞ニ付以紙面次左衛門へ申渡受取方会所可承合候、目録ハ自分ニ調る欤又ハ御右筆中へ内々頼、可然旨且持参之翌日御受書左之通可差出旨夫々

申渡候事

付札　津田権平へ

一、太刀馬代銀壱枚　　　　　渡辺次左衛門

右次左衛門義、小笠原平兵衛[1]殿へ礼法弟子入就被仰付候、初テ罷越候節致持参筈ニ付

被下候条、此段可被申渡候事

十月

一、太刀馬代銀壱枚

右私義、小笠原平兵衛殿へ礼法弟子入被仰付、初テ罷越候節持参仕候筈ニ付拝領被

仰付、難有仕合奉存候、右為御請如斯御座候、以上

丑十月十日　　　　　渡辺次左衛門判

津田権平殿

右私支配渡辺次左衛門御請上之申候、以上

津田権平判

西尾隼人殿　此次十月十一日互見

廿八日　今度若君様ト可奉称旨御弘被仰出、今日諸侯方等御礼被為請候ニ付、佐渡守[2]様六半時

御供揃ニテ不時御登城、右御祝儀之御礼被仰上、御太刀金馬代御献上、御下り御老中方御

廻勤

同　日　寿光院[3]様、青山千寿院へ御参詣之事

---

1 小笠原常方（寛4 19頁）

2 前田斉敬（重教男）

3 重教室千間

今月朔日、於金沢左之通、於御前被仰付

御年寄衆見習　長　九郎左衛門

役先為交代、今月十一日金沢発足之筈ニ候処、来春御参勤御時節御伺之御使被仰付、尤直ニ詰被仰渡　御大小将組奥御納戸奉行　宮崎清左衛門

不行状之体ニ付指控被仰付　御馬廻組　河合左平次
定番御馬廻　井上十右衛門

同断ニ付徘徊留置候様父兄へ被仰渡　御馬廻組加藤甚左衛門せかれ　五郎右衛門
同　横山庄助弟　要蔵

右四人、七月廿六日夜馬坂之下、町医師藤橋順元宅へ女ヲ連相集り、不行状之趣有之ニ付右之通之沙汰有之

△

御留場之内、堀々・俣川・不湖ニテ投網打候義、猟師たり共堅御停止ニ候、惣テ本川筋之分モ毎年九月朔日ヨリ翌年三月晦日迄、投網打候義御家中ハ勿論、殺生渡世之者モ従前々堅御停止ニ候、水戸口ヨリ大潟之分ハ御免ニ候得共、是又潟縁へ寄鳥々とがめ候所ニテハ打申間敷旨被仰出置候処、近年甚猥ニ相成、右堀々等於本川筋投網打候義有之体ニ付、以来右殺生人罷越候ハ急度見咎、早速可及断ニ旨御郡方へ申渡候、且又御場之内本通之外ハ殺生

1 徳川家慶

2 徳川宗睦

3 徳川治行

道具等携罷越候義不相成筈ニ候処、心得違之者モ有之体ニ候条、以後右等之族無之様、御家中之面々等家来末々迄厳重ニ申付候様、一統御申触可被成候事

丑八月

別紙若年寄中ヨリ之紙面写ヲ以、今月二日御用番本多玄蕃助殿ヨリ例文之以御添書、頭々御用番連名御触出有之

同月二日　御先手中川平膳へ今度若宮[1]御降誕ニ付、為御祝儀京都へ之御使被仰渡候処、二ノ宮ニ付御使御用無之由、同日被仰渡

同月十一日　左之人々、於金沢御大小将ニ被仰付

六百五十石　十七才　長瀬善次郎　忠良

五百石　二十才　児玉求馬　久倫

五百石　二十三才　篠嶋頼太郎　清郷

四百石　二十七才　加藤余所助　恭道

二百石　十九才　山東久次郎（改久之助）　長倫

△

尾張様[2]御嫡宰相[3]様、当月五日御逝去之旨申来候、依之普請ハ今日一日、諸殺生・鳴物等ハ明後十五日迄三日遠慮之筈ニ候条被得其意、組・支配之人々へ可被申渡候、組等之内才許有之面々ハ其支配へモ相達候様可被申聞候事、右之趣可被得其意候、以上

九月十三日　本多玄蕃助

諸頭一役連名殿

右ニ付十五日例月出仕之面々、年寄衆謁ニテ伺御機嫌退出之事

今月十七日　左之通被仰出

極老ニモ近寄、兼テ申上候趣モ
有之ニ付、月番御免被仰付　　**本多安房守**

同月十八日　左之通申渡有之

十月朔日ヨリ金銀小払奉行　**一木鉄之助**代　**永原七郎右衛門**
成田勘左衛門代　**堀　左兵衛**

同月廿一日　八時御供揃ニテ同刻過御出、宮腰口ヨリ御放鷹、宮腰**中山主計**方ニテ御休、夫ヨリ
宇津木浜へ御出、火矢左之通御覧、夜四時前御帰殿

火矢打候次第　昼之分

六貫目御筒ニテ こわし玉　**小川久大夫**　　十貫目御筒ニテ 乱玉　**同上**

六貫目御筒ニテ 乱矢　**小川友作**

同断　夜之分

壱貫目御筒ニテ ほうろく火矢　**久大夫せかれ** **小川兵右衛門**　　六貫目御筒ニテ ほうろく火矢　**小川友作**

十貫目御筒ニテ ほうろく火矢　**小川久大夫**　　敵亡　**小川友作**

十貫目御筒ニテ乱火矢　**小川友作**

十貫目御筒ニテ埋玉　**小川久大夫**

右之通有之、御覧之節ハ薬少々弱(カ)目ニ仕、十九日習仕之節ハ薬定法之通仕ト云々、埋玉ハ別テ響き強く金沢竪町辺等ヘモ聞ヘ人々驚候族、且十九日習仕之節ハ見届人御近習頭**宮井典膳**本役御小将頭・町奉行**高畠五郎兵衛** **小川久大夫**等之支配頭也、将又見物人貴賤群集ス、右火矢打出し場ニ小屋懸、其角ヨリ五十間之間御幕打之、夫ヨリ右之方ニ町奉行・御近習頭溜之小屋御幕打之、夫ヨリ上ニ御覧所拵、皆々御幕打候テ囲之、右打出し小屋ヨリ前ニ御筒台ニ仕懸、八挺並ヘ立左之通

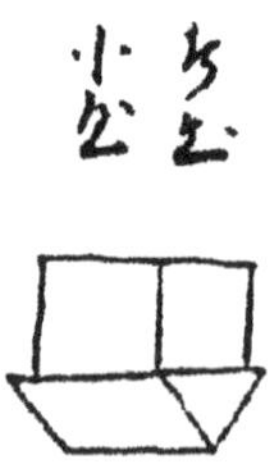

右之通何挺モ飾立、打出小屋ヨリ一丁々々ニ丁竹立、十一目ニ高サ六間ノ竹ニ大提灯目当ニ上ケ置打之、ほうろくハ十丁ヨリ十四五丁迄付之、こわし玉ハ大サ四五寸丸程之玉也、其場ニテハ余程厳敷雷之落たるが如し、乱玉ハ三匁玉ヲ三百程集め一塊りニ打、空ニテ乱散ス、乱矢ハ的矢ヲ筒一はいニ詰込打之、尤矢ハ焼け不申、空ニテ乱れ散々ニ相成、ほうろく火矢ハ流星之如く尾ヲ長く引落候テ、其音厳敷響き、又登り落テハ又登り十五丁計先ヘ行候、敵亡ハ小き筒二十五挺一集ニ仕、箱ニ仕懸、其元ヘ樋ヲ拵ヘ、それニ口薬ヲ

らいていすさまじく

京都の大徳寺の塔頭（前田利長が建立）

入候故、火之伝ひ候ニ随ひ礫打ニ相成、乱火矢ハ空ニテ柳之靡く如くニ成、尾ヲ引落候体、殊之外見事成物也、埋玉ハ左之通埋之

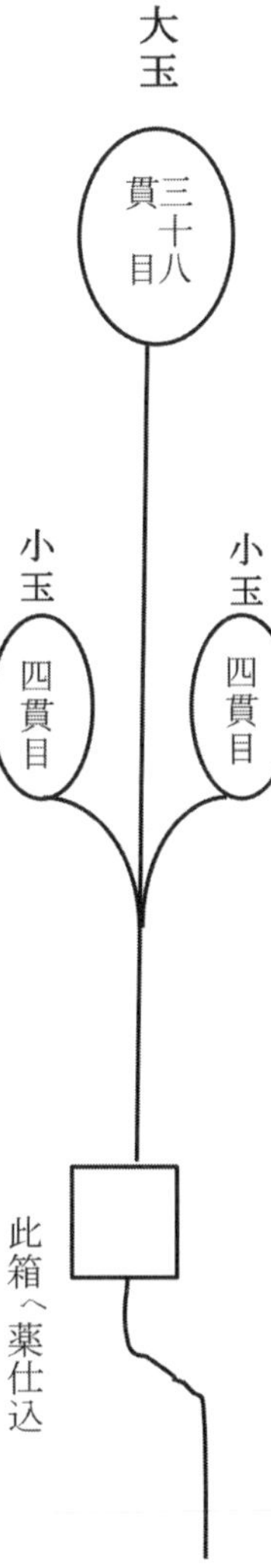

右之通ニテ三段ニ厳敷音仕候内、大玉ハ打出し小屋ヨリ八丁先ニ有之候処、町奉行等溜ニテハ土中へ響き、其外惣体へ響きこたへ海へ落入、鳴動強く如雷霆冷マ敷、又山へモ響き金沢中へモ響き渡り、建具・障子等鳴り響き、別テ竪町・小立野ハ響大ニ強く驚候族ト云々、十九日之見物人凡三万人計、同日七時頃ヨリ金沢往来人格別減少、夜ニ入候テハ大町筋モ所ニヨリ往来絶へ候族也、廿一日モ遠所或ハ為見物登山人夥敷事ト云々、右十九日習仕之節ハ一段宜く出来、廿一日ハ不出来也、廿一日町奉行ハ**青地七左衛門**罷出、御近習頭ハ右御用主付被仰付候ニ付、両日共**宮井典膳**罷出候事

今月廿二日　紫野芳春院**則道和尚**紫衣勅許ニ付金沢出府登城、改衣之御礼被申上、御作法等都テ別記諸御作法書之内ニ有之ト同趣ニ付略之、但柳之御間二之間ト右別記ニ有之処、都テ此度虎之御間、其外ハ同断

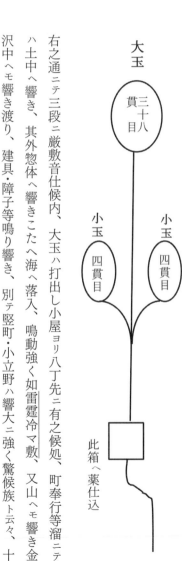

献上物十帖一巻、外一種内々被上之、是ハ御奏者番ヨリ直ニ御次ヘ上之、且和尚退出後旅宿迄御使御大小将岩田是五郎ヲ以、白銀二十枚台居、役僧両人ヘ白銀二枚宛被遣之

同月廿三日　御弘之趣有之候条、朝五時布上下着用登城候様、前日人持頭分ヘ御用番玄蕃助殿依御廻状各登城之処、御帳ニ附柳之御間列居、御年寄衆御出席、左之通玄蕃助殿御演述

敏次郎様御事、当十五日御弘有之、若君様ト奉称候段、宿継御奉書致到来候、此段可申聞旨御意ニ候事

九月

右御弘以前、左之通御横目ヨリ御用番被仰候旨ニテ披見、申談有之

今日御弘之義ニ付頭分以上恐悦可申述候、且又病気等ニテ今日登城無之面々ヘハ、御意之趣向寄ヨリ可致伝達候、此段夫々可被申談候事

九月廿三日

同日　御弘有之ニ付、月次経書講釈相止候事

同日　左之通、於金沢被仰付

割場奉行　御馬廻組、外作事奉行ヨリ　**白江金十郎**

同加人　御馬廻組　**塩川和一郎**

出銀奉行　同　**山岸弥次介**

江戸御広式番　同　佃　源右衛門

同月廿六日　八半時御供揃ニテ大豆田口ヘ為御放鷹御出、御獲物鮭魚十本、暮過御帰殿

同月廿七日　於金沢左之通被仰付

公事場御横目御大小将組　**宮川繁蔵**

役儀御免除

付札　定番頭ヘ

△

御家中之人々、今石動町米給人為用事御当地ヘ引寄候義、近年猥ニ相成、引売米切手等有之体、第一年之内一時ニ引寄申義指支候ニ付是以後三之一之内引寄、残三之二ハ翌年春ヨリ夏迄之内、追々引寄、右引来高最初ニ給人ヨリ以紙面何等之義ニ付引寄候段、**遠田誠摩**ヘ及断可申候、併年之内三ノ一ニテ指支申趣モ有之候ハ訳テ其段可申達候、無拠分ハ少余計為附出、年之内入用無之給人ハ是又及断候得ハ春ニ至り不残為附出可申候、且又年々引米高相定候給人ハ当年之紙面ニ其段申遣候得ハ後年之実入致置可申候、重テ引米増減有之迄、不及断旨**誠摩**申聞承届候条被得其意、組・支配之人々ヘ可被申渡候、組等之内才許有之面々ハ其支配ヘモ相達候様可被申聞候事、右之趣一統可被申談候事

丑九月

右今月十八日御用番**玄蕃助**殿被仰聞候旨等、例之通定番頭**津田平兵衛**ヨリ廻状有之

今月廿九日　於金沢、左之通被仰付

人持組　**奥村源左衛門**

敏次郎様御儀、若君様ト奉称候様御弘ニ付、為御祝儀江戸表へ御使被仰渡、十月九日御目見、於御席御例之通紗綾二巻・御羽織壱拝領、御広蓋披露御大小将、翌十日金沢発足同廿一日江戸参着、御使御用相済、十一月十三日江戸発帰

前記正月末之記ニ有之信濃国下諏訪郡九谷村百姓**徳左衛門**孫**平蔵**妻**みよ**今年五十四才之処、今月六日安産一男二女之三子ヲ産む、此度モ御代官**今井半次郎**殿御懸りニテ段々従公義御僉鑿之上ニテ青銅十貫文拝領被仰付、前記互見

上州沼田之遊女詠歌

けふはたそ誰こそ今日のつまならん
定めなき世に定めなけれは

右入叡覧之処、御感之あまり御製

東なる沼田の中に光りある
玉の有家を人の知らねは

右任承記ス

○魯西亜之記

抑ヲロシヤ人松前へ来津の旧来ハ、伊勢国川曲郡白子浦若松村**逸見勘右衛門**トいふ者の手船神昌丸船頭**大黒屋幸大夫**等十六人乗組、紀州家の米ヲ積入、江戸表へ廻し候ニ付、天明二壬寅歳十二月十三日白子浦ヲ出帆、志州鳥羽浦ヲ経、其夜四ツ時頃駿州沖ニテ大難風ニ逢ひ、楫ヲ折らし、翌十四日帆柱ヲ切、風ニ任せて行、翌三卯歳七月廿日四ツ時ヲロシヤ

之属嶋アミシツヤトいふ嶋ヘ漂着して、此所ニ四ヶ年住居たりしニヲロシヤ人此所へ商用ニ来れり、此人ト連立未歳七月十八日出帆、同八月廿三日ニカムサツカ是迄海上千四百里ニ着、六月十五日カムサツカヲ出、七月朔日チキリへ着、道程三百七十里、八月朔日同所ヲ出、同晦日オホツカへ入津、海上八百里、九月十二日出帆、十一月九日ヤコウツカへ着、海上山道千十三里、十二月十三日同所出立、酉歳二月七日ニ、イルコウツカへ着、此所迄道程二千四百八十六里　亥歳二月十五日同所出立、三月十九日欧羅巴州なとヲ経テヲロシヤ国の都ペテルクルプルトいふ所へ参着、道程五千八百廿三里、女帝ニ見へ許シヲ請、十一月廿六日都ヲ出立、子歳正月三日ニイルコウツカへ帰着、五月廿日同所ヲ出六月十九日ヤコウツカへ帰、七月二日同所ヲ出、八月三日オホツカへ帰着、九月十三日同所ヲ出、十月九日、日本の九月三日ニ当ル也、道程是迄都合二万三千百九十四里、松前下蝦夷地ネモロへ入津、右前記之通、乗組十六人之内、**幸大夫**并**小市**・**磯吉**三人帰朝之処、**小市**ハネモロにて病死ニ付**幸大夫**・**磯吉**の二人計也、但十六人之内、卯七月十九日於舟中死**幾八**、八月九日アミシツカにて死**三五郎**、同月廿日同断**治郎兵衛**、十月十六日同断**安五郎**、同月廿三日同断上乗**作右衛門**、十二月十七日同断**清七**、同月廿日同断**長次郎**、辰九月廿日**藤助**、申四月五日アミシイツカトいふ所にて死**与三松**、同十一日同断**勘太郎**、五月六日同断**藤蔵**、亥正月十三日イルコウツカにて死**九左衛門**、子年四月二日ネモロにて死**小市**年四十二才也、病身にて旅行成難イルコウツカに止り居**新蔵**・**庄兵衛**

一、船頭**幸大夫**四十三才、水主**磯吉**・**小市**之三人ハ致帰朝度旨願ニ付、ヲロシヤ国土ヨリ被送返

之、依テ発出之節為餞別左之通国主ヨリ被与之、**幸大夫**へ

時計壱　たはこ入壱　銀銭百五十枚

金のメンタレ壱

此メンタレと申物ハ国王へ致目見候印

に被下之、於日本ハ御朱印の如く也

磯吉・小市へ

銀銭五十枚宛　銀のメンタレ壱宛

右**幸大夫**等三人を送り来候ヲロシヤ人へ従

公義左之通被下之

大長刀三振　白米百俵（五斗三升入）　麦二拾俵

従松前侯被下物、左之通

地廻りたはこ五百斤　狐皮五十枚（白黒取交）

重壱組　菓子盆廿枚

一、ヲロシヤ国ヨリ送船中人数、左之通

・役人　アダムキリセイチ　ラックスマン　・大船頭　ワシレイヒヤウドロイチ　ロフソフ

・通詞　エコウセイワンノイチ　トコセコフ　・賄方　イワンヒリツホイチ　タラペイチニ　コウフ

此者先年従南部流行

小船頭　ワシレイワンノイチ ヲレツメフ
同　ヒリツホヱキモイチ ミホヘレイポ
・代官の子　クシレイワンノイチ コウフ
・大船頭の子　アリヤキセワシンイチ コフソフ
医者　ポロコウヘイペトウ ライチペレポツロロフ

商人　イワンギサゴロイチ ホフウルムシノオフ
・同　ウラアスニキホロイチ バビコウフ
道先キ　テシテレイヤユウヱレイチ シヤハリン
船面《ヲモテ》役　キホノイワノイチ サザポフチニココフ

右之外水主廿八人、但於日本足軽体之者共也
右之内松前へ参候者●印水主の内四人、都合十二人来ル
一、ヲロシヤ国の一里ハ五百間也、壱間ハ日本の曲尺ニテ七尺六部也
ヲロシヤ国王ハ女帝　ヱカテリナ アレタウチ
子息　ハウルペチ トロウヱチ
男孫　アレクサントロハウル ウヱチ
二男孫　エンシクンノナン ハウルウヱテ
三女孫　アレクサン トロナハウルナ
四女孫　マリヤハウルナ
五女孫　ユカテリナハウルナ

一、ヲロシヤ国之仮名文字

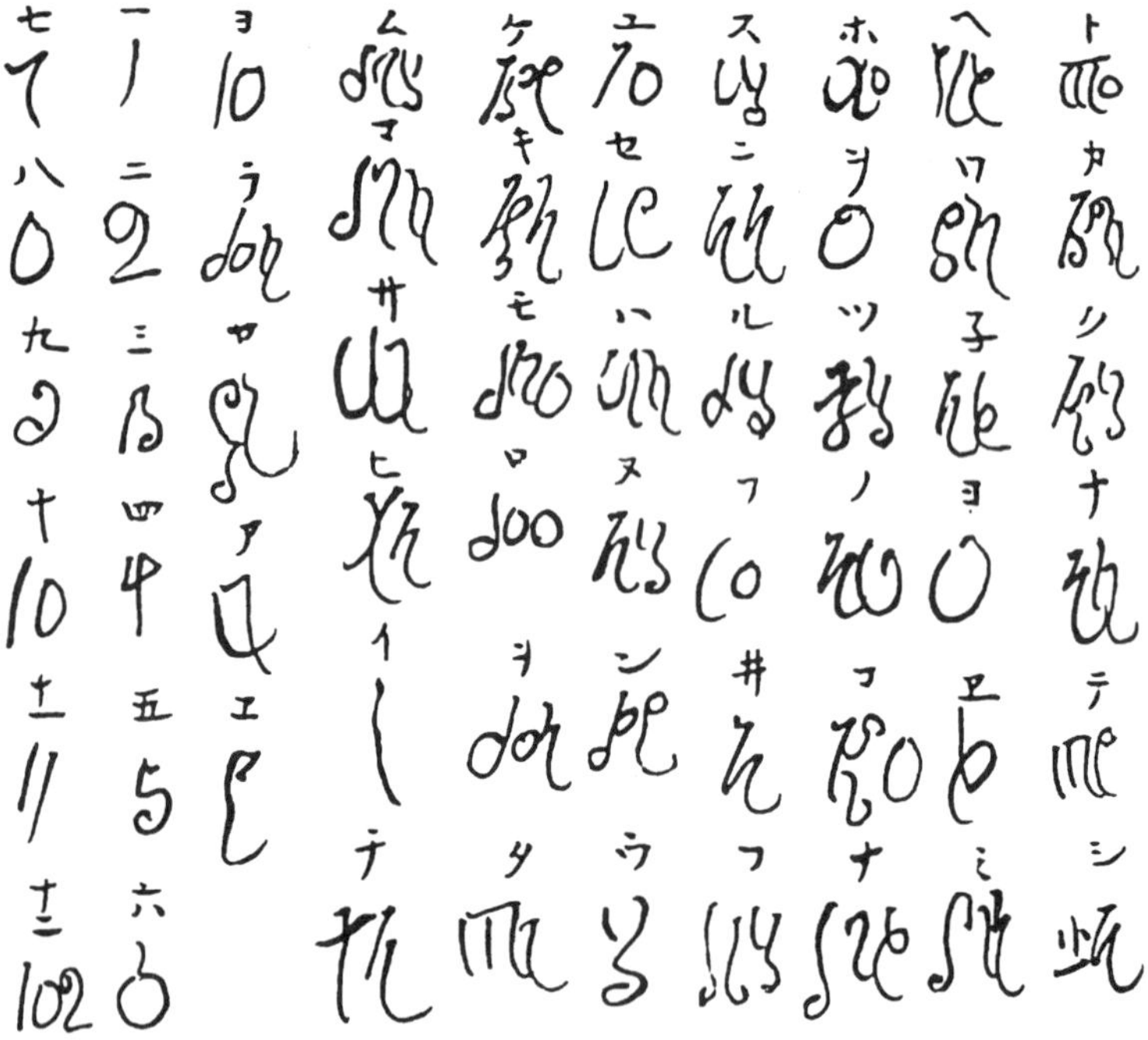

十三 103 十四 104 十五 105 十六 106 十七 107 十八 108
十九 109 廿 20 百 100 千 1000 万 10000

一、従魯西亜国衣服・器物等転来之品々目録

○観音　長一寸八分黄金仏
是ハ小市所持之由

○花色ラカウ雨合羽　水はぢく事妙也

○黒羅紗礼服　裏ハ花色のイギリス

○花色羅紗同断

同　股引　牡丹シメ銀

○黒チョロケン笠　晴雨共ニ用

○鳶色羅紗手袋　裏ハ天竺ラッコ革

○鳶色羅紗胴着　裏白布

○ヲロハ嶋同　裏同断

○萌黄羅紗装束　裏ハ唐獅子毛附革

○鳶色羅紗装束　牡丹シメ銀

同　股引　同断

○天竺インデン毛附装束
但釣鐘仕立といふ裾縁ハラッコの革

○毛附羊革蒲団　裏ハ一幅物ニテアメリヤ国之毛織

○ヲロハ嶋蒲団　綿なし

○ヒンヤル嶋胴着　裏ハ白布

同　股引　裏　同断

○白羅紗胴着　裏白布

○紺羅紗股引　裏同断

アザラシ

○ヲロシヤ国藤織単物
同　メリヤス足袋三足
○同国白布襦袢　五ツ　但毛織
○ぬき出し頭巾　但毛織
○オロシア国銀銭　但し一文銭也
同銅鉄但大ハ金一両に遣
小ハ金一歩に遣
○南蛮鉄髭分
但食之節持道具也
同　包丁　柄ハ白檀
○ハルシヤ革の沓
サントメ革の同　此四品共壱足宛
アツヤ革の同
水豹革の同
○ムスコビヤ革大袋
但天竺大象の革紐付て有
○オロシヤ嶋布袋壱ツ
同国赤銅飯椀
同断　飯喰匙

○ヲロシヤ国毛織帯
但ひねり織也
○白毛織股引　四ツ
○鬼サラサ　夏頭巾
但面之所に紐ありヲロシヤ国ハ
夏毒虫多き所ヶ様成
頭巾をかふるといふ
○ヲロシヤ国煙管　雁首水牛
吸口犀角
同　サハリ
但二品共ロウハ莨竹
○紅毛サラサ　風呂敷
ジヤガタラ染同　此四品共壱ツ宛
ヲロシヤ染　同
同断　布同大
○天竺アザラシ革大巾着　壱
○ヲロシヤ国莨竹針入
同　衣装縫糸
同　革　縫糸

同国　紙、但内ニ文字有　　同　縫針

同　両歯櫛　　同　紅毛鋏

同　毛成キセル筒　　同　サハリコハセ

魯西亜国《ヲロシヤ》
阿羅娑国《ヲラシヤ》　同国也

魯西亜国之記

一、待医法眼**桂川甫周**国瑞覚書写左ニ記之

寛政五癸丑歳九月十八日吹上之於御馬見、去る天明二壬寅歳十二月十三日勢州白子ヲ出船し、其夜駿州沖ニテ俄ニ大風ニ被吹放、同三癸卯歳七月廿二日魯西亜の属嶋アミシツカ[1]トいふ地ニ漂着し、夫ヨリカムサツカ[2]。オホツカ。イルカウツカ[3]。なとトいふ地ヲ経歴し、欧羅巴州なと経テ魯西亜の都へ出、女帝ニ見へテ許しヲ受、去年則寛政四壬子歳也九月三日蝦夷の子（ネ）モロ[4]トいふ地へ彼国の舟ニテ送り返されける、神昌丸船頭**大黒屋幸大夫**[5]・同水主**磯吉**なる者ヲ上覧あり、御見物所の正面ニ御簾ヲ掛、御透見ある様ニ御座ヲ設けテ右の方の御側ニハ御老中**松平越中守**[6]・大御番頭**加納遠江守**[7]、御側**平岡美濃守**[8]・**高井主膳**[9]列座、其前ニ張出しヲ構へ、御小納戸頭取**亀井駿河守**[10]・**小野河内守**[11]・侍医**多記永寿院**[12]・**桂川甫周**[13]列座、是等之事之由ヲ可尋候旨ヲ被命せ、次ニ御目附**中川勘三郎**[14]・**矢部彦五郎**[15]、此両人ハ其日の執事也、御座の御後ハ御小将、御左ニハ御小納戸群居せり、御白砂ニ床几二脚ヲ居へ、是ハ彼二人の者の為ニ設けたる也、扨午の初ニなん〳〵トする頃、**幸大夫**・**磯吉**ヲ被召出、**幸大夫**

1アムチトカ（現在アメリカ国アリューシャン列島のラット諸島にある島）
2カムチャッカ
3イルツーク
4北海道根室
5大黒屋光太夫とも
6松平定信（寛1 303頁）
7加納久周（寛22 139頁）
8平岡頼長（寛5 142頁）
9高井清寅（寛1 231頁）
10亀井清容（寛22 318頁）
11小野近義（寛2 153頁）
12多紀元悳（寛18 182頁）
13桂川国瑞（寛21 14頁）
14中川忠英（寛5 39頁）
15矢部定令（寛12 281頁）

ハ歳四十二、髻《もとどり》ヲ三ツニ組テ後ニ垂れ黒き絹ニテ巻、氈[1]笠ヲ脇挟之、襟ニハ黄金ニテ造たる小鏡の如き物ヲ懸け、非色の銀莫叭児《モコル》[2]ニテ製したる留袖の外套《ウハギ》ニ赤き玉の衣紐ヲ施し、同き織物の袴ヲはき紺地の綿の下着ヲ着し、足ハ白きメリヤスの上ニ黒きハルシア[3]革の深沓ヲ履き、魁藤《マルト》の杖ヲ突けり、**磯吉**ハ齢廿八、同し様ニ髪ヲ組、**幸大夫**か懸たる如き物の銀ニテ作りたるヲ懸け、笠ヲ取テ脇挟之紺羅紗の上着ニ銀の衣紐ヲ付、下着ハ猩々緋ニ黒き縁ヲ懸たるヲ着し、黄色間道の天鵞絨の袴ヲ着し、白メリヤスの上ニ深沓ヲさす、足ハ**幸太郎**か沓トハ少し違テ、本ヨリ上ハ柿色の革ニテ継たれト製作ハ同様也、諸共ニ笠ヲ地ニ置き拝ヲして床几ニ座したる体、更ニ此国の人トハ見ヘス、紅毛人の形ニ髣髴たり、それヨリ彼二人ニ問ヲ下ス毎ニ答る所的実ニして聊かも虚説なし、誠ニ千古の大奇事なり

1 毛織物
2 莫臥児《モオル》カ
3 ペルシア

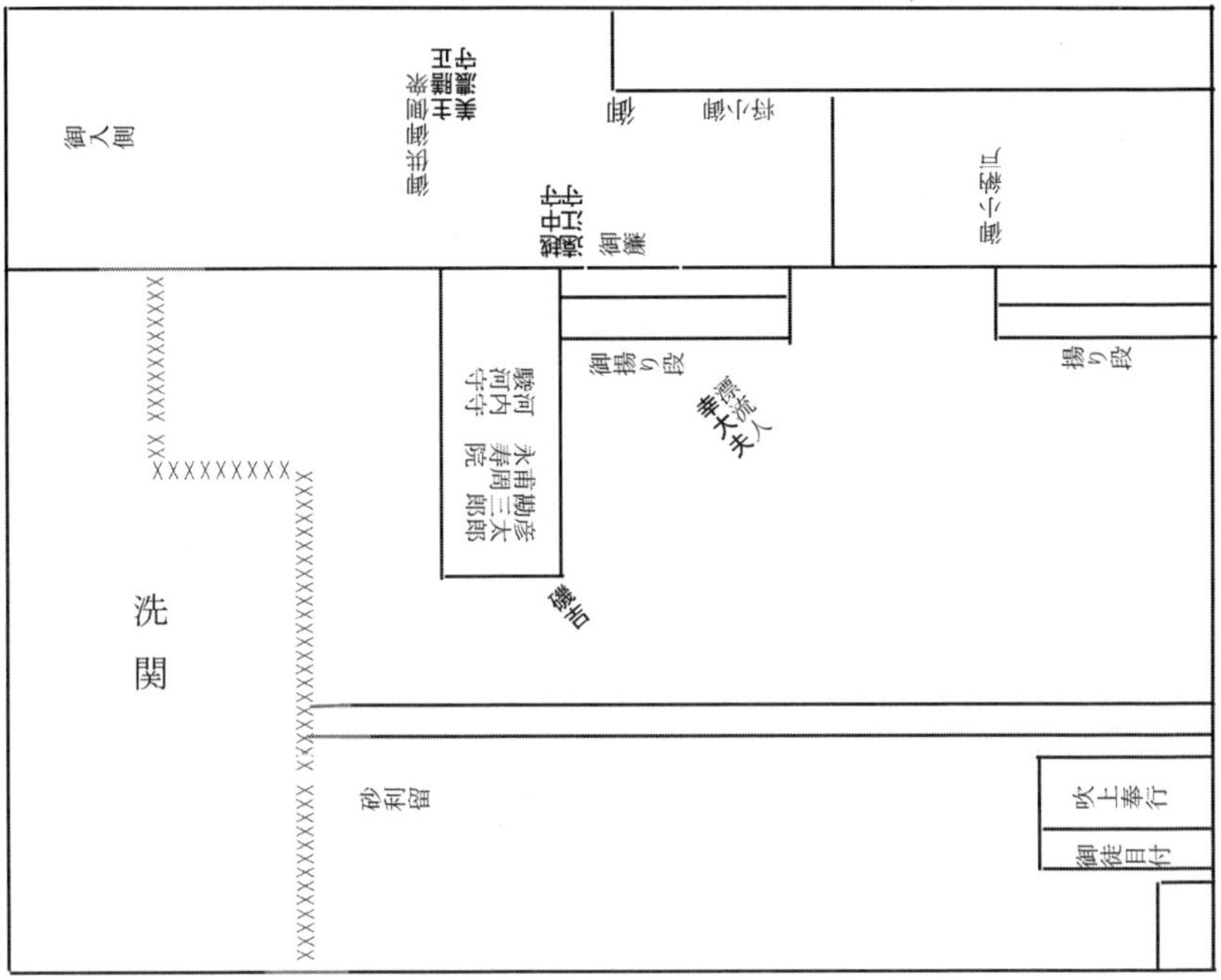

アムチトカ（現在アメリカ国アリューシャン列島のラット諸島にある島）

カムチャッカ

問　其方共最初ニ着船したる所ハ何ト申地ニ候哉

答　アミシツカト申辺ヘ漂着仕候、此所ニ四年罷在候内、食餌ハ魚の塩蒸・黒百名の根ヲ水ニテ煮硼テ白酒の如く致し候物ヲ給申候、女ハ腮ニ二本、鼻の穴ニ二本角有テ、面体并ニ手の甲ニ青き筋ヲ入墨ニ仕候、其角ハ自然ト生候物ニテハ無之、鯨の牙ニテ大ニ削り、長二三寸掛外し相成候様ニ拵候物ニ御座候、常ニハ外し居り、男子ハ被髭（髪カ）ニテ、男女共ニ鳥の毛ヲ着し、穴居ニテ御座候、夫ヨリカムサツカト申地ヘ罷越候、在留の中、乗組の内六人死亡仕候、其病体日本ニテハ見及不申候、チンカト申病（和蘭ニテ

ンチウルホイクトいふ、即青腿牙疳也[1]）ニ御座候、夫ヨリ此地ニテ魯西亜の加比丹（官名也、是ハ紅毛ニモ有）テモヘオシイテト申者ニ出逢ひオホツカ[2]ト申地ヘ連渡り、夫ヨリイルカウツカ[3]ト申地ニ四年滞留仕候、此所ハ寒気殊ニ甚く、冬の間外出仕候ニハ裘ヲ着し狐皮ニテ面ヲ包み、目計出して歩行仕候、若や引合の透間ヨリ耳鼻等ヲ顕し候得ハ凍ヘテ石の如く堅く相成、家ニ入暖気ヲ得候ヘハ忽ち解け落申候、頬先等ハゑくりたる如くニ抜け落申候、右之節ハ乳酸ニ丁子肉桂の末ヲ加ヘ顔ヘ塗り申候、既ニ同船之者藤蔵ト申者、右之病ニテ相なやみ候処、彼国の医師大なる鍋ヲ惣鋸ニテ足ヲ挽切、焼酎ニテ浸し候、木綿ニテ切口ヲ包み療治仕候、煎薬ハ硝子ヘ入与ヘ申候、勿論療治前モ飲せ申候、食物の手当ハ一日ニ銅銭十文宛の渡りニ御座候、右之銭ニテ牛肉小麦等ヲ調ヘ給申候、十文ニテ一日の雑費十分ニ御座候、乍去右之儀後々トハ態ト不相渡不自由ニ候ハ元手貸し呉候上、地代年貢等モ取申間敷候間、商人ニ相成候得ハ追々取立可申候、奉公仕候共致し、彼地の人ニ相成り候様ニ一向分相進め候得共、何分日本ヘ帰国仕度願ニ御座候故、一切承引不仕兎角仕露命を繋ぎあれ是ヘ帰国願之事相願候得共、一円埒明不申、途中ニテ支ヘ、女帝ヘの御聞ニ達し不申由承出し候ニ付、私共都ヘ登り女帝ヘ直訴仕候、右之旅中ハ**キリロ**[4]と申す旗本の厄介ニ罷成候、其砌女帝ハベルヱルボルト[5]申所ニ被成御座候、私ヲ早速被召出候処、宮中ニハ数多の官人厳重ニ相詰、玉座の左右ニハ女官如雲圍繞仕候故、恥ケ敷様ニテ猶予仕候得ハ、御老中共可申官人手ヲ取て、女帝の御前ヘ伴ひ両手ヲ重ね出し候様ニ被教候ゆヘ、右之如く仕候得ハ女

1壊血病
2オホーツク
3イルツーク
4キリル・ラクスマン
5ペテルブルグ

帝御手ヲ指延ヘ指先ヲ私の掌上へそと御乗せ被成候ヲ、三度戴き候テ嘗め候様ニ可致ト被教候間、左之如く仕候、是ハ初テ帝ニ見ヘ候時の礼儀之由ニ御座候、帰国の願ひモ早速ニ済申候、扨王城之の構ヘハ一向城トハ相見ヘ不申、煉土ニテ土蔵作りニ仕、或ハ石ニテ畳み上、五重六重ニ仕候、家の二重目三重目ニ築山・泉水等ヲ構へ、花畑等ヲ作り申候、下地ヲ銅ニテ張り、其上ニ土ヲ入候物之由ニ御座候、家作之義ハ王城モ平人住居モ左ニテ違候儀無御座候

問　火災之儀ハ如何ニ候哉

答　右申上候通り、家作大方煉土・石等ニテ御座候間、火災ハ甚稀ニ御座候、彼地ニ居候間火事両度御座候、二階の火事三階ニハ存不申候、尤隣家等ニテ猶更存不申様ニテ御座候、畢竟建家焼失仕候義無之、家内ニ有之道具或ハ内造作等焼失仕候迄の儀ニ御座候、乍去木ニテ家作仕候処ニハ火災モ御座候由承申候

問　城楼の上に大き成自鳴鐘《トケイ》有之由及見候哉

答　殊之外大造なる物ニ御座候、大サ此邦ニ御座候水車の輪程宛ニ相見ヘ申候

問　城門の上に魯西亜中興の帝伯多録《ペルト》の像有之由見及候哉

答　ペルトの像ハ霊屋ニ安置仕御座候、御宝庫ニ大なる磁石有之候、大サ三尺計ニテ四角ニ仕候、筋金ヲ入テ釣下け御座候、其四階ニ百貫目宛の碇一挺宛吸付居申候、磁石の脇ニ仕懸テ有之、螺旋《ネヂ》ヲ抜候得ハ吸所の喰ひ違候故候哉、四方の碇地ニ落申候、又候

モスクワ

1ヤクーツク
2イルツーク

螺旋ヲ戻し候へハ件の碇り飛上り如元ニ吸付申候

問　ムスクワニ大石火矢有之由見及候哉

答　銃口へ入仰向ニ懸テ手ヲ延し候ニ指先少し支へ申候、長サ十三間計ニ相見へ申候、同所ニ大鏡御座候、焼候由ニテ鏡ハ大地ニ喰入居申候、周りヲ堀之、石垣ヲ致候テ内へ下り候て見申候様子致御座候、其大サ言語ニ絶候事ニ御座候、重サ日本の四貫五百目ヲ一貫ニ仕、弐千五百貫有之由、如小山ニ相見へ申候、

問　駝ハ見及候哉

答　ヤカウカ[1]ヨリイルコウツカ[2]へ参候道ニテ見申候、一体鼠色ニテ殊の外大きく脊ニ瘤有之候、頭ハ殊の外細長く、頭ハ小き物ニ御座候、ペルヘルウダト申候

問　たはこハ此方同様ニ候哉、何ト申候哉、きせるハ焼物ニ候哉、かねニテ御座候哉

答　此方ヨリハ下品ニテ御座候、やはりタバコト申候、煙管《キセル》ハ焼物ニテ御座候、又かねモ石モ御座候、水晶ニテ天火ヲ取、それニテ給申候、私共ハ無勿体候ゆへ天火ニテハ給不申候、何ゆへト尋候ゆへ勿体なき段申候得ハ笑ひ申候

問　武芸ハ致稽古候哉

答　右之体一向見及不申候、足軽体の人の鉄炮ヲ打候ヲ見物仕候、専ら足の踏様ヲ習ひ申候、弓ハ侍の持たる体見及不申候、猟師の持候ヲ見受申候、刃物ハ甚鈍く一向切れ不申候、金色ハ荒砥ニテ白硎ニ仕候如くニ御座候

問　老中共相見得候人往来の体如何ニ候哉

答　是ハ至テ手軽き事ニ御座候、輿ハ甚高く立派ニ作り、車の輪ヲ四ツニ仕、馬六疋ニ為牽申候、輿の内ニ四人程宛乗申候、私儀モ折々御老中ト同道ニテ野遊ニ出候事ニ御座候、女帝の行幸トテモ手重き儀ハ無御座、車の先ニ前駆二人立候迄ニテ御座候、乍併跡押ヘハ余程相みへ申候、人留等ハ無御座候

問　首ニ掛候ハ何ニテ候哉、脇に下け候物モ何ニ候哉

答　腰ニ提候ハ女帝ヨリ賜り候時計ニテ御座候、襟ニ掛候ハメングアレト申物ニテ御座候、片面ハ開祖ベルト帝乗馬の像、片面ハ当今の女帝ヱカテリナの背像ニ御座候、是ハ女帝ヨリ給り候、此メンタアレ掛候物ハ魯西亜国中何方へ参候テモ粗略の取扱不仕候、惣テ私共儀ハ別外ニ仕御座候得ハ何方へ参候テモ咎候人モ無御座候、食事之節なと御老中の宅へ参り一所ニ給候事等御座候、此問答終テ上ニモ暫入御、漂民ニモ昼食ヲ賜ふ、さて支度相済重テ御白洲へ被召出、此度ハ上着ヲ換へ**幸大夫**ハ油緑色《アヒヒロウト》の多羅呢《ラシア》、**磯吉**ハ老虎色の多羅呢《ラシヤ》なり

問　其方共事魯西亜ニ救命の恩其外の厚情、仇ニハ存間敷事ニ有之候、如何ニ存候哉、大切ニ存居可申事ニ有之哉

答　於恩義ニ聊も仇ニハ存不申候、乍去大切ニ存候と申程の儀ハ無御座候

問　左程ニ御恩儀も有之候処、何ゆへ強て願ひを立、日本へ相戻候哉

答　恐なから本国に老母・妻子・兄弟共も御座候得ハ、恩愛之情難忘、其上食物等にも不自由ニテ難儀仕候のみならす、第一言語明白ニ相通兼候て、朝暮心に任せざる事勝ニ御

座候ニ付、身命を擲《なげう》ち一向と帰国仕度、相願候事ニ御座候

問　言葉ハ覚ヘ悪くは無之候哉

答　是とても聞取ニて御座候得ハ、誠以万分の一にて、まさかの時に至りテ、一向通弁仕候事相成兼候事も有之、何かに付て不便理なる事のみに御座候、只飢を助り凍へ不申程の事と弁し候迄の事ニ御座候

問　帰国之儀申渡候節、何ぞ申渡されたる事ハ無之哉

答　老中共可申役人帰国之砌被申候ハ、世界の国に大抵我国と交易通商せさるハ無之候ニ、日本のみ通信無之候、此度汝等を送り返し候、因みに交易之儀を取結度事に有之候、乍去強てと申筋ニも無之旨呉々も被申含候、此儀帝ヨリ被仰出候事ニテハ無御座候、全く右役人の存寄ニテ被申聞候事と推察仕候

問　彼地ニテ耶蘇宗門に入致改宗候者ハ、四十二日水を浴せ後ろを向て唾吐し、其上にて名を改候由、勿論名を改候折も水を浴せ候由、見及候儀有之候哉

答　御尋の如くニ御座候、名を付候時ハ何れ水を浴せ候事と相みへ、小児ハ七夜に名を付候節も、大鉢に水を湛へ小児を其内へ入、三度浸し候上ニて名を付申候、小児殊の外啼申候

問　宗門に入不申候て、左様之儀見及申間敷事ニ有之候

答　前ニも申上候通私共ハ制外ゆへ、何方ヘ参り候ていか様之儀を申候ても、左迄咎候者も無御座候ニ付、右体之儀も心侭之見物仕候義ニ御座候

問　十文字に致候物を貴候儀、見及候哉　是ハ切支丹の法器也

答　是ハ家々の入口へ懸、人々首に懸申候、名をハきリスと申候

但十文字にても無之、末広かりに横木を三本入候物ニて御座候、都テ人之宅へ参候節ハ、参り懸に先仏壇を拝し、其上ニテ主人へ挨拶仕候事ニテ御座候、罷帰候節も、主人へハ暇乞不仕候テも、仏壇へ拝さへ仕候得ハ宜事ニ御座候、仏名をボノフと申候、ボノフと申事ハ即ち天の事を申候様ニ承申候

問　硝子を吹候を見候哉

答　私へチエルへ出候節、旅中万端世話仕呉候キリロと申者は硝子師にて御座候間、彼宅ニ罷在候内見物仕候、石を粉に仕、山塩と申小麦の粉の如き物、其外二品程交物仕候、是ハ承候得共教へ不申候、板硝子を吹候ニは、先徳利の如き物を吹、夫ヨリ筒ニ吹立、山塩にて竪ニ筋を引、竃へ入候得ハ、右之筋より弐ツに破れ、竹を割り候様ニ成申候、石を三方土にて塗塞き候竃の内へ並へ候テ焼候得ハ、両方へ延び候テ平たく成申候

問　湽《チヤン》以智友ノ製法見及候哉

答　随分見物仕候、地を堀て甕をいけ、厚く板にて蓋を仕多く穴を明け、其上へ土をかけ、松杉之類惣テ脂多き木を積候て火をかけ申候、火廻り候時分上より生草を覆ひ蒸焼ニ仕候得ハ、下の甕へ自然と溜り申候、湽一斗出候得ハ、上に水弐升程湛へ候物ニ御座候

問　哆囉呢《ラシヤ》の織方見候哉

答　是又見物仕候、綿と羊の毛を紡ぎ突杼にて織申候、織上候節水を吹、毛の硬き刷毛にて撫畳付申候

問　魯西亜ハ、冬至頃は殊之外日短かに可有之候、如何覚候哉

答　左のみ短き様にも覚不申候、只五月頃より九月の頃迄ハ夜中も殊の外明るく、曇候昼よりもはきと仕候様にて細に認候物にても、灯無しに読め申程ニ御座候

問　何ぞ格別怖ろ敷存候事ニ逢候儀ハ無之候哉

答　左にておそろ敷儀にも逢不申、只可恐ハ彼地の寒気にて御座候、最初にも申上置候通、耳鼻も解け落、手足も切れ落候、時宜ニ御座候得ハ、是程おそろ敷義ハ無御座候

問　雁ハ年中居候哉

答　大抵年中居候、其内春の中頃より秋の初迄、別て夥しく卵を産みかへし申候、家にも羽をきり鵞《アヒロ》の如くニ養ひ置、玉子を取食料に仕候、雄四五羽に雌三十羽四十羽宛附置申候、玉子の味ハ甚よき物に御座候

問　ムスクワに大なる石橋有之由、致見物候哉

答　其橋ハ損候て、当時ハ板にて懸け往来仕候

問　彼地ニて日本の事共存居候哉

答　何事ニ不依能存罷在候、日本の事実を詳に記し候書物共并日本図等ハ及見申候、日本人ニてハ**桂川甫周**様・**中川淳庵**様と申御方の名をよく、何れも存居申候、日本の事を

書たる書物の中にも書載せ有之様に及承申候

中川淳庵ハ若州の侍医也、彼国にては官医と心得たり

問　水車・風車は見及候哉

答　水車ハ所々に有之候、鍛冶屋・銭座等皆水車用申候、風車ハ羽根四枚にて、殊の外大造成物ニ御座候、是は流川無之処にて用申候、尤風無之節ハ相廻り不申候

問　都の入口に彼国の掟、石ニ彫付有之由及見候哉

答　一見仕候得共、文体相分り不申候故、いか様成儀共弁別仕兼候

一、私共帰国願度々指出候得共、兎角遅滞仕候故、日本通船仕候段ハ、兼々及承候故、紅毛人ニたより日本へ返し呉候様に相願候テ、魯西亜帝へ指出候帰国願ひ、願ひ下しに仕、海上何程懸り可申哉と相尋候処、三年懸り候由答申候、魯西亜よりハ左程年月ハ懸り不申様に承り候得は、帰国之儀願候処、願之通被申渡候事ニ御座候

一、イルユウキニて朝鮮人を見申候、唐人をも見申候、北京人之由ニ御座候

一、彼国にて冬中ハ橇《ゾリ》に乗、氷の上を犬に為牽申候

一人に犬四疋宛懸り申候、殊の外能き物にて御座候、貴人ハ馬ニも牽せ申候

一、ベルエルボルに鼠程の野猪《イノシシ》、鬼雀程の矮鶏《チャボ》御座候、野猪ハ帰国之節持帰可申ト存候て、三疋迄飼置候処、不残落申候

一、当今は女帝にて、御名はハヱ。カンリナ。アレキセウナと申候、御年ハ六十四、太子ハバウル。ヘヲトロウエチと申、御年ハ三十九、御孫五人アレクサントロハウルウエチと

申、御年十四に御成被成候、其外之御名等失念仕候
右件之問答終て、彼二人の標民御暇賜り、雉子橋の外なる御厩の宿りに帰りぬ、実に昇平大和の御代に生れ出、御身近く仕ふまつるゆへにこそ、かゝる事をも見聞すれ、去にても御聞捨つへき事ならねハとて、柄短き筆を取て、ひそかに記し終る事になも

侍医法眼桂川甫周
国瑞誌

左之書或方より任借覧記之

虚無僧本則之写

普化禅師居常入市振鐸云明頭来明頭打暗頭来暗頭打四方八面来旋風打虚空来連架打一日臨済令僧把住云或遇不明不暗来時如何師托開云来日大悲院裏有斎僧回挙似済々申我従来疑着這漢

年号月日　　京都明暗寺現住
一圭

宗門之法式堅可被相守者也
何某

往来之写如左

此虚無僧拙寺門弟紛無御座候、国々御関所海陸共ニ無相違御通可被下候、以上

京都　明暗寺

国々御関所　御番衆中

同　御寺院　村々庄屋中

右宗派
薪詮派[1]　括惣派[2]

右二派之寺日本中惣テ七十二ヶ寺有之、別記ニ有之互見

家康公御定

一、日本国中虚無僧之儀ハ、勇士・浪人一時之隠家トして不入守護之宗門ニ依テ、天下之家臣諸士之席ニ可被定条可得其意事
一、本寺宗法出置候、其段無油断可為相守者也
一、若相背者於有之ハ、末寺ハ本寺より虚無僧へ其寺より急度宗法ニ可行事
一、虚無僧渡世之義ハ、諸国所々廻行ヲ専トす、諸長其段指免申修行之内、猶諸国之法等ト申虚無僧ニ麁抹慮外之儀、又ハ宅鉢ニ障六ヶ敷儀モ出来候ハ子細相改本寺ヨリ可申達候、於本寺不済儀ハ、江戸奉行所迄可告来事
一、虚無僧托鉢ニ罷出、或ハ道中宿往来所々於何方モ天蓋取、諸人ニ顔合申間敷事

1 斬全派カ
2 活総派カ

托鉢

托鉢

一、虚無僧之義ハ兼テ勇士之道、敵等を尋廻国仕義モ依有之、或ハ芝居・渡舟等ニ至迄、往来自由指免事

一、虚無僧改として諸国番僧迄宗法行跡ヲ改可申事、若似虚無僧於有之ハ、急度宗法ニ可仕事、若又賄賂請見逃ニ仕ニおゐてハ、急度可為重罪候、惣テ猥ニ無之様可仕事

一、虚無僧之外尺八ヲ吹申者於有之ハ指留可申候、尤吹申度者本寺ヨリ之尺八ヲ免出為吹可申候、勿論諸士之外下賤之者共一切尺八為吹申間敷、尤虚無僧ハ可然事

一、虚無僧多勢集候テ、逆意ヲ申合候者於有之ハ、急度遂吟味本寺并番僧ニ至迄可為重罪事

一、虚無僧托鉢之節ハ、同庵二人之外免不申事

一、虚無僧托鉢ニ罷出、下賤之者之痛ヲ不顧、弁舌を以酒宴遊興・賄賂・饗応預る事堅停止也、惣テ正道一己之慎無之者ハ、本則取上可申事

一、虚無僧自然ニ敵等候ハ、遂吟味申分無之様還俗申付、於寺内勝負可為致候、勿論諸士之外一切不指免候、贔屓ヲ以片落成仕形堅停止之事

一、諸士人ヲ切血刀ヲ提、寺内ヘ懸込候共、留置子細ヲ改め、不寄何事ニ武士之道ニ候ハ宗法ニ可仕候、尤武士たり共一切隠し置、其罪後日ニ顕遁難義候儀ハ早速縄ヲ為懸、罪ヲ得さすへし、其時一言之断申間敷事

一、住所ヲ離、他国所々城下町宅鉢、但往行逗留七日之外堅無用、若又鳴物停止ヲ告来候ハ、宗門伝受之通定鈴之外一切鳴申間敷、惣テ修行ニモ風流之手事吹申間敷、勿論遊芸・出会・楽吹仕間敷事

一、托鉢修行之節ハ尺八之定寸ヲ離テ長短成尺八ヲ寄、色々之竹吹申間敷事
一、虚無僧修行往来之節ハ馬・駕籠一節無用、殊ニ所々関所・番所ニテモ無作法之様ニ本寺ヨリ之往来ヲ出し為相改通り可申事、若又脇道ヨリ相廻虚無僧於有之ハ急度遂吟味可為曲事事
一、虚無僧之義ハ托鉢之節、刀・脇刺并武道具類一切為持申間敷候、惣テいかつかましき儀堅致間敷、尤一尺以下之刃物ハ為懐鋏ト指免可申事
一、虚無僧ニ罷出敵討度もの於有之ハ、其段委細相改多数集り討申間敷、尤同行壱人等ハ免申候、併諸士之外一切不指免事
一、虚無僧之義ハ天下之家臣諸士之席ニ相志候上ハ常々武心之正道ヲ不失相改、何時ニテモ還俗可申間、表ニハ僧之形ヲ学ひ内心ニハ武士之志ヲ励、兼々武者修行之宗門ト可意得者也、為其日本中往来自由指免置候様処定如件
右御意之趣相渡申間、奉拝見会合之節、能々為申聞可相守者也

慶長十九年戊寅正月

本多上野介[1]　在判
板倉伊賀守[2]　同
本多佐渡守[3]　同

右掟今度為上意被仰出候趣、平生奉拝見宗門正道可守候事、但又宗法相有之輩ハ本則取上宗門擯撥可申付者也

1本多正純(寛11 292頁)
2板倉勝重(寛2 138頁)
3本多正信(寛11 291頁)

月　日

江戸
一月寺　判

朱印
普化禅師本則　清海寺

朱印
因普化常於街市揺
鈴曰明頭来明頭打
暗頭来暗頭打四方
八面来旋風打虚空
来連架打師令侍者
去纔見如是道使把
住去惣不與麼来時
如何

朱印如輪
押有之
朱

普化托曰来日大悲院裏
有齊侍者回擧以師師曰
我従来疑着這漢

一、掛絡

一、天蓋
一、尺八
一、乾坤
一、六腑
右堅不許他見者也
上州群馬郡高崎駅
朱印
大龍山

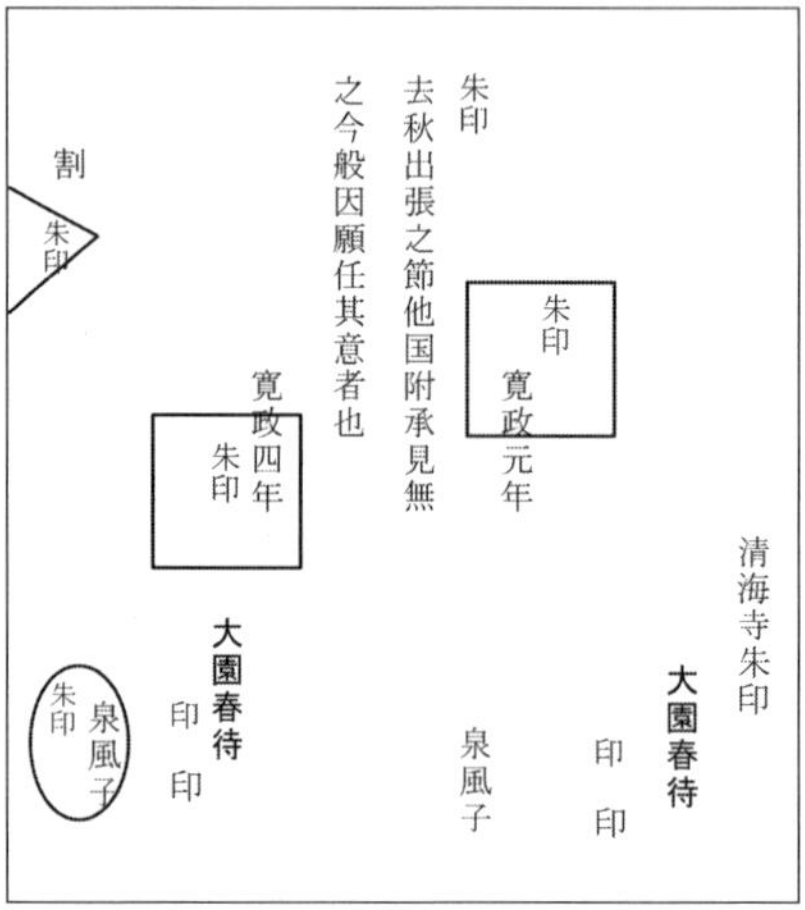

右唐紙六寸継目朱印、左同上認モ同断
往来

泉風

朱印
此虚無僧拙寺門弟紛無御座候
国々
御関所海陸無相違御通可被
下候、且行暮之一泊頼入存候、以上
　　　　　　　　　　　（朱書）
上州群馬郡高崎駅
　　　　清海寺　印朱
（朱書）
寛政四年子正月　附與
御関所
　御番衆御中
諸寺院
　御門方御中
宿々村々
　問屋
名主　御中

割朱印

朱長印

普化常於街市揺鈴曰明頭来明頭打
暗頭来暗頭打四方八面来旋風打空
来連架打臨済令許者去纔見如是道便
把住住曰総不興麼来時如阿普化托開言
来日大悲院裏有齊侍者回挙似師
師曰我従来疑着這漢

尺八

夫尺八者法器之一也謂尺八者大数也
取三節中而定上下之長短各有所
足万物之探源也吹之則万物
與我融冥而心境一如也

天蓋

夫天蓋者荘厳仏心之具也我門
准擬之
霊山一月　影輝万派　普化孤風
徳馥三州
遠陽敷知郡浜松駅

朱印
鈴鐸山普大寺
看主
孤鸞 朱印
朱印

天明七未年三月
朱印
柳枝子
別号
朱印
柳山子

長朱印
多年因我宗次笛手練仍尺八指南
令免許者也 印朱
遠州 朱印 敷知郡浜松駅
鈴鐸山普大寺
看主
玄道 朱印
朱印

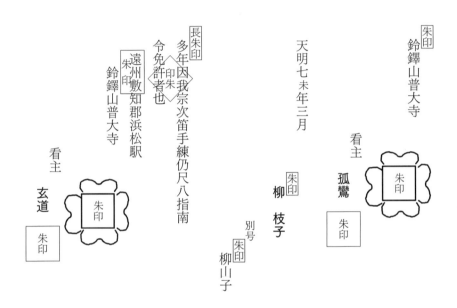

池田治政（寛5 51頁）

重教女穎

長朱印
寛政五癸七年六月十一日　此印附与
歳月不限可用者也

右上認永印鑑普大寺ト書、其外前ニ同、但左之下之方ニ柳山子ト有之

右普大寺之料紙ハ鳥之子紙也

癸亥**十月小**　金沢御用番　**前田大炊**殿

朔　日雨、二日晴、三日陰、四日雨、五日陰、六日七日八日陰晴交、九日十日折々雨、十一日快天、十二日十三日雨、十四日辰三刻地震晴、十五日十六日十七日微雨、十八日十九日廿日廿一日晴陰交、廿二日雨、廿三日廿四日廿五日烈風快天、廿六日雨、廿七日廿八日廿九日快天、今月下旬俄寒冷

佐渡守様月次御登城有之

二　日　四半時御供揃ニテ**佐渡守**様**松平内蔵頭**殿ヘ御勤、夫ヨリ芝御広式ヘ御出

五　日　**佐渡守**様広徳寺ヘ御参詣、御供揃五半時之事、今朝初鮭一尺御献上、御残御側衆以上ヘ御配有之

六　日　御広式ヘ今日ヨリ**松寿院**様被為入、十日迄御逗留、明七日ハ忠臣蔵女芝居被仰付、其外品々連日之御馳走有之

九　日　前記前月十五日記ニ有之御使人**中村九兵衛**今日参着、御使夫々相済、十一月八日江戸

発十九日金沢ヘ帰着

十一日　駒場筋ヘ御成、但鶉御鷹狩ニテ騎馬勢子被仰付、去七日習仕モ有之、余程之式法有之事ト云々

前記前月廿七日記ニ有之通、一昨九日渡辺次左衛門義小笠原平兵衛[1]後御宅ヘ初テ罷越候処、寄合本間佐渡守[2]殿御息権三郎[3]殿・御小将組初鹿野伝右衛門[4]殿・同跡部三郎左衛門[5]殿御息米五郎[6]殿ハ高弟ニ候間、礼法稽古指引之為挨拶、右宅々ヘ近日之内相勤候様、此義稽古格合之旨等平兵衛殿御指図之由次左衛門申聞候ニ付、西尾隼人殿ヘ及御示談候上、右御宅ヘ相勤候様次左衛門ヘ申談、委曲十四日出ニ奉達御聴候事、此次十二月朔日互見

十二日　佐渡守様広徳寺ヘ御参詣

十四日　佐渡守様増上寺ヘ御参詣

十五日　勅使衆ヘ就御対顔、月次登城相止

十七日　御普請改役角田武右衛門[7]娘すの、今年十八歳之処、武芸等稀有之者也、依之此方様御広式ヘ御奉公ヘ指上度旨、甚望有之、併此方様ニ御用無之候得ハ薩州殿[8]ヘ指上度、其外之御大名方ハ不相望由也、武右衛門義内福成者ニ付、聊モ御宛行之望ハ無之、宿元ヨリ扶持ヲ附候テ成共不苦、何卒指上度段望之由、右ニ付今日御広式ヘ被為召芸能御覧之処、左之通仕無比類業ト云々、打太刀ハすの妹かゑ九才、すの弟子かつ十三才辻某之娘致同道、是又達者ニ相見得候由、右之趣ニ付被召抱候事ハ宰相[9]様ヘ奉伺、被仰出次第ト云々、武芸相勤候目録即書出候写左之通

---

1 小笠原常方（寛4 19頁）
2 本間季道（寛6 123頁）
3 本間季晨（寛6 123頁）
4 初鹿野英信（寛15 352頁）
5 跡部正幸（寛4 150頁）
6 跡部正孟（寛4 150頁）
7 幕府普請方改役
8 島津斉與
9 前田治脩（十一代）

一、長刀　三本
打太刀　かゑ
一、突杖
打太刀　かつ
一、長杖
同　かゑ
一、居合
同　かつ
一、鎌
同　同人
一、鎗術
同　同人
一、術手畳方
同　同人

一、長刀太刀組　六本
打太刀　かゑ
一、柔術　縄共
同　かつ
一、棒
同　かゑ
一、剣術
同　かつ
一、術手
同　同人
一、長刀鎗入
同　同人
一、長太刀組畳方
同　かゑ

右之通ニ御座候
十月
角田すの

右女、当座ニ詠歌左之通
山初雪

珍らしと　むかふ外山の
　まつ杉も　みな白たへに　つもるはつ雪
かゑ女
九才

道によする祝ひと
いふこゝろを

神代より　つたへて今も
　ちりうせす　たかふ言葉の　道そ久しき
すの女
十八才

一、覚有之芸能左之通、但此外ニモ少々心得有之候所ハ数多有之候品也
一、無非流長刀鎗
右流ニ附候術、居合・剣術・柔・手裏剣・術本縄・早縄・
長杖・突杖・鎌
右、師匠ハ御先手与力橋本幸次郎ヨリ免許受申候
一、小笠原流女礼婚礼式　折形
一、八橋流琴　　一、三味線
一、和歌　　一、手跡

一、読書　　一、縫物
右すの容貌ハ十人並ヨリ悪き由、かゑハ十人並ヨリ少宜く、かつハ大抵十人並、三人共武芸仕候刻ハ袴・小手・襦袢着用、今日御料理被下、御細工物等拝領被仰付候事

十八日　祐仙院[1]様広徳寺へ御参詣、今年十二月浄珠院[2]様御十三回忌御相当ニ付テ之御参詣ニ付、御歩以上布上下着用、本御行列之事

廿一日　佐渡守[3]様九時御供揃ニテ御下屋敷へ御出、暮頃御帰、於同所網構被仰付候処、かしら・ほしろ等二十羽余御獲物有之

廿三日　御例之通、今朝御国許之象眼鳳凰・檜扇子・七宝御鐙三足御献上、御側衆以上一足宛御配有之、此分模様桜ニ刷毛霞・瓢箪等品々違有

廿五日　暮時前、下谷茅町出火ト御櫓近板打候ニ付、火消壱番宮崎蔵人、二番大脇靫負御人数召連押出候処、火事所出雲守[4]様御借地御囲之内、御長柄小者之御貸長屋ヨリ出火ニ付為防候処、御長屋十三筋并御厩ハ焼失、其外ハ防留之、然処無縁坂町家へ火移、此所ニテモ講安寺本堂并町家三軒ハ防留候内、榊原式部太輔[5]殿御中屋敷へ飛火等ニテ燃付、本家ハ不残焼失、門長屋・土蔵ハ防留之候内、北風烈く飛火等所々ニ有之、湯島切通等ヨリ天神大門辺へ焼抜、立花出雲守[6]殿焼失、此辺ニテ此方様御人数消口都合十二ケ所有之、右ヨリ段々焼通り、下谷和泉橋通、夫ヨリ須田町・今川橋通へ焼抜け、遠火ニ相成候ニ付、夜九時前一・二番火消帰入有之候
右火事日本橋河岸ニテ翌廿六日昼九時前及鎮火、右火事ニ付一統御館へ罷出候処、夜九時

1吉徳女暢
2吉徳側室以与
3前田斉敬（重教男）
4前田利與（富山藩六代）
5榊原政敦（寛2 268頁）
6立花種周（寛2 379頁）

1 松平頼儀（讃岐高松藩八代）
2 徳川治宝（紀伊徳川家）

前ニ至、遠火ニ相成、風筋モ宜敷ニ付退散、小屋拵ト**西尾隼人**殿御指図之由、御横目演述ニ付夫々退出

右火事最初之内、会所続御長屋へ火之粉来危候ニ付御大小将**岡田主馬**へ申談、足軽・小者召連防有之候事

右火事ニ付御一門様方等ヨリ御使者曁御人数モ来ル、**讃岐守**[1]様ヨリハ白粥五荷、手桶ニ入、杓添被進之、**紀州様**[2]ヨリハ翌廿六日朝、御広式へ御飯・御煮染にんじん・しみこんにゃく・しいたけ・山のいも・小鱸煮浸・香物・みそ漬大こん・御酒、右之通夥敷被進之

右火事ニ付、**佐渡守**様御屋敷之内御巡見、御広式・御居宅へモ御見廻之事

廿六日　暁七半時頃、左之通廻状到来ニ付、本役兼役支配中へ如例触出候事

付札　御横目へ

△**出雲守**様御囲中下長屋ヨリ出火・類焼モ有之候ニ付、御指控之義御用番へ御伺書被指出候、依之大御門并くぐり共建置、御使者等有之節ハ二枚開ヨリ相通、取次可申事

一、御作事方御門之義モ建置、くぐりヨリ往来可仕候、惣テ御屋敷中御縮方之義、御成候節之通可仕事、但御中屋敷モ右同断

一、御近隣火消罷出ニ不及申候事、但御中屋敷モ右同断

一、火之見番所蔀下し置、番人ハ中段ニ指置可申候、若火事所有之節ハ、尤早速及案内可申事、但御中屋敷モ右同断

一、御屋敷中普請・鳴物之義、追テ申渡候迄ハ指控可申事

右之趣、夫々早速可被申談候事

十月

右西尾隼人殿御申渡之旨等、御横目水越八郎左衛門ヨリ人持・頭分ヘ例文之添書略ス

一、宰相様御指控御伺書就被指出候、佐渡守様御儀モ御遠慮御伺書御指出之事

一、前記之通ニ候処、不被為及御指控ニ段、御老中御用番戸田采女正[1]殿ヨリ御指図有之候条、御平常之通御屋敷中可相心得旨今廿六日夜四時頃御横目所ヨリ小屋触有之、佐渡守様ニモ不被為及御遠慮候段、采女正殿御指図有之候旨新御居宅当番樫田折之助ヨリ以紙面申来候事

一、出雲守[2]様御指控御伺之処、御遠慮可被成旨采女正殿被仰渡候、依之此方様御屋敷中モ人々心得ヲ以鳴物等指控可然旨、御横目ヨリ無急度申聞有之、依之支配之人々ヘ向寄ヲ以心得之義申含置候事

一、出雲守様御厩焼失ニ付、昨夜ヨリ御馬十五疋、口添等四十人余、此方様明き御厩ヘ来有之、尤人馬共御賄之事

一、右火事之節類焼ケ所、昨日記ニ無之分左之通

称仰院　石川日向守[3]殿下邸　青山大膳亮[4]殿上邸御旗本衆已下略ス、御目見已上之分四十三軒、建部内匠頭[5]殿上邸　湯嶋天神別当善行院　妻乞稲荷別当村本備後　宝生大夫　一向宗福正寺　堀丹波守[6]殿上邸、無縁坂町半丁計　下谷四十軒計　池之端中町四軒　金沢町三丁ニ一丁計　天神下町半丁計　天神裏門通壱丁計　神田旅籠丁壱丁四方　天神男坂女坂

1 戸田氏教（寛14 379頁）
2 前田利與（富山藩六代）
3 石川総博（寛3 8頁）（室は前田利幸女）
4 青山幸完（寛12 97頁）
5 建部政賢（寛7 84頁）
6 堀　直教（寛12 369頁）

下二丁計　神田松下丁三丁計　神田手代丁三丁計　神田永富町三丁計　天神三組丁三丁ニ壱
丁計　神田九軒丁三丁計　相生丁三丁計　佐久間丁一丁計
八軒丁一丁計　花房町一丁計　通舟屋敷丁壱丁計　榊原岩井下壱丁計
小伝馬丁一丁計　紺屋丁代地三丁計　紺屋丁二丁計　四間屋敷一丁計
平永丁一丁計　富山丁三丁計　富永丁新道壱丁計　松田丁二丁計　小柳丁三丁
上白壁町二丁　川井丁新道壱丁四方　永富丁四丁四方　本町片側一丁ニ二丁計
鐘吹丁二丁計　小田原丁三丁　瀬戸物丁二丁　新石丁東方片側一丁　神田鍛冶丁東片側二丁計
鍋町上ニ同　今川橋片側壱丁計　石丁川端二丁計　白かね丁一丁目ヨリ四丁目迄
本町三丁目片側一丁計　十間棚一丁計　舟丁二丁計　室丁三丁計　日本橋表道壱丁計
本石町五丁計　三嶋丁一丁目ヨリ三丁目迄　富屋丁一丁目ヨリ二丁目迄
雉子丁一丁　大伝馬丁五・六軒計　安神丁二丁　長浜丁一丁目ヨリ二丁目迄
右ハ日本橋河岸ニテ止ル、本町通りハ常盤橋御堀端ニテ止ル、翌今日漸鎮火

今月朔日　金沢本納米価、七月朔日ト同断、今年秋納ニ至迄豊稔ト云々

同月四日　於金沢八時御供揃ニテ大豆田口ヘ御放鷹、暮頃御帰殿、御獲物御投網等之鮭十二本
有之

同月五日　天徳院ヘ御参詣、十二日宝円寺ヘ御参詣

同月十九日　於金沢左之通、於御前被仰付
大組頭　**桑嶋荘左衛門**代　　御持方頭ヨリ　**古屋孫市**

御持筒頭　大野仁兵衛代　　御先手ヨリ　岡田助右衛門

今日廿日　於金沢、左之通被仰付

両学校御用　　寄合　志村五郎左衛門

両学校御用御免除　　御先手　本保十大夫

同月廿三日　池田左平父子配所へ被遣之候ニ付、右宅へ罷越可申渡旨、一昨日御用番前田大炊殿被仰渡候ニ付、今朝御小将頭御用番野村伊兵衛、立会松原元右衛門・御大小将御番頭田辺長左衛門罷越、伊兵衛申渡、御請紙面判形見届有之、佐渡守様附御大小将横目青地清左衛門并奥附御歩横目相詰、発出見届之上、各退出、尤類中池田三九郎等七人相詰、且一昨日大炊殿為被仰渡候節御渡之書面左之通　前記去年三月六日互見

付札　御小将頭へ

覚

一、堀三郎兵衛支配池田左平儀、能州嶋之内向田村へ流刑被仰付、同人嫡子十六郎義、同曲村へ流刑就被仰付候、当月廿三日被遣候条、其節各内同人宅へ被罷越、右之趣夫々可被申渡候、尤御横目青地清左衛門并奥附御横目モ両人罷越候筈ニ候事

一、道中、御歩平田源助・藤田助大夫并足軽・小者指添申筈ニ候条、左平・十六郎義、右御歩等へ可被相渡候、左平等居在所迄召連罷越、山崎十三郎指図ヲ受申筈ニ候事

但左平・十六郎義、駕籠ニ為乗、鎖おろし可申候、網懸け候ニハ不及申候

一、左平等居在所之外へハ不罷出筈ニ候事
一、左平等於居在所、刀・脇指相渡筈ニ候事
但刀・脇指、道中指添候御歩へ可被相渡候、於彼地十三郎ヨリ左平等へ相渡候趣ニ候間、
十三郎指図次第相心得候様可被申渡候事
一、道中賄料等会所ヨリ御歩受取、足軽へ申付、賄為致候筈ニ候事
一、右之外、諸事跡々之振ヲモ承合、指支不申様可被相心得候事
一、左平・十六郎儀、弐人扶持宛被下之事
以上
丑十月
右之外杉本新丞・村田鉄平儀モ今日夫々配所へ被遣之趣同断之事
同月廿七日　夜五時過、金沢柳町灯明庵ヨリ出火、類焼無之四時前鎮火、但境内不残焼失之事
同月本組与力植松内蔵太、人持組伴多宮へ御預之処、十一月二日右内蔵太儀於多宮宅切腹被仰付、依之公事場奉行不残罷越、御用番藤田求馬被仰渡之趣申渡、且定番頭津田平兵衛・池田禄平、御大小将横目永原半左衛門・安達弥兵衛、御歩横目吉田保助・本間与市罷越
介錯人　伴多宮家来給人組　白崎左内
介　副　同断　伊藤六左衛門
委記十二月晶紙ニ記ス互見

右万端都合能相済、右趣意ハ内蔵太いとこ奥村左京殿家来給人沖津太左衛門義内蔵太宅ニ同居之処、同人妾ト密通致し候ニ付、太左衛門ヲ切殺し、依之最初一類へ御預之後、右之通也、且定番方組分ニ付定番頭出座之事

学校昼番繰違仕、指控相伺候処、役儀被指除　学校御横目御馬廻組　松江幸三郎

同月廿九日　金沢初雪降

甲子 十一月大　金沢御用番　長　大隅守殿

朔　日　陰夜雨、二日三日四日五日六日七日八日九日十日晴陰風交、十一日微雨、十二日十三日十四日十五日十六日夜大雨十七日十八日十九日廿日廿一日夜雨頃日暖気廿二日廿三日晴陰也、廿四日昨夜ヨリ暁迄大雨、朝ヨリ小雨、昼ヨリ快天、夜又雨、廿五日快天之処申刻雨、霰降、廿六日廿七日晴陰交、廿八日夜前ヨリ雨天、廿九日晦日雨(カ)天、今年気候例年ヨリ寒冷和柔也、及月廻烈寒宿水凍ル

佐渡守[1]様月次御登城之処、始テ若君[2]様へ御目見、依之翌二日五時御供揃ニテ為御礼御登城、御下り、御老中方并御同格[3]・本多弾正大弼[4]殿へ御勤被遊候、若年寄衆へハ為御使者聞番被遣之候事

同　日　自分[5]義上野へ御使ニ参上之事

1 前田斉敬
2 徳川家慶（十二代）
3 老中格のこと
4 本多忠籌（寛11 231頁）
5 政隣

1 重教女・治脩養女（松平頼儀讃岐高松藩八代室）
2 箟　為規（寛17 42頁）
3 市岡房仲（寛7 27頁）
4 前田利以（七日市藩九代）
5 前田矩貫（寛17 294頁）
6 山本茂孫（寛22 257頁）

二日　来年四月藤姫[1]様御婚礼為御用、大組頭兼御広式松平才記并与力両人、前月十九日金沢発今日参着之事

但御近習御用横浜善左衛門モ同為御用同日発之筈ニ候処、気滞ニ付延引、前月廿七日発今月十日参着之事

四日　今日佐渡守様ヘ御鷹之雁御拝領之御沙汰ニ付昨三日御側小将御大小将打合習仕、左之通申談候事

御刀直 御大小将 三輪斎宮　　御熨斗三方 御側小将 杉江弥三郎
御土器三方 御側小将 松平康十郎　　御土器三方 御大小将 石黒庄司郎
御したみ 御大小将 天野権五郎　　御盃事御銚子 杉江弥三郎
代御肴 御側小将 中村玉次郎　　平御給事 御大小将 沢田一学

今日右御沙汰ニ付五半時揃ニ候処、九時過御当番御目附衆ヨリ例之通御小人目付ヲ以、上使之為御知之有、一統服紗小袖・布上下ニ改候処、無程御拝領物附人来、無間モ御鷹之雁二羽青竹ニ提、御徒目付等指添来、敷付ニテ御附御番頭樫田折之助・不破五郎兵衛受取之、御大書院御上段之向ヘ持参罷成、指続御附人追々告来、上使御使番箟助兵衛[2]殿御出、佐渡守様鏡板ヘ御出向等御作法前々御使番上使之通ニ付記略、於御大書院御取持市岡丹後守[3]殿御相伴ニテ御餅菓子等左之通出之、御給事御側小将・御大小将、指引自分・御附御番頭、御盃事ハ御断ニテ夫々相済御退出、且御取持前田大和守[4]殿・前田安房守[5]殿・山本伊予守[6]殿等ヘ於御席々糸饂飩・御吸物・御酒・御肴、壱汁五菜之御料理等、後御菓子迄段々上使御出之御

前田利謙（富山藩八代）

池田治道（寛5 60頁）

前後ニ出之、将又上使御退出後追付**佐渡守**様御登城并御老中方御廻勤之事

煮染麩　さとう　餅御菓子　やうかん　いちご餅　小まんぢう　御再進　御重

御吸物　鱸　かきゆ　御酒　御肴　まくりかまほこ　杉串

御茶請　ぎうひ飴　かわたけ　御濃茶　後御菓子　すいしかん　紅貝尽　青柳小緑

但御土器　木地三方　御下捨土器　木地足打

薄茶　御取肴　木地三方　巻鯣　こん切

御用意之処、御盃事御断ニ付御用無之候事

同日　**出雲守**様今度之火災ニ付御遠慮之処、御免許之段、御用番今日被仰渡候由、為御知有
之

十二日　**佐渡守**様広徳寺へ御参詣

十五日　**相模守**様へ物頭代御使ニ罷越候事

十七日　夜九時頃、御横目**水越八郎左衛門**へ左之廻状到来ニ付夫々触出候事

△　今度公辺御勤向之儀ニ付間違之趣有之ニ付御指控御伺可被遊哉之旨、御老中へ被及御内談
候ニ付御鷹野等ニモ御出不被遊筈ニ候条、御家中之面々可有其心得候、此段無急度申聞候

事

付札　御横目へ

今度公辺御勤向之義ニ付間違之趣有之候ニ付御指控御伺可被成哉之旨、御老中方へ被及御内談候ニ付御鷹野等ニモ御出不被遊筈ニ付御家中之面々可有其心得旨等一統相触候通ニ候間、御家中之人々押立候振廻等遠慮可然候条、此段夫々可被申談候事

付札　御横目へ

別紙両通之通、於金沢被仰渡候段、御用番ヨリ申来候ニ付写相達之候条、御屋敷中其心得可仕旨無急度夫々可被申談候事

十一月

右今月十一日立之早飛脚ニ申来、今暮頃来着、且又右間違之趣、訳ハ今度中村九兵衛御使ニテ被差出候御呈書御文面之内御飛札ト可調処、御使札ト書損仕候由、依テ右相調候御右筆土師清大夫并相しらへ候桜井平十郎・中西順左衛門・土師清吉定番御馬廻御番頭兼御右筆所見廻り指控伺候処、其通可相心得候、追テ御指図可被成旨御用番大隅守殿被仰聞、将又右御書致校合候若年寄兼御近習御用之大音主馬殿モ指控御伺、同月十八日ニ有之、末ニ記ス

十九日　前記之通、御老中御用番松平伊豆守殿へ被及御内談候処、御伺書可被差出旨御差図ニ付今日夕方被差出之、依之西尾隼人殿左之通御申渡之旨、水越八郎左衛門ヨリ例文之以廻状申来、夫々触出候事

松平信明（寛4 410頁）

戸を閉めておくこと

付札　御横目へ

△今度公辺御勤向間違之趣有之ニ付御指控之義御用番ヘ御伺書被指出候、依之御指図有之迄ハ御慎中ニ付大御門并くゝり共立置、御使者等有之候節ハ一枚開ヨリ相通取次可申事

一、御作事御門之義モ建置、くゞりヨリ往来可仕候、惣テ御屋敷中御縮方之儀、御成之節之通御門留ニ可仕候事

　但御中屋敷・御下屋敷モ同事

一、御近隣火消罷出ニ及不申候事

　但御中屋敷モ同断

一、火之見番所菰下し置、番人ハ中段ニ指置可申候、若火事等之義有之候ハ尤早速及案内可申事

一、御屋敷中普請・鳴物之義、追テ申渡候迄ハ指控可申事

　但御中屋敷モ同断

一、此節火之元之義厳重相心得可申事

右之通早速夫々可被申談候事

　十一月十九日

右ニ付御近火之節并追（ママ）川口筋等、遠近難分り節ハ手寄之御門内ヘ御近所火消御人数相建可申候、遠火之節ハ都テ御人数建申間敷旨火消役中僉議之上、御用人ヘ相達、則御家老衆ヘ御用人ヨリ相達候処、其通ト御申聞之旨ニ候事

前記之趣ニ付**佐渡守**様ニモ御遠慮御伺書御差出可被成哉之旨、御用番**伊豆守**殿ヘ御内談之処、**宰相**[1]様御伺書之趣及御差図候迄、御見合可被成旨被仰越候ニ付御伺無之候事

同日 暮頃下谷御徒町出火ト辻番ヨリ案内ニ付一番火消**中村助大夫**、二番火消**平田磯次郎**御人数召連東御門内ニ建罷在、御門外ヘ為聞合使役足軽遣候処、火事所相知れ不申ニ付引揚帰候事

廿日 昼八時頃、御用番**松平伊豆守**[2]殿ヨリ奉札ヲ以聞番御呼出ニ付、即刻**恒川七兵衛**罷越候処、不被為及御指控候段被仰渡、但御伺書ニ御付札不及指控、依之左之通**西尾隼人**殿御渡、夫々可申談ト御申聞之旨**水越八郎左衛門**ヨリ例文之廻状ヲ以申来ニ付、支配中ヘ夫々触出候事

付札　御横目ヘ

△只今御用番**松平伊豆守**殿ヘ聞番御呼出、御指控不被為及段被仰渡候、依之御門方等之義御平常之通相心得、急速夫々可被申談候、且又右之通御指図ハ相済候得共、於御国モ被遊御承知候迄ハ御鷹野等御出之義モ御控被遊候事ニ候得ハ御往反之内ハ御屋敷中心得之義、御指控之御伺書不被指出以前之通相心得候テ可然候条、此段モ無急度夫々可被申談候事

十一月廿日

廿一日ヨリ御屋敷中普請ハ始り候、且**佐渡守**[3]様御馬場等御稽古ハ不及御指控旨、**宰相**様御承知之御往反迄御見合被遊候事

1 前田治脩（十一代）

2 松平信明

3 前田治脩（十一代）

廿三日　従公辺御例之通、御鷹之雁二奉文ヲ以寿光院[1]様御拝領、御作事方御門ヨリ往来之事

廿五日　前記七月十二日記ニ有之矢野幸助義、佐渡守様就御全快ニ此間御暇被下、従相公様金
小判七十両、従佐渡守様金白銀五十枚、従青操院[2]殿端物等被下之、今朝江戸発帰京、但幸
助ヨリ御薬ハ不指上、桜井了元ニ致指図為致調合候也

廿六日　左之通、西尾隼人殿御申渡之旨等高田新左衛門ヨリ諸頭連名就廻状、夫々触出候事

付札　高田新左衛門

△当十二月渡御扶持方代之内、先達テ壱人扶持ニ金弐歩宛被貸渡之処、今以諸物等高直ニ
テ難渋之体、向々ヨリ願之趣モ有之候ニ付格別之趣ヲ以、来三月迄右返上延引之義承届
候条被得其意、夫々可被申談候事

丑十一月

廿七日　上野御本坊、夫ヨリ尾張様[3]ヘ御再答御使ニ参上候事

今月朔日　於金沢、左之通被仰付

来春御参勤御供　本多玄蕃助

但御家老ハ来秋迄西尾隼人詰延被仰付候段、同月四日出ニ申来

同四日　於御目通、御判物・御印物、百五十人余ヘ頂戴被仰付

同十一日　於金沢公辺御勤向間違之趣ニ付御用番長大隅守殿御廻状并御横目ヨリ廻状之趣、前
記十七日記ニ有之趣ハ同断ニ付略之、但右ニ付学校稽古相止不申候、諸役人御用寄合之義

1 重教正室千間
2 重教側室安（斉敬生母）
3 徳川宗睦（徳2 220頁）

徳川家慶（徳1 82頁）

モ御用番ヘ御尋申候処、御用之筋ニ候間、不及相止ニ旨被仰聞、諸頭等例月之通寄合有之候事

同十五日　例月出仕之面々登城、年寄衆謁ニテ退出之事

同十八日　於金沢、夫々頭々ヘ左之通御用番**大隅守**殿被仰渡、則頭々於宅申渡之

付札　**松原元左衛門**ヘ　　**土師清大夫**

今度**若君**様御弘ニ付御礼被為請候為御祝儀、御飛札被指出候処、**清大夫**儀御草稿引合御書相調候処、御使札ト書損仕候段、先以公辺ヘ被指出候御書之儀ハ別テ大切至極ニ候得ハ精誠入念可□（虫）処、右間違之趣甚以不念至極ニ被思召候、依之御大小将組被指除、組下ヘ被加之、閉門被仰付候旨被仰出候条、此段可被申渡候事

丑十一月十八日

付札　**宮井典膳**ヘ　　**桜井平十郎**

今度**若君**様御弘ニ付御礼被為請候為御祝儀御飛札被指出候処、御使札ト御右筆書損仕被指出候、其節**平十郎**義眠気悪敷調筆ハ不仕候得共、夫々しらヘ仕候得ハ右間違之趣心付可申処、其儀無之段、先以公辺ヘ被指出候御書之儀ハ別テ大切至極ニ候得ハ精誠入念可仕候処、甚以不念之至ニ被思召候、依之指控被仰付候旨被仰出候条、此段可被申渡候事

丑十一月十八日

遠慮　　**土師清吉**

閉門　　　　中西順左衛門

右御咎之趣、同断ニ付略之

右一件ニ付指控伺紙面出之、自分ニ指控罷在候人々左之通

　十八日指控伺之処、翌十九日不及
　指控旨被仰出、但前記十七日互見　　大音主馬

　十九日指控伺之処、同日不及指控
　ニ旨被仰出　　　御近習御用御用部屋勤
　　　　　　　　　石野主殿助
　　　　　　　　　御用人不残

右主殿助ハ煩、役引中ニテ一円取捌不申、御用人モ御飛札ト申上、御書ハ御認之上相渡り候義故、書損等之義一円存知不申事故指控不相伺候処、御年寄衆御僉議之趣有之由ニテ御用番ヨリ指控可相伺旨御指図ニ付右之通ニ候事、但御用所執筆モ右ニ准し左之通

　十九日夕方ヨリ指控伺紙面指出慎
　罷在候処、翌廿日不及指控旨被仰出　　牛円新左衛門
　　　　　　　　　　　　　　　　　　等

右之通ニ付当分御用部屋勝尾吉左衛門へ被仰渡、御用人当分加人御歩頭和田采女・佐久間与左衛門へ被仰渡候段、御用番大隅守殿於御宅十八日夕被仰渡候事

先達テ相触候通、今度公辺御勤向間違之趣有之候ニ付御指控御伺書被遊哉之旨、御老中方へ被及御内談候上、御伺書被指出候処、不被及御指控旨御指図有之候、此段申聞候事

右之通被得其意、組・支配之人々へ可被申渡候、組等之内才許有之面々ハ其支配ヘモ相達候様可被申聞候事、右之趣可被得其意候、以上

重教女（小石川御前）

十一月廿六日
諸頭一役宛連名殿
今月廿八日左之通、於金沢被仰付
藤姫様来春御出府ニ付御道中
御供等前々表向組頭被仰付候処、
当時表向組頭モ御減少之義、旁
御供被仰付、直ニ相詰候様被仰渡

藤姫様御供被仰渡

藤姫様附御用人
役料五十石宛被下之

藤姫様附御用人並
役料五十石宛被下之
寺社奉行支配へ被加之

公事場御横目　宮川繁蔵代

長　大隅守

御小将頭兼御近習
宮井典膳

祐仙院様附物頭並
加藤用左衛門

藤姫様附物頭並
広瀬武大夫

御大小将組
久田義兵衛

御馬廻組割場奉行ヨリ
半井五郎左衛門
寺社奉行支配へ被加之

御馬廻組金谷御広式御用達ヨリ
藤懸三蔵

定番御馬廻組内作事奉行ヨリ
吉田甚五郎

御大小将
成田勘左衛門

学校御横目

御馬廻組 **山本庸五郎**

組外 **今村直九郎**

来春御参勤御供、組共順番之通

御小将頭 **松原元右衛門**

同断　御道中奉行并御行列奉行

同人

御用人本役御持頭 **岡田助右衛門**

来春御参勤御供

会所奉行 **仙石兵馬**

同断

割場奉行 **白江金十郎**

同日　於金沢、御用番**大隅守**殿ヨリ石川・河北山々御家中之人々鳥構之内松木御縮方先達テ一

△

統被仰渡モ御座候得共、又々猥ニ相成、所々構場之内、松枝等ヲ伐生木之皮ヲ批或木之根ニ大火ヲ焚等、御家中家来下々之内、心得違之者有之体ニ候間、主人々々ヨリ厳重可申渡、且構場ニテ無之場所松枝しん等を伐取新場之様ニ致置、何者ノ所為候哉不相知候得共、左様之所ニ幸新名札ヲ打直候面々モ有之、是等ハ別テ不心得之義ニ候、依之御縮方之義、山廻ヘ厳重申渡、重テ猥之義有之節ハ相糺、時々名前御達被申候間、其所々ヨリ御穿鑿御座候様仕度旨等、今月十八日御郡奉行**高沢平次右衛門**・**林弥四郎**指出之紙面写ヲ以、御触紙面出

乙丑 十二月小　金沢御用番　村井又兵衛殿

朔日　雨天、二日三日四日快天、五日雨天午上刻強地震、六日七日八日九日陰アリ快天、十日風雨大ニ暖気蝗《いなご》飛行ス、夜ハ晴烈風、十一日十二日陰夜ハ雨、十三日雨天、十四日十五日十六日十七日十八日快天、十九日雨、廿日廿一日廿二日廿三日廿四日廿五日廿六日廿七日廿八日廿九日暁天雪微降無程霽晴快天続、今月気候例年トハ寒気大ニ和柔暖気多し、宿水凍ること稀也

佐渡守[1]様月次御登城

前記十月十一日記ニ有之渡辺次左衛門義、定番御徒組ニ罷在候内、小笠原家又ハ同御家臣之内へ成共たより、礼法伝授仕置候内、不分明之義相糺度段奉願置候処、小笠原平兵衛[2]殿へ弟子入被仰付入門之節、持参仕候太刀馬代モ拝領被仰付、其後平兵衛殿へ御挨拶等モ被為在候御様子奉承知、誠以冥加至極難有仕合奉存候、然処只今迄相学候トハ余程相違モ仕、其上只今迄皆伝授仕罷在候共、是ヨリ相改初学同事ニ最初ヨリ稽古仕候様平兵衛殿御指図ニ御座候、依之年末ニ罷成候得共、段々結構ニ弟子入等被仰付、於平兵衛殿モ御威光ヲ以格別御贔屓ニ御師範被下、且只今迄皆伝授仕罷在候義、旁以格段ニ果敢取申様ニ被成下候間、何分入情仕、於平兵衛殿モ皆伝授仕、於御国モ小笠原流礼法相違之処相改、私門弟中へ申談度奉存候、先組之内奉願候節ハ小笠原右近将監[3]殿御家臣之内へ内々向寄ヲ以申込、願之通被仰出候テモ迚モ毎度ハ難罷越ニ付不分明之義迄相糺置申度趣等申込候存念御座候

1 前田斉敬（重教男）
2 小笠原常方（寛4 19頁）
3 小笠原忠苗（寛3 398頁）

処、段々結構ニ弟子入被仰付、平兵衛殿格別ニ御懇篤等ニ御師範被下、是以後書写仕候書物モ多可有御座、且着類其外彼是無存懸稽古入用モ相懸り、且士列之行粧ニテ毎度罷越候ニ付、不時之雑用モ相懸り難渋至極仕取続兼、其外紙面ニ難顕稽古向雑用存外ニ有之、必至ト指支候間、何れ之御かね成共、拝借願紙面前月六日指出候ニ付、拙者加奥書西尾隼人殿ヘ御達申候処、紙面ニ難顕入用之趣并当暮金子［（虫損）］有之候得ハ手合可申哉、精誠省略之処御達可申旨被仰聞候ニ付、左之通心覚ニ記し御達申候

金小判十二両計、今年中稽古向諸入用

但熨斗目小袖壱　絹小袖壱　肩衣壱

料紙等代　振廻弁当代等

茶番入用　従者賄代

其外木具肴等品々

寒中見廻音物代ハ中勘モ難知ニ付、右之外ニ御座候

右皆々遂省略候、中勘図りニ御座候

右委曲之訳猶又御達ヲ以御咄申、此上何分品能御取計可被下旨御達置申候処、今朔日御席ヘ御呼立、願之趣相伺候処、無拠趣ニ付格別之趣ヲ以、金小判十五両被下之候段隼人殿御申聞ニ付、其段次左衛門ヘ申渡、直ニ小払所ヨリ受取候様是又申談候事、但御用所ヨリ右拝領金之義御国ヨリ申来候由申聞有之、会所ヘ同所ヨリ入立候旨、依テ左之書付取立、御用所ヘ差出之奥書ニモ不及、口達ヲ以指出候事

徳川宗睦（徳2 220頁）

一、金小判　　拾五両
右於小笠原平兵衛殿ニ稽古為入用拝領被仰付、難有仕合奉存候、以上
十二月朔日　　　　渡辺次右衛門判
津田権平殿
私支配渡辺次左衛門義小笠原平兵衛殿へ礼法稽古弟子入被仰付毎度罷越候ニ付、寒中為御見廻進物之儀無急度承合候処、尤御門弟中ヨリ進物有之旨ニ御座候間、次左衛門義モ御国産物之内拝領仕、進上仕度段申聞候、依之品物員数等之儀、御用所御僉議之上拝領被仰付被下候様仕度奉存候、以上
十二月三日　　　　津田権平判
西尾隼人様
右指出候処、同五日鯖切漬壱壺被下候段被仰聞候ニ付其段申渡、御台所ヨリ直ニ受取候様申談候処、則受取翌六日進上仕、難有仕合奉存候旨之紙面取立、奥書ヲ以隼人殿へ御達申候事　此次四日互見

二日　尾張様へ御再答使ニ参上

三日　於御用所左之人々へ拝領物被仰付、先頃茅町等火事之節、御人数ヲ以相防候ニ付被下之段、御用人演述、御目録相渡并御人数へモ夫々被下候段演述、手目録助大夫等へ被為渡之、但御礼勤前々之通申談候事

生絹二疋宛　　　　　　　　　　　中村助大夫
　　　　　　　　　　　　　　　　大脇靭負
　　　　　　　　　　　　　　　　宮崎蔵人

銀三両宛足軽小頭六人　同二両宛足軽四十人
金百疋宛鳶小頭二人　鳥目壱貫文宛鳶之者　三十壱人
鳥目三十壱貫四十八文小者八十壱人へ
染物二端宛　　　　　　　　　　　阿部波江
　但御人数へも被下物有之　　　　笠間又六郎
銀二朱宛足軽小頭　銀五匁宛足軽
鳥目三百文宛小者

付札　御横目へ

△今度公辺御勤向間違之義ニ付、不日為及御指控段御指図ハ相済候得共、於御国御承知可被遊候迄ハ御屋敷中猶又心得モ可有之儀之段、其節申渡置候通ニ候処、右之趣去月廿二日達御聴候ニ付、御家中之面々へモ一統被仰渡候段、御用番**大隅守**殿ヨリ早飛脚ヲ以申来候条、此段夫々可被申談候事

十二月三日

右**水越八郎左衛門**ヨリ廻状ニ付、夫々触出候事

四日　未ノ二刻小寒ニ入、依之公辺伺御機嫌等一統明五日朝之事

1 小笠原常方（寛4 19頁）
2 松平定信（寛1 303頁）
3 松平信明（寛4 410頁）
4 前田斉敬（重教男）

私儀頃日小笠原平兵衛[1]殿ヨリ礼法書物借用仕、是以後段々御貸渡可被成由被仰聞候、然処多々書籍ニ御座候得ハ、透々書写仕候テハ中々急ニ出来不仕候、平兵衛殿ヘ罷越候松平越中守[2]殿御家来片岡有馬之丞・松平伊豆守[3]殿御家来春田進八等ハ、人数受取書写為仕候段申聞候得共、此義平兵衛殿并御高弟衆御了簡ニ相叶不申体ニ見聞仕候趣共御座候、私義先達テヨリ段々結構ニ被仰付、其上今般稽古向為入用過分ニ金子拝領被仰付、難有仕合奉存候、旁為冥加年末ニ罷成候得共、於平兵衛殿ニ何卒皆伝授仕、於御国右一統相弘申度、且書籍等モ成限自筆ニ書写仕度奉存候、依之可相成義ニ御座候ハ佐渡守[4]様軍学御稽古御用等之外、右書写相仕廻候迄、御番除被仰付被下候ハ全自筆ニテ書写等仕度奉存候、尤御番除中ハ同役ヲ初御用之外参会等堅不仕、相伝成限申受写取申度奉存候、此段奉願候、以上　前記朔日互見

十二月四日　　渡辺次左衛門判

津田権平様

右私支配渡辺次左衛門願紙面御達申上候、且又書籍等書写之刻、人来等御座候テハ御小屋モ手狭之義取片付等モ指支候旨等、次左衛門無急度申聞候趣、委曲口達ヲ以御達申上候通、無拠相聞得申候間、是又御僉議之上被仰渡候様仕度奉存候、以上

津田権平判

西尾隼人様

右相伺候処、都テ紙面之通ト被仰出候段、今月廿八日隼人殿御申聞ニ付次左衛門ヘ申渡候、

小笠原常方（寛4 19頁）

吉徳側室以与（宗辰生母）

且又年頭等押立候節之外、平生稽古ニ罷越候節ハ是以後草履取迄召連袴迄着用可仕候、尤押立候節之義ハ先達テ被仰渡候通ト可相心得段申渡候様、是又隼人殿御申聞ニ付則次左衛門へ申談候事

但此義ハ江戸風俗ニテ御旗物衆ニテモ稽古ニ御越之節ハ忍ひニテ袴迄着用、鐺等ハ不被持候処、次左衛門義ハ先達テ被仰渡之趣ニ付、行粧ニテ肩衣懸ケ候テいつも罷越候ニ付、平兵衛殿ヨリ聞番へ迄於御城被仰聞候趣モ有之ニ付、聞番ヨリ隼人殿へ御達申候ニ付、其趣ヲ以被及言上候処、本文之通就被仰出候、御申聞有之候由之事

此次今月廿六日互見

当十二月十八日、一朝於広徳寺浄珠院様御十三回忌御法事御執行之節御寺詰人

一、主付御用　西尾隼人

一、諸事御用　物頭壱人

一、本堂詰　御大小将御番頭一人

但御大小将指引、且又若御参詣衆有之候節并御使者等有之候節、物頭申談指引等可相勤

一、所々見廻諸事指引　御大小将横目一人

一、御使者取次并御香典才許　御大小将二人

御給事兼

一、御帳付　与力一人
一、給事等御歩指引　御歩小頭一人
一、給事并火之番　御歩三人
　但御香典受取御用相兼
一、本堂階下　御歩二人
一、女中参詣有之候節指引相兼　御歩横目一人
　足軽二人
一、御台子・たはこ盆、坊主指引　坊主小頭一人
一、御台子飾并給事　坊主二人
一、大門　足軽小頭一人
　外ニ足軽三人、御使者并参詣女中道案内指引　足軽二人
一、寺中所々見廻火之元等可申付　御横目足軽二人
一、裏門　足軽二人
　右之外ニ使役等足軽三人御進物掲(カ)并詰人用事達足軽二人
一、詰人服、御家老役ハ長袴、頭分以下ハ半袴、熨斗目着用之事
　但御代香相勤候人々、平士ニテモ長袴着用之事
以上
右於御横目所披見、御大小将役附夫々申談候事

但御大小将二人ト有之候得共、前規ヲ以取次二人、御給事一人、御香典才許ハ右三人兼
申談候事

五日 左之御覚書ヲ以**西尾隼人**殿御申渡之旨等、**高田新左衛門**ヨリ就廻状、役懸支配中ヘ触
出候事

付札 **高田新左衛門**ヘ

先達テ御歩並以上ヘ十二月渡御扶持方代之内、一人扶持ニ金弐歩宛御貸渡之分、交代等ニテ罷帰候者ハ十二月返上可仕旨夫々申渡置候処、右取立方之義、御算用場ヘ申達候様、会所奉行ヘ申渡候、依之於御国返上之筈ニ候条被得其意、夫々可被申談候事

十二月

十一日 寒気為御見廻、御老中御用番**安藤対馬守**殿并御用御願之**松平伊豆守**殿ヘ**佐渡守**様御勤、昨日被仰出有之候処少々御風気ニ付御延引之事、但廿一日御勤被遊候事

浄珠院様御十三回忌御法事、当十八日於広徳寺一朝御執行之節、不作法無之様、家来末々迄堅可申付候事

一、御法事役懸并詰人、往来共裏門ヨリ可致出入候、御家老役ハ大門ヨリ往来之事
但一門御家老ハ中小将二人・挟箱持一人・草履取壱人、頭分ハ若党一人・草履取一人、其外ハ草履取壱人宛、雨天ニ候ハ傘持壱人宛可召連候、且又詰人家来代人有之節、不作法無之様可申付候

一、御法事初十八日辰ノ中刻ニテ、詰人揃刻限六時過候事

吉徳側室以与（宗辰生母）

一、御屋敷中十八日、御法事中鳴物等遠慮之事
右之通夫々可被相触候事
丑十二月　　　　　　　　西尾隼人
御横目中
右水越八郎左衛門廻状ニ付、夫々触出候事

十二日　尾張大納言様・水戸宰相様へ御再答御使ニ参上候事

十五日　佐渡守様少々御風気ニ付御登城御断、佐渡守様へ今度御鷹之雁始テ御拝領ニ付、従宰相様為御礼公辺へ被指出候御使、此表詰人之内ヨリ仕立ニ相成、新御居宅御広式御用達御馬廻組寺西新平へ被仰渡、前月廿六日金沢発足、今月十日参着之趣ニテ、御老中方・若御年寄衆へ之御使相勤候処、今日御返翰相渡、依之明日江戸発足之趣ニテ相済候事

十六日　九時過ヨリ広徳寺へ明後十八日御法事ニ付為見分、西尾隼人殿初懸り之人々罷越、自分儀モ御小将中同道罷越候事

十八日　於広徳寺浄珠院様御十三回忌御法事有之、午下刻相済詰人七時頃退出、御法事料白銀五十枚、但御仏前御飾代・出家五十人余并御使者詰人御斎等代ハ右之外ニ被遣之、且又和尚へ御法事無御滞相済候ニ付白銀十枚被遣之、御使御寺詰之内ヨリ自分相勤候事、前記今月四日・十一日互見

同　日　寒気為御伺御機嫌、公辺へ被指出候御使御馬廻組半田惣左衛門、去六日金沢発足今日参着之事

廿一日　御使有之筈ニ付五時揃ニテ熨斗目着用、各御殿ヘ相詰有之候処、四時前歳暮之為御祝儀、従御台様御使御広式番之頭清水新左衛門殿ヲ以干鯛壱箱・白銀十枚御拝受、御意之趣佐渡守[1]様御拝聴、御作法都テ去年今日之通ニ付略ス

但去年迄ハ公辺三ケ年御省略中ニ付、干鯛迄御拝受之処、今年ヨリ如最前両種御拝受也、且今日御料理・御盃事御断、依之餅御菓子・御吸物・御酒・御茶受・後御菓子迄段々出之、御給事御側小将・御大小将打込勤之、指引自分・不破五郎兵衛、役附左之通

御刀直　御大小将天野権五郎　御熨斗三方　御側小将松平庸五郎

右之外、干鯛箱出引　三輪斎宮・沢田一学、御銀出引　青山五左衛門組外御大小将加人

同　日　寿光院[2]様ヘ従公方[3]様・御台[4]様歳暮為御祝儀、上使御広式番之頭長谷川藤太郎[5]殿ヲ以、御例之通縮緬紅白二十巻・干鯛一箱御拝領、二汁五菜之御料理、向詰ヨリ後御菓子迄段々出之、御給事御大小将、御作法都テ去年今日之通ニ付略ス、御料理相済佐渡守[6]様御出、御挨拶被遊候事

廿三日　讃岐守[7]様御使者御家老矢野源右衛門為御使者、藤姫[8]様御結納御入輿御時節被仰合候義ニ付四時前罷越、御大小将御広間溜ヘ誘引、御家老西尾隼人罷出御口上承之、右相済御勝手座敷二之間ヘ物頭窪田左平誘引、組頭代御歩頭篠嶋平左衛門組頭高田新左衛門気滞ニ付挨拶之上、御吸物・御酒・御肴二種出之、相伴組頭代篠嶋、御酒之内隼人殿并物頭聞番挨拶、給事御大小将、右相済隼人殿被罷出、兼テ御即答可申上旨被仰付置、段々演述御答申述、無程御使者帰候節隼人殿并平左衛門・左平・聞番坂野忠兵衛・取次御小将壱人鏡板ヘ相送、

1 前田斉敬（重教男）
2 重教正室千間
3 徳川家斉
4 家斉正室寔子
5 長谷川藤太郎カ
6 前田斉敬
7 徳川頼儀
8 重教女

前田治脩正室（前田利道大聖寺藩五代女）

且隼人殿ハ無地熨斗目、其外携候人々服紗小袖不指合、麻上下着用、御献立左之通

御吸物　鱸　ゆ　　御肴　小板かまほこ　　小皿　一塩ひらめ　みる　九年母　煎酒

煮物　すり身　うとめ　　閧算（カ）

以上

△

左之通西尾隼人殿御申聞候旨水越八郎左衛門ヨリ例文之廻状到来ニ付夫々触出候事

但於金沢モ今月十二日同様之御横目廻状出候事

俊姫様御事、正《タダ》姫様ト御改被成候、此段一統可被申談候事

十二月

廿七日　上野へ御再答為御使参上之事

△

各様来年頭朔日、佐渡守様御目見可被仰付旨、且又御先例之通献上物無之候条夫々可申談旨、西尾隼人殿御申聞被成候間、御承知可被成候、以上

十二月廿六日

水越八郎左衛門

本保六郎左衛門

津田権平様　但諸頭連名

廿八日　佐渡守様御登城御下り之上、御前髪被為執候、依之為承知隼人殿高田新左衛門へ御申聞、同人ヨリ伝達有之、右ニ付新御居宅附之人々へハ御祝之赤飯・御吸物・御酒被下之、御表向ハ御平日之通都テ相替義無之候事

付札　津田権平へ

右次左衛門義、藤姫様御入輿式方懸り被仰付候条可被申渡候事

渡辺次左衛門

十二月

右隼人殿御渡ニ付御小屋へ次左衛門呼立申渡之

但、右式法懸り被仰付候テモ不指支哉之旨、今月三日隼人殿内々御申聞ニ付次左衛門手前内々相尋候処、尤指支無之由ニ付其段隼人殿へ相達置候事、前記今月四日互見

佐渡守様来年頭御附之平士等并御医師御目見被仰付候条、御支配之内御目見申上候人々交名御書記、明日昼頃迄ニ御横目所へ御指出可被成候、以上

十二月廿六日　　水越八郎左衛門

本保六郎左衛門

津田権平様

右ニ付御次番相勤候新番交名、則廿七日願書出之、且都テ御礼人揃刻限五半時ト西尾殿御申聞之旨之廻状有之、夫々申渡候事

廿九日　佐渡守様昨廿八日御前髪被為執候ニ付、今朝五半時之御供揃ニテ御用番安藤対馬守[1]殿并御用御頼之松平伊豆守[2]殿へ御勤被遊候事

同　日　出雲守[3]様御留守居ヨリ聞番迄奉札ヲ以、今度御囲中ヨリ出火之節、御人数ヲ以相防大義ニ思召候由ニテ左之通被下之

綿弐把　御目録　宛　　宮崎蔵人

1安藤信成（寛17 180頁）
2松平信明（寛4 410頁）
3前田利謙（富山藩八代）

大脇靭負

右ニ付為御礼、あなた御式台迄被罷出候様申談、且御人数ヘモ左之通被下之

方金三百疋　足軽小頭六人　銀五両　鳶小頭両人

金小判三両　足軽四十人　鳥目十六貫文　小者八十一人

鳥目十貫文　鳶之者三十一人

右火事之節、相防候御先手物頭火消窪田左平ヘハ御意之趣迄、是又右同断奉札ヲ以申来候事

一、右、御厩焼失之砌、此方様御厩ヘ御馬共久々御預ニ付彼是心配之義御大底被成候旨等、是又以奉札御意有之、左之通被下之、御礼御式台迄被勤候様申談、将又御厩懸り之者共ヘモ左之通拝領被仰付

綿三把宛　御目録

割場奉行　在江戸中御厩方兼帯　堀八郎左衛門

御預地方　同断　戸田五左衛門

金二百疋宛　御仲間小頭三人

金百疋宛　小頭添役二人　小役人二人

鳥目廿六貫文　御馬捕等五十二人ヘ

今月朔日　於金沢左之通、於御前被仰付

御先筒頭　槻尾甚助代

御近習御用兼帯

御大小将御番頭ヨリ　田辺長左衛門

学校の講師
朱付箋「都講人初メ」

一、御鷹野之節、御行列御減少等被仰出、今月五日金城於御横目所、御行列帳夫々へ披見申
談有之

同月六日、左之通被仰付　**団　多大夫**
来春御参勤御道中　御持方支配
同断　御持弓支配　聞番　**長瀬五郎左衛門**
同断　御供　割場奉行　**白江金十郎**
来春江戸詰被仰付　御大小将御番頭　**伊藤平大夫**
来年頭御在府詰人御減少ニ付不及相詰　御台所奉行

今月十日　於金沢左之通被仰付
新番組御歩ニ被召出　平次左衛門養子　**高沢猪之吉**
学校講師只今迄之通

同月十一日　同断
組共順番之通、来春御参勤御供　御歩頭　**神保儀右衛門**

同月十三日　同断
学校都講役料三十石被下之　御儒者学校助教ヨリ　**長谷川准左衛門**
若年寄支配へ被加之

徳川家慶

伊織カ

御勝手奉行御用兼帯　　御大小将組会所奉行　仙石兵馬

同月十五日　遊行上人旅宿玉泉寺ヘ御大小将不破駒之助御使

△今度、敏次郎様御事、若君様ト奉称候段、御弘被為済候ニ付敏之字之名并唱共相改候様、組・支配之面々ヘ可被申渡候、組等之内才許有之人々ハ其支配ヘモ相達候様、家来末々迄不相洩候様御申聞、尤同役中可有伝達候事、右之趣可被得其意候、以上

十二月十二日　村井又兵衛

諸頭御用番連名殿

同月廿一日　於金沢、左之通被仰付

長大夫義、数十年実体ニ相勤候ニ付新番組御歩ニ被召出　　帰山長大夫嫡子　猪佐

右ニ付父長大夫為御礼御奏者所ヘ罷出、夫ヨリ御年寄中・御家老中御加判有無之無差別・身当組頭・御番頭并相頭・御番頭廻勤、附長大夫義宝暦九年以来之御大小将也

一、左之四人モ新番組御歩ニ被召出

平吉郎義実体ニ相勤、養子宇兵衛義御次御用モ相勤候ニ付新番組御歩ニ被召出　　御預地方御用津田平吉郎養子　宇兵衛

重教女

又七郎・甚助・　才所判左衛門せかれ　**又七郎**
市兵衛新番組　兼松新五右衛門養子　**甚助**
御歩ニ被召出　大村金左衛門二男　**市兵衛**

一、与力跡十三人被召出

藤姫様御出府御供　御大小将横目　**横地茂太郎**

同断御道中切会所奉行加人　御預地方御用　**津田平吉郎**

同月廿二日　同断　御大小将　**富田左門**

藤姫様御道中切割場奉行加人

同月廿五日　同断、但申渡方如例

付札　**松原元右衛門**へ　**宮川繋蔵**

右**繋蔵**義、思召有之候ニ付御大小将組被指除、組外へ被加之候旨被仰出候条、此段可被
申渡候事

同　日　於御次、御例之通大かね奉行中拝領物被仰付

同月廿六日　於金沢左之通跡目等被仰付、翌廿七日縁組等諸願被仰出

三百石　組外へ被加之　清左衛門養子　**松田波江**

池田玄章約

六百五十石　御馬廻へ被加之　和大夫養子　浅井勇次郎

二百五十石　組外へ被加之　八郎左衛門せかれ　加須屋清左衛門

八百石　御馬廻へ被加之　善大夫養子　荒木五左衛門

八百石　御馬廻へ被加之　武次郎家督相続　丹羽伊兵衛

三百石　弥三郎嫡子　大石儀右衛門

同　宇兵衛養子　磯松鍋次郎

二百五十石之三ノ一
八十石　庄大夫嫡子　長田庄一郎

百五十石　和左衛門嫡子　堀　八郎兵衛

青木恒右衛門知行四百五十石并和平自分知百石共被下之
五百五十石　御馬廻へ被加之　恒右衛門家督相続　青木和平

百五十石　喜左衛門養子　吉田兵馬

八十石之三ノ一
二十石　伊右衛門嫡子　大村駒之助

二十人扶持　孫三郎養子　田村丈三郎

百石　組外へ被加之　新右衛門せかれ　森口新八郎

五人扶持　玄真養子　池田拳中

百三十石　本組与力被仰付　丹左衛門養子 吉田保助

八十石　定番御徒へ被加之　繁五兵衛嫡子 安田八百三郎

かけの諸勝負御制禁ニ候処――――――

右例年之通、今月廿四日御用番又兵衛殿御触紙面出

同月廿八日　跡目之御礼等被為請、且左之通被仰付

加判　月番　長 九郎左衛門

歳末御祝詞例年之通、物頭以上登城、四時ヨリ九時迄之内御帳ニ附退出之事

同　日　左之通

御大小将組公事場御横目 成田勘左衛門 当十月朔日迄金銀小払奉行相勤

右勘左衛門小払奉行相勤候内、寺社奉行菊池大学名義ニテ遊行上人向御用之金三十五両之仮切手壱通有之不分明成趣ニ付、後奉行当十月朔日ヨリ相勤候永原七郎左衛門・堀左兵衛ヨリ段々及僉議候処、勘左衛門謀書ニ相違無之、依之七郎右衛門・左兵衛ヨリ御大小将御番頭へ申聞ニ付、則御小将頭名宛之紙面取立、昨廿七日相達候処、今廿八日夕方勘左衛門宅へ御小将頭大屋武右衛門・野村伊兵衛、御番頭伊藤平大夫罷越、委細尋有之候処、勘左衛門義白地《あからさま》ニ申聞ニ付左之通口上書取立、先御奉公指控申渡、且不縮無之様ニ類中河地才記等へ身当頭野村伊兵衛申談退出、尤委曲ニ先達御内聴、御用番又

兵衛殿へモ御達申候事

●私儀去年十月朔日ヨリ当九月晦日迄小払奉行相勤申候処、右相勤候内之仮切手之内、小判三十五両菊池大学名前ニテ相渡候切手之趣ニ付段々御尋之趣承知仕候、右之趣ハ小払金之内、右之金高暫之内自分用事ニ相立、尤当年後奉行へ引渡前、右金子うめ置可申覚悟ニ罷在候処、時節柄才覚一円相調不申、飯米ニテモ相払可申ト奉存候得共、元来之不勝手至極、致方存付不申、右様之不埒成心底出来仕、今更迷惑至極奉存候、右之趣一門共へモ相顕候ハ幾重共調達方手段モ可有御座候得共、品重き義故、聊口外不仕、色々ト工夫仕、右金子うめ置可申了簡ニ罷在候処、最早引渡時節ニ相成無是非、右切手ヲ以、後奉行へ先引渡、則当月廿二・三日之頃金子モ出来仕候ニ付永原七郎左衛門へ相頼、右切手ト金子ト取替置呉候様相頼候得ハ、最初ハ承知之段申聞候ニ付一日成共早く取替置申度奉存、其段申入候処、重テヨリハ如何之了簡ニ候哉、同役左兵衛へモ不申入テハ如何敷候間、私ヨリ右金子うめ置度段相願候様ニ申聞候ニ付、堀左兵衛方へ可参哉ト奉存候内、左兵衛私方へ見廻候ニ付幸右之段内分相頼候処、何れ共得ト相考、頭ヨリ可申聞旨ニテ罷帰申候ニ付永原方へ毎度私ヨリ右相頼候趣如何候哉ト相尋候処、とかく他行がちニテ逢不申、紙面ニテ内分取替之義申遣候処、右返書ニ御番頭中へ得内談候趣申越候、左候得ハ今更不帰事ト甚迷惑至極仕罷在候、右ニ付外何ト□（汚カ）申談候義モ無之哉之旨御尋被成候得共、聊申談候訳合毛頭無御座候、暫之内之事ト奉存候故、同役一木鉄之助へモ及内談不申、誠ニ私壱人之所為ニ御座候、甚不埒之仕合、迷惑至極仕候、以上

成田勘左衛門判

丑十二月廿八日

野村伊兵衛様

大屋武右衛門様

此次翌廿九日互見、勘左衛門義
先一類へ御預之一件有之

右之趣ニテ一木鉄之助ハ一向存不申由ニ候得共、同役之事故、頭松原元右衛門ヨリ自分指控申談置候

私儀当十月朔日ヨリ金銀小払奉行相勤候ニ付、先奉行一木鉄之助・成田勘左衛門ヨリ夫々遂御算用相送候処、御算用相違モ無御座ニ付受取申候、小払所金銀等御払方ハ本切手・仮切手共至テ指懸候御用ニハ従会所入ヲ請、受取人壱印之切手ニテ相渡、追テ本切手ト取替申趣ニ御座候、然処先奉行ヨリ相送候切手之内菊池大学一印ニテ小判三十五両遊行上人巡来ニ付為御用、仮切手ヲ以受取、廻帰之上、本勘相極、本切手ト取替可申旨ニテ九月廿五日之日付之切手御座候、先奉行ヨリ相送候節、成田勘左衛門申談候ハ此切手之分ハ急ニ本切手相向申間敷候、遊行上人廻帰之上ニテ無之テハ本切手入申間敷旨申聞候ニ付其趣ニ相心得罷在候、然処、此間成田勘左衛門申聞候ハ先達テ小払所引渡候節、相送候切手之内菊池大学一印之切手小判三十五両之分ハ勘左衛門私曲仕候間、早速金子三十五両可相渡候条、右切手ト何卒内分ニテ入替呉候様段々相頼申候、一木鉄之助義ハ一向存不申趣候段、勘左衛門一人之私曲之旨申聞候、尤此段同役永原七郎右衛門ヘモ勘左衛門ヨリ相頼候旨申聞候、右之趣納得仕、内分ニテ為致上納候義、奉対御上恐多、私共了簡ニテ仕兼申候御難題之趣ニ候得共、不得止事、此段御届申上候、以上

十二月廿八日

村田甚右衛門様

堀　左兵衛判

永原七郎右衛門ヨリ指出候紙面之趣、右同断ニ付留略ス

私義去年十月ヨリ当九月迄金銀小払奉行相勤候内、同役成田勘左衛門所為ニテ菊池大学一印之切手ヲ以金三十五両私曲之趣、永原七郎右衛門等ヨリ夫々御達申候ニ付右勘左衛門手前、先達テ疑敷心付居申義モ無之哉委曲可申上旨承知仕候、則先刻御達申候通、尤承知可仕様モ無御座、元来小払所之義ハ金銀等相渡申節、両人立合相渡申ニテモ無御座、御次御用等ニテ壱人在合不申節ハ壱人ニテ切手相改、夫々帳面為相記相渡来候、今般勘左衛門私曲之切手之義ハ前々急渡りニテ、其御用懸り之者ヨリ改次第相渡候様会所ヨリ入紙面ヲ請、右御用懸り之者一印之切手ニテ相渡申義ニ御座候間、私在合不申内、勘左衛門一人ニテ右之通取計置候ト奉存候、後奉行永原七郎右衛門等ヘ当九月引渡候節、右一印之切手ト金高相合相違無御座引渡置申候ニ付何等之義モ心付不申候、然処、当廿六日永原七郎右衛門内分申聞候ハ小払所引渡候切手之内、成田勘左衛門私曲之様子有之候段、私見聞ニ及申義モ無之哉之旨相尋候ニ付一向見聞不仕義ニ付其段相答候、早速御達可申上候処、大切成義ニ御座候間勘左衛門手前相糺、七郎右衛門手前モ今一往承候上、御届可申上ト奉存候処、昨廿七日御尋并今日御届ニ付右之趣御達申上候、以上

丑十二月廿八日

一木鉄之助　判

松原元右衛門様
村田甚右衛門様

成田勘左衛門

付札　野村伊兵衛へ

右勘左衛門義、去々年十月ョリ去年九月晦日迄小払奉行相勤候処、右相勤候内之仮切手之内、小判三十五両菊池大学名前ニテ相渡候切手之義ニ付段々被相尋候処、小払金之内、右之金高暫之内自分用事ニ相立、尤後奉行へ去年引渡前、右金子うめ置可申覚悟ニ候処、時節柄才覚相調不申、飯米ニテモ相払可申ト存候得共、元来之不勝手至極致方存付不申、右様之不埒成心底出来仕、今更迷惑至極奉存旨等、勘左衛門紙面各以添書被指出之候、仮切手ニテ急渡り之節ハ会所ヨリ入紙面ヲ受申義、前々之振合之由ニ候、此義如何取計候哉、将又右私曲之趣同役一木鉄之助へモ不申聞、外申談候者モ弥無之候哉、且大学一印之切手之義ハ致如何取計候哉、是等之趣今一往勘左衛門手前被相尋、口上書取立可被指出候事

右翌寛政六年正月廿六日御用番奥村河内守殿被仰渡候ニ付同日八時過、勘左衛門宅へ頭野村伊兵衛并立会大屋武右衛門、御番頭人見吉左衛門罷越、御尋之趣伊兵衛申渡、左之通紙面取受、暮頃各退出之事

私儀去々年十月ヨリ去年九月迄小払奉行相勤候内之仮切手之内、小判三十五両暫之内私

用ニ相立、追テうめ置可申覚悟ニ御座候趣、先達テ申上候通、不埒之趣奉迷惑候、然処今日重テ御尋之趣、奉畏候、仮切手ニテ急渡り之節ハ会所ヨリ入紙面ヲ請申義、前々之振合之旨、此処如何取計申候哉之旨御尋奉承知候、被仰聞通急渡り之節ハ会所ヨリ入紙面到来仕候得共、私曲之義故入紙面等モ無御座候、右仮切手ヲ以後奉行へ引渡候節、入紙面有無之義ハ何之義モ不申入、敢テ入紙面之義ニ付取計申候趣モ聊無御座候、御有高金之内、何程々々ハ金小判ト御有高ヲしらへ、惣高之内三十五両ハ右切手ニテ引渡、追テ取代り可申ト迄申入引渡申候、入等之義ハ彼是之義心付不申ニ付何之義モ不申入候、且又金子取出し申節ハ同役**一木鉄之助**ハ御城へ罷出有合不申候、誠ニ暫之内ト相心得、先達テ申上候通、**鉄之助**へ及内談不申、一向存不申、将又**菊池大学**一印之義、如何相心得候哉之旨、是又御尋承知仕候、存付取計申趣モ聊無御座、風与《（ふと）》**菊池大学**名前相調申候、印章之処モ私方ニ在合之印章ヲ押申候、右之趣ニ付**大学**印章之所何トカ存付申趣モ無之哉之旨御尋承知仕候、**大学**印章似せ申様成了簡モ無御座、御用方ニ相用候私印章ニテモ無御座、平生有合申印章ヲ押申迄ニ御座候、彼是存付申趣ハ毛頭無御座候、只引渡之処相仕廻、追テ金子埋め置申存寄ニ御座候、此外申上候趣モ無御座候、何分不埒之仕合迷惑至極ニ奉存候、以上

寅正月廿六日　**成田勘左衛門**判

野村伊兵衛様

大屋武右衛門様

右同日、一木鉄之助ヘモ成田勘左衛門私曲之趣、同役ニ罷在存知不申義ハ如何之趣ニ候哉、今一往鉄之助手前承候様御用番河内守殿被仰渡候ニ付、同日鉄之助宅ヘ頭松原元右衛門并遠藤両左衛門罷越、右之趣相尋候処、御用ニテ御城ヘ罷出候跡、或ハ気滞等ニテ役所ヘ不罷出節ハ勘左衛門壱人ニテ御用取捌候間、左様之節私曲仕候哉、一向私曲之儀在知不申段、鉄之助及答候事

翌寛政六年十二月廿七日、左之通御用番前田大炊殿被仰渡、則頭次郎大夫宅ヘ鉄之助呼出申渡之

一木鉄之助

付札　水野次郎大夫ヘ

右鉄之助儀、去々年十月ヨリ小払奉行相勤罷在候内、去年六七月頃同組成田勘左衛門義菊池大学一印之仮切手ヲ以金三十五両私曲之趣、後奉行永原七郎左衛門等ヨリ頭々ヘ相達候ニ付、鉄之助手前松原元右衛門等ヨリ再往相尋候処、急渡之節ハ会所ヨリ入紙面ヲ請、右御用懸り之者一印之切手ニテ相渡申義ニ候、鉄之助在合不申内勘左衛門壱人ニテ右之通取計置候ト奉存候、後奉行ヘ引渡候節、右一印之切手ト金銀高相合、無相違引渡置候故、何等之義モ心付不申旨等、紙面元右衛門等添書ヲ以先達テ出之候、急渡之節ハ一印之切手ニテ取捌候義有之候共、引渡候節心付不申義等不念之至ニ被思召候、依之御咎モ可被仰付候得共、此度之義ハ御用捨被成候間、自分ニ指控罷在候ニハ不及段可申渡旨被仰出候条、此段可被申渡候事

甲寅十二月廿七日

成田梅之助
成田辰之助

右父勘左衛門儀、於公事場牢揚屋ヘ被入置流刑被仰付ニ付、梅之助等流刑モ可被仰付候得共、先達テ勘左衛門義致牢死、其上御赦之砌ニ付流刑御免、一類ヘ御預置之処、今般御宥免

右同年同日公事場奉行中ヨリ野村伊兵衛ヘ申来、梅之助等并一類之内伊兵衛宅ヘ呼出申渡有之

成田勘左衛門

今年十二月廿九日ヨリ先一類ヘ御預之処、翌寛政六年七月十八日於公事場一往御吟味之上、牢揚屋ヘ被入置候処、同年閏十一月十八日落着不被仰出以前牢死、同年十二月廿七日落着被仰出、此次翌廿九日互見

△

御勝手御難渋之義ハ是迄奉承知通ニテ段々御倹約等被仰付、御入用方相減候品モ候得共、元来御取箇ト御符合無之内、五六十ヶ年以来御領国中水損・山崩れ等ニテ所々変地出来、御取箇段々過分相減候故、年々御不足相かさみ最早来年ヨリ御入用方御手当無之候ニ付、当年ヨリ三ヶ年之間御省略之義被仰出置候得共、来寅年ヨリ改テ三ヶ年之間ハ年頭御規式等モ先年御省略之節之振りニ被仰付、夫々准し万端御省略可被仰付候、此段可申渡旨被仰出候事

右之通被得其意、組・支配之面々へ可被申渡候、組等之内才許有之人々ハ其支配ヘモ相達候様被申聞、尤同役中可有伝達候事、右之趣可被得其意候、以上

十二月廿八日　　村井又兵衛

諸頭御用番連名殿

付札　御横目へ

△来年頭ヨリ改テ三ヶ年之間、年頭御規式等モ先年御省略之節之振ニ被仰付、夫ニ准し万端御省略被仰付候段被仰出候旨、一統相触之通ニ候得共、長袴之義ハ近年之通可致着用候事

右之趣、頭・支配人へ被相達、組・支配之人々へ不相洩伝達有之候様可被申聞候事

十二月

右例文ヲ以御横目廻状有之

右ニ付来正月二日夜御松囃子相止、御謡初ニ相成、小謡迄ニテ先年御省略中御同事ニ相成候事

廿九日　左之通被仰付

加判　横山蔵人
　　　奥村左京

同　日　左之通御用番又兵衛殿被仰渡、頭野村伊兵衛ヨリ一類被申渡

付札　野村伊兵衛へ　　成田勘左衛門

右勘左衛門義小払奉行相勤罷在候内、小払金之内三十五両菊池大学名前之仮切手ヲ以、自

分用事ニ相立候旨等、勘左衛門紙面取立被指出候、依之勘左衛門義先一類ヘ御預被成候条、不縮無之様相心得可申旨、一類共ヘ可被申遣候事

今月廿六日　御用番又兵衛殿、左之通寺社奉行ヘ被仰渡候ニ付、其旨廿九日出便ニ江戸表支配頭高田新左衛門ヘ被申、送状翌正月十六日到着ニ付、則鴇田主計御小屋ヘ呼出、左之趣申渡

故喜内せかれ
鴇田主計

故喜内遺書ニハ如何様共被召出被下候様相願置、喜内弟鴇田寛斉ヨリハ俗士ニ被仰付被下候様願紙面指出、遺書ト致相違、其上主計儒業未熟旁跡目之不被及御沙汰候事

附記　昨廿八日記ニ有之成田勘左衛門義、翌年十二月廿七日左之通落着被仰付

（朱書）後
覚

御大小将組
成田勘左衛門

右勘左衛門義、去々年十月ヨリ小払奉行相勤候処、去年六七月頃役所ヘ罷出居申節、同役一木鉄之助不在合間ニ御かね之内金小判三十五両取出、私用ニ遣（ママ）失、其後入置可申ト存候内、後奉行永原七郎左衛門等ヘ引渡之時節ニ相成致形（方）無之候故、菊池大学名前之切手ニ文段取繕在合之印ヲ押入置、後奉行ヘハ右切手追付訳立可申ト迄申送り引渡置、其後金子調達仕候故、切手ト入替申度旨後奉行ヘ相願候処、其義相整不申旨申顕、不届至極ニ付死刑可被仰付者ニ候得共、御赦之砌ニ付死刑一等御宥免、越中五ヶ山之内ヘ流刑被仰付

右勘左衛門嫡子
梅之助
同人二男
辰之助

右之者共、流刑可被仰付義ニ候得共、勘左衛門先達テ致病死、其上御赦之砌ニ付流刑御免被成候条、一類ヘ指預置候義相宥可被申候
右之通被仰出候条可被申渡候、以上

甲寅十二月廿七日　前田大炊等
加判十五人印

前田内蔵太殿
品川主殿殿
小幡式部殿
藤田求馬殿

右ニ付頭野村伊兵衛ヘ内蔵太等連印紙面ヲ以申談有之、伊兵衛宅ニテ申渡候義等、昨廿八日互見并翌年七月十八日モ互見

付札　野村伊兵衛ヘ
成田勘左衛門せかれ
成田辰之助

（朱書）前
右父勘左衛門不届之趣有之、於公事場御吟味之上牢揚屋ヘ被入置候処、今般妻腹ニ致出生

候ニ付辰之助義一類へ御預被成候条、此段可被申渡候事

寅九月

右九月廿四日御用番大隅守殿被仰渡、於伊兵衛宅大屋武右衛門・御番頭安達弥兵衛立会、一類へ申渡有之候事

前記十月ニ如有粗記、同月廿三日四時頃、御用番前田大炊殿ヨリ人持組定火消役長大隅守殿組伴多宮へ以御紙面、御手前へ明日御預人有之候間御支度宜候ハ可被及案内旨申来、御進□ニ人指之義ハ追テ可申達旨モ申来候ニ付、多宮ヨリ及御応答、御組頭長殿へ御届、右ニ付只今ヨリ役引断紙面共両通共判形ニテ出之、御用番大炊殿へモ役引案内紙面并定火消同役中へモ役引為承知、連名廻状出之用意有之、用意宜旨大炊殿へ案内有之処、翌日左之通

以上

中村左兵衛跡組附与力植松内蔵太儀、御手前へ御預被成候間、公事場奉行ヨリ案内次第、同所迄家来被指出請取、急度縮可被仕置候、以上

癸丑十月廿四日

前田大炊印　江戸西尾隼人　不破彦三印
前田図書印　津田修理印　本多頼母印
今枝内記印　本多玄蕃助印　村井又兵衛印
奥村河内守印　長　大隅守印　本多安房守印

伴　多宮殿

右及御応答、長殿ヘモ及御届判形紙面也、且公事場御用番ヨリモ左之通申来

中村左兵衛跡組附与力植松内蔵太儀、御自分へ御預之旨被仰出候条、乗物等用意有之、今日八時頃公事場へ請取人可有御指出候、以上

丑十月廿四日　前田内蔵太印

伴　多宮殿

追テ請取人之数之儀ハ、大抵給人組之者三人・中小将五人・足軽七人程前々有之候、此儀為御心得申達候、猶更人数多少之義ハ御心得次第ト存候、以上

右応答、但様判也、且及時刻、判形内蔵太宛名、様付之以紙面請取人指出候処

覚

中村左兵衛跡組附与力
植松内蔵太

右内蔵太儀、御自分へ御預ニ付請取人被指出、則相添遣候条可有其御心得候、以上

丑十月廿五日　前田内蔵太印　藤田求馬印
小幡式部印　品川主殿印

伴　多宮殿

右到来ニ付慥ニ受取候旨判形様付之応答遣、大炊殿・長殿ヘモ届紙面遣之、且御預人若煩候節之ため、御医師・御鍼立之儀申渡、交名直ニ(カ)御手前へ(カ)申達候様前田修理等へ申渡候、右之趣御手前ヨリ被申聞候上、修理等へ(カ)申渡筈ニ候得共、左候テハ時刻モ移候ニ付、右之通申

打ち抜き型を利用して染めたもの

渡候処、御用番ヨリ御紙面ニ付及御応答、寺社奉行御用番菊池大学ヨリ以紙面、御医者不破瑞元・御鍼立久保定円へ申渡候、内蔵太煩候ハ御申聞可被成旨申来、及応答候事

足軽五人　此内弐人棒持

青網懸縮駕籠　四人舁

橋田六《ママ》左衛門　毛利善大夫

白崎左内　徳田惣右衛門

武山三郎左衛門　清水三郎左衛門

刀箱持　才領　吉本仁左衛門

提灯持十人　中村重左衛門　若党一人　鑓　草履取

藤沢治郎左衛門　同断　同　同

小遣三人　内壱人ハ挟箱持　〆三拾八人公事場ヨリ受取人数

一、内蔵太着用之衣類、花色絹うちぬき二ツ　浅黄絹うちぬき壱ツ　櫛箱、右挟箱へ入持参

以上

御手前へ御預置被成候植松内蔵太儀、明後二日切腹就被仰付候、其段公事場奉行其元へ罷越申渡筈ニ候、其節為検使津田平兵衛・池田裡平暨御横目両人相越候条、可被得其意候、以上

癸丑十月廿九日　前田大炊等加判十二人連印如前記

伴　多宮殿

応答様判　且長殿へ及御届

右同日公事場御用番藤田求馬ヨリ以紙面、右之趣且其儀ニ付公事場附役人之内壱人明日御宅へ指遣、御家来役人へ申談等為致候段等申来及返書

一、明朔日御預人就有之出仕不仕候段、断紙面長殿へ出ス

明日御自分宅ヘ罷越候人々交名附別紙之通ニ候条、可有其御心得候、猶更昨日申達候通、公事場箪笥番与力山本武兵衛今日罷越御自分役人ヘ及対談候、以上

十一月朔日　藤田求馬印

伴　多宮殿　及返書様判

覚

前田内蔵太
品川主殿
小幡式部
藤田求馬

定番頭
津田平兵衛
池田禮平
御大小将横目
永原半左衛門
安達弥兵衛

公事場附御横目
千秋作左衛門
同　与力
山本武兵衛
杉　吟左衛門
河地祐作

公事場留書役御算用者
鈴木勇三郎
御歩横目
吉江保助
本間与市

以上　外ニ公事場足軽両人

山本武兵衛ヲ以伴多宮家来役人共ヘ申談候覚

一、植松内蔵太ヘ御書立之趣申渡候節、給人組之者両人指添、奉行等之前程能所ニ着座、為致左右ニ指添可申事、但其節外ニ役人程ヲ隔縮方ニ罷在候儀ハ御預り人了簡次第之事
一、申渡之刻、奉行并定番頭両人・御大小将横目両人・公事場附御横目壱人、何モ同席之事
一、右申渡候上ニテ切腹之衣服等ニ為改可申事
一、切腹之節、奉行初何モ同席
一、公事場之手ハ右申渡方并切腹見届迄ニテ、切腹人一巻ハ惣テ御預り人之取捌之事
一、内蔵太刀・脇指先達テ被受取置候分、追テ公事場ヘ指出申事モ可有之、此儀ハ心得之ために

申置候、追テ不日多宮へ申達候事

一、公事場附役人へ硯并料紙之事

一、罷越候役人交名ハ、則以紙面多宮へ申達候事

以上

十一月二日

一、奉行中等朝五時分揃之上、追付内蔵太呼出候様山本武兵衛申聞候ニ付、内蔵太ヲ中ニ挟み、右之方橋本六左衛門、左之方毛利善大夫、少し引下り、斉藤恒左衛門・藤沢治部左衛門相控、又少し引下り、佐々木久左衛門・武山三郎右衛門・徳田惣左衛門・清水三郎左衛門相控罷在、内蔵太へ御用番藤田求馬御書立之趣申渡之、相済退、於縮所之内湯殿ニ、内蔵太行水、畢テ介添人ヨリ髪ヲ結ひ、夫ヨリ白小袖・浅黄無紋上下為着用候上、溜之間一方ヲ致屏風囲、湯漬飯出之木具膳ニ小皿ニ大根ノ香の物三切◁◁如此切り又小皿ニ塩少、膳ノ据様常之如く器ハ左之方ニ竪ニ置、此外土器ノ四方・肴ノ四方昆布一切四角ニシテ都テ逆ニ据付ル、給仕人自分足軽、畢テ盃事有之、橋本六左衛門土器取揚呑テ不加、内蔵太へ持之、此時酌銚子ヲ逆手ニつぐ、内蔵太土器ヲ持、口ヲ付候刻、六左衛門退、是思ひ指ト云々

一、銚子曁九寸五部（分）認様逆也、四方ノ透し丸く、大小ノ不同、四方尤木具也

一、盃事相済、支度宜候段山本武兵衛へ相達、夫ヨリ返達、追付奉行中等上之間ニ列居之上、内蔵太ヲ仮屋へ誘引、先立介添人伊藤六左衛門、次ニ内蔵太、指続橋本六左衛門・武山三郎右衛門・清水三郎左衛門、其次ニ介錯人白崎左内、其次後見人九里権丞出、介錯人・介

添人ハ白小袖・浅黄上下、後見人ハ服紗小袖・染布上下着用、其外モ都テ服紗小袖・布上下、
右之外間縮等奉行中等目通之外ハ常服着用

一、内蔵太座ニ附、追付茶碗ニ水ヲ入、四方ニ戴之、後見人持出、次ニ九寸五部四方ニ載せ介添人持出、追付切腹首実検相済、仮屋之白幕下し屏風引廻し、水桶之柄杓之輪ヲ首掻ニテ切落し、杓ノ柄ニテ首ヲ胴ニ継敷有之蒲団并氈ニテ包、土箱ニ納之、悉皆介添取捌候、右済テ同姓植松平左衛門ヘ遺体相渡、但斉藤恒右衛門引渡候処、平左衛門召連来候駕籠舁ヲ仮屋ヘ入、夫々相認引取候事

植松内蔵太方、今日朝五時分切腹就被仰付候、遺体身近き類中ヘ相渡候様津田平兵衛申聞候間、右刻限ニ拙宅近辺迄被参居、検使之役人中退去次第、拙宅ヘ被罷越候ハ遺体相渡可申候、猶更家来役人共ヘ指引之儀申付置候、為其如斯候、以上

十一月二日　　伴　多宮

植松内蔵太方

一家中

右指遺候処、植松平左衛門ヨリ及応答

一、右切腹相済、遺体一類ヘ渡候様平兵衛申聞候ニ付、平左衛門ヘ相渡候旨御用番長大隅守殿ヘ案内紙面遣之并御組頭ニ付同文段判形紙面□(虫喰)一通出之

一、同日為取持松平潤之助人持組・金森弥二郎御馬廻組・伴勘七郎伴七兵衛弟并吉田所兵衛本役与カ　相頼候ニ付被参候事

一、御預人御用相済候ニ付可致出役候処、動悸等ニテ不快ニ付重テ役引紙面等夫々ヘ指出之
以紙面得御意候、然ハ其御寺御檀家植松内蔵太儀、主人於多宮方、
今日切腹被仰付候、依テ金子千疋指進候間、宜御回向御座候様致
度候、此段得御意候様多宮就申付候、如此御座候、以上

丑十一月二日

伴多宮内
斉藤恒右衛門
中村重左衛門

切封し
本閤（カ）寺

覚

一、金壱歩　　十切

右御回向料差進申候、以上

十一月二日

斉藤恒右衛門
中村重左衛門

本閤（カ）寺

十一月十四日

一、藤田求馬ヨリ以紙面植松内蔵太刀・脇指、追テ公事場ヘ取揚候儀モ可有之哉之旨、先達テ御
自分家来役人ヘ公事場役人ヨリ内分申入置候得共、公事場ヨリ不及貪着訳ニ候条、外切腹
人振之通可有御心得旨申来、如前記及応答、翌十五日植松平左衛門ヘ以紙面右之趣ニ付追
付受取ニ可被出、只今御手前不被在合候ハ、外類中可被罷越旨申遣候処、一類之内奥村左
京殿家来斉藤八十大夫罷越候ニ付、則刀・脇刺・鼻紙袋渡遣、右等之趣長殿ヘモ以紙面相届

候事

一、前記有之役名等左之通

給人組　橋本六左衛門　盃事八矢名代家老役

横目　毛利善大夫●

同　武山三郎左衛門●

賄方等諸事用　佐々木久左衛門

介錯　介副

後見　九里権丞

諸縮　同人　藤沢治部右衛門

介副　伊藤六十左衛門

切腹之節奉行衆　斉藤恒左衛門　内蔵太ヘ申渡

等之椽頬ニ伺公　中村重右衛門　之節モ遠く伺公

中小将組　清水三郎左衛門●

小将組　徳田惣左衛門　書院次ノ間等縮

足軽小頭ニテ歩組　小屋外警固等縮人　吉本仁左衛門

●印三人ハ切腹之節、仮小屋之内為縮罷在

耳目甄録　拾七

寛政五年正月―同　十二月　内容一覧

本巻での藩主家系譜

治脩《はるなが》（藩主・十一代、加賀守・宰相）

斉敬《なりたか》（世嗣、佐渡守、前藩主重教長男）

亀万千《かめまち》（のちの斉広《なりなが》・筑前守、前藩主重教次男）

凡例：★は権平（正隣）自身がかかわるもの

〇のついた月は閏月

寛政五年（一七九三）

治脩（四十九歳）在江戸、4月16日帰国
齊敬（十六歳）在国、3月19日参府
★権平【正隣】（三十八歳）在江戸

1・1 治脩両御丸登城、帰館後の年頭規式等詳細
1・2 年頭規式
治脩、宰相拝任を国元で披露
右使者の各所への勤向き詳細
1・3 治脩、上野惣御霊屋・広徳寺参詣
御客衆へ料理出す
1・4 治脩、老中方等廻勤、増上寺参詣、ついで芝広式へ入る
1・5 近習御用（石野）、太刀馬代献納使者として日光山へ出立
転役（高田）
1・6 今月の天気、七日からの地震を記録
1・7 治脩、若菜祝儀として両御丸登城
帰館後、残りの頭分等年頭御礼あり
今日の御客衆への料理書上
1・8 当留守詰順番を決定、★正隣添状付け金沢へ通知
1・9 治脩伝通院参詣、ついで御三家廻勤
1・10 上様、上野御成り、治脩参詣延期
1・12 治脩広徳寺参詣
日光への使者（石野）帰着
1・13 治脩、年賀で一門方十カ所廻勤、慶次郎様方で御膳召す
1・14 右筆二人、「殿」文字間違い一件
1・15 治脩登城
例年通り御客衆に料理出す
讃岐守、年賀で来邸
年頭来邸客への対応しきたり書上
2日の奥州地震の聞書き
1・16 治脩、安芸守等十カ所年賀、松平左京大夫邸で御膳召す
1・17 先月発の宰相転任の通知使者（神保）江戸帰着
1・18 治脩、下屋敷で雁等投網させるも獲物なし
1・19 具足鏡餅直し祝あり
齊敬より参議転任祝儀の使者（神田）、江戸着
当帰国御供二件（前田・今枝）
1・20 当帰国道中奉行等二件（大屋・水野）
1・24 上様増上寺御成り、還御後治脩参詣
当帰国御供二件（林・吉岡）
1・25 出雲守・讃岐守へ宰相就任祝儀の答礼

火事場目印の触れ
1・28 治脩登城、ついで芝広式へ転任祝宴のため入る、御供にも料理出る
於金沢、組外番頭（服部）元旦登城なく自分指控
転任口宣受取使者（竹田）、21日金沢から京都へ発出
勤方不応につき役儀指除（金沢町奉行　長谷川）
改名（伊藤）
21日於金沢、当留守詰順番の通り（笹嶋・小川・浅井）
齊敬参府御供（水越等）
28日、人持組頭就任（村井又兵衛）
同、召出（長九郎左衛門）
齊敬、金沢発駕3月7日と命
給人が蔵宿より引米する石数、正月中に蔵宿へ届けるべく触れ
信濃で百三十三歳百姓妻出産一件
2・1 今月の天気
治脩月次出仕なく、御客衆に対顔、料理出さず
帰国御供（佐久間他六名）
改名（堀）
旧冬の慶事により拝領金等（高田他七名）
去年以来烈勤につき拝領物（江守・田辺）
去年調達方出精につき拝領金（林・馬場）
松雲公参議転任時の旧例書上
2・2 御鷹の鶴拝領、規式等詳細書上
2・4 近辺向き平士へ帰国御供命
若君安全を願う流鏑馬高田馬場であり、こなたよりも（石野）等見物に遣わさる
2・6 博奕の若党・小者処分一件
2・9 松寿院年賀のため広式へ入る
2・10 新聞番（坂野）江戸着、（高田）と交代
2・11 治脩下邸へ入る、今日も獲物なし
帰国御供命（河村）、特に渡場手配役
齊敬より芝広式への御任官祝儀目録の使者★正隣勤める、料理出る
2・12 治脩広徳寺参詣
改名（三宅）
帰国の際の餞別・土産物の禁止、発駕・着城時の衣服改め不要との触れ
暇許可出れば4月4日発駕と仰出
大小将中道中役付け

2・13　治脩下邸へ、獲物なし
2・14　転役・交代・病気等で帰国のときの旅用金貸渡し廃止の触れ
2・15　御暇・帰国（江守）、表組頭三人に減のため
治脩月次登城、ついで嫡子右京大夫婚礼のため安芸守邸へ、★御供
御新造の事
2・16　年頭初・転任後初として、寿光院等三方招請、能あり、家臣・供侍も見物
2・19　（伊藤）から学校へ四書等寄付願案文来る
その他、年寄中等諸向から学校へ応分の寄付あり
2・21　宰相就任御直判御内書、治脩初めて頂戴のため老中等廻勤
2・22　松平大学頭上邸より出火、中邸火消役出動
先月の出雲守への御進物使者★勤仕に対し、先方より奉札・下賜品来る、（奉札・返書の文面控えあり）
2・24　（岩田）京都から帰着、京都での所要経費・勤向き等書上
2・28　治脩登城、帰って暇の(江守)、使い帰りの(岩田)御目見
★用隙につき、広徳寺参詣、浅草寺見物等
2・30　治脩各家訪問、ついで芝広式へ入る
今月の金沢の天候
病により願いの通り大小将組指除（青木）
於金沢、馬廻組（坂井）妻女密通一件
当春留守詰大小将役付け
21日、当御留守江戸詰（不破）
22日、転役二件（中村・金森）
同、役儀免除二件（服部・安井）
9日於金沢、小者が女殺害一件
脇田家伝書の写し
3・1　今月の天気
3・3　治脩両御丸登城、広徳寺参詣、帰館後御客衆へ対顔
3・6　寿光院、伯母桂光院を訪問、各種慰み事あり
3・7　召出・新知（荻野）
松平越中守、尊号一件で正親町・中山両卿処分
3・12　治脩広徳寺参詣
昨日、若君様御髪置祝儀、当藩よりも祝儀物献上
若君様御髪置祝儀で惣出仕
3・13　若君様より治脩・齊敬へ上使をもって拝領物あり

加増（山森）
3・15 御国へ暇（加須屋）
治脩月次登城
3・16 飛騨守今日御目見後、当邸へ招請・初対顔、饗応規式あり
安芸守・右京大夫父子及び松平近江守招請、饗応規式あり
3・17 大小将（平田・大脇）、齊敬道中宿割等で江戸着
交代で（岩田・神保）帰国
3・18 齊敬旅中より、若君御髪置祝儀の使者今昼江戸着、老中等へ勤める
治脩飛騨守等訪問、飛騨守邸で御茶試飲
物価高騰につき、今帰国御供人へ貸渡金の廻状出る、各自拝借金書上
3・19 齊敬着府、次第書上、御客衆へ料理出る
治脩、尾張・水戸様訪問
治脩、明日聖堂への参堂と伝通院参詣を仰出、★正隣等段取りを伺う
3・20 治脩聖堂参堂、★御供
3・21 治脩、上野・増上寺両惣御霊屋参詣、次いで芝広式へ入る
齊敬着府祝儀として、頭分以上三日のうちに御帳付のこと
3・22 聖堂参堂につき、林大学頭へ長綿進呈
家老（西尾）着府につき、（今枝）交代で帰国
3・25 大小将（真田）実母死去忌引の特例を書上
★新番支配を命ぜらる
3・26 治脩紀州様訪問、次いで芝広式へ入る
3・28 暇及び齊敬参府への上使松平伊豆守来邸、規式等書上
明日、暇及び齊敬参府の御礼登城の命あり
3・29 大小将（池田）帰国途中、鎗持ちが鎗紛失一件
10日於金沢、御預地方御用（戸田）に白銀十枚下賜、そのいわれ書き
28日同、転役三件（千秋・永原・中村）
22日同、転役（富田）
「尊号一件」他聞につき書上
今月の天気
4・1 治脩・齊敬同道御礼登城、帰路老中等へ廻勤
御客衆へ料理出る
今朝拝領の鷹、暮ごろ到来
出雲守今日着府来邸、御対顔

4・2　昨朝拝領の馬到来
4日発駕、下邸立寄りと仰出
4・3　治脩広徳寺参詣、次いで老中方・肥後守廻勤
大小将（岡田）の小者、邸内井戸で死骸で発見
4・4　治脩帰国発駕、見送り人等詳細書上
道中泊付書上
暮ごろより雨、泥道になり浦和着は翌暁になる
4・5　齊敬広徳寺参詣
転役（戸田）、座列も決まる
4・8　齊敬上野惣御霊屋・伝通院参詣
齊敬命により、★上野御寺坊へ使いに出る
一ツ橋刑部卿逝去につき、今日一日諸殺生等停止
右により齊敬明日登城すべきも、風邪により御断り
4・12　齊敬広徳寺参詣
4・15　齊敬両御丸登城
4・18　公儀忌明けにつき、溜間詰等大名衆登城
若狭守（会津）帰国挨拶のため来邸、齊敬饗応
人面犬風評二件
4・20　上野御成り、還御後、齊敬同仏殿へ参詣
4・21　一ツ橋刑部卿葬式執行、邸内火消方間廻り
4・22　齊敬増上寺御霊屋参詣、次いで芝広式へ入る
4・23　飛騨守、前髪取りの挨拶で来邸
出雲守、参府御礼報告で来邸
齊敬火事御行列帳書上
治脩予定通り16日帰城との飛脚着
公辺への使者（生駒）27日江戸着、御目見後拝領物あり
出雲守癪気につき、御出のときは当分御茶出さず
飛騨守・若狭守御暇登城の際の記録
4・25　寿光院浅草辺へ行歩等
4・27　齊敬月次登城、若君様へ餝兜献上
4・28　飛騨守、暇乞いで来邸、作法書上
4・30　増上寺へ御成り、齊敬も参詣
1日・2日金沢長谷観音祭礼能番付
6日、小松定番馬廻（葛巻）、家来殺害・自分自害一件
会所奉行（馬場孫三・当時在江戸）嫡子（藤左衛門）出奔一件
15日、加州寺中祭礼能番付
17日於金沢、転役三件（三宅・小嶋・木村）
18日同、転役（今井）
同日於金沢、一ツ橋卿逝去につき鳴物遠慮等触れ

学校方入用貸付金について触れ
★同役中で学校御用書寄付申出に対し治脩よりの謝意、及びその請書
24日於金沢、蟄居（有沢）、家伝の軍書取上げ等
25日同、逼塞（萩原）
26日、治脩粟ケ崎筋放鷹
27日於金沢、役儀指除・遠慮（不破）
去年、禁裏歌会の時の武者小路の歌一首
5・1 今月の天気
齊敬登城
帰国御礼の使者（生駒）からの献上品書上等
5・5 齊敬両御丸登城
奏者番衆へ治脩無事帰国御礼の使者、★勤める
★右終わって江戸見物、見聞録あり
老中・御側衆への右使者は（生駒）
5・6 寿光院、年賀として芝広式へ入る、翌朝帰邸
5・7 祐仙院、品川筋へ行歩
5・8 齊敬上野参詣、その節の押足軽と尾張行列先払との諍い一件
5・9 右一件、聞番（菊地）尾張藩と掛合い内分落着
齊敬広徳寺参詣
5・10 役儀指除・帰国（馬場）、今日金沢着
右につき、会所奉行当分加人（岸）
5・12 齊敬広徳寺参詣
★水戸様へ御使い
5・13 在江戸御先手（浅井）病死一件
5・14 （浅井）死去により、当分転役（奥村）
5・15 齊敬、将軍家三男誕生祝儀のため登城
5・20 齊敬広徳寺参詣
5・22 齊敬、一門方五カ所勤める
飛騨守前髪とり祝儀に干鯛一箱進上、★御使い
14日誕生の三男様称号（松平敏次郎）となる
1日於金沢、新知・人持組へ（奥村）、いわれ書あり
同、相続（改田）、いわれ書あり
遠慮等免許七件（交名あり）
2日同、大小将召出七件（交名あり）
4日同、御用無二件（高田・堀）
同、役儀指除・指控二件（大村・大屋）
6日同、役儀指除（浅井）
9日同、白銀拝領二件（高田・堀）
同、転役（不破）

前記（馬場せがれ藤左衛門）、越前で捕われ父宅
縮所入り
右に関連し、犀川・法久寺出奔
10日於金沢、転役二件（笠間・小寺）
治脩両学校へ御出時、出座の面々衣類貪着なしの
触れ
12日、治脩宝円寺参詣
同日、華厳院三十三回忌天徳院で執行
13日於金沢、先指控、後蟄居（佃）、町番人傷害
につき
同、転役（津田）、御用免除（本多）
15日同、家老役（横山・奥村）
18日同、当春帰国道中慰労金拝領仰付
22日、足軽、江戸より女を召寄せ一件
（馬場藤左衛門）出奔の訳
転役・江戸詰（堀）、（馬場）代として
26日於金沢、大小将召出（田辺）
28日同、転役（児玉）
7日以来、治脩度々両学校へ御出
治脩度々放鷹・川狩御出
幕府から、各家伝来の武術・武備等書出・上申の
触れ

6・1 今月の天気
齊敬月次登城
6・3 淑姫君へ尾張様嫡孫五郎太より結納あり
右祝儀として惣出仕
6・4 こなたより公方様等へ祝儀献上（詳細あり）
齊敬両御丸へ登城後、肥後守及び老中方廻勤
6・5 南御門続長屋建替え決まる
6・8 増上寺で惇信院様三十三回忌法事につき、火消方
邸内見廻りの触れ
6・11 寿光院、上野護国院・広徳寺へ御出
6・12 上様増上寺へ御成り、齊敬風邪により予参御断り
6・13 使者（高田）、増上寺へ香典持参
6・15 祐仙院両国筋へ行歩
6・16 齊敬、風邪により嘉祥登城御断り
屋敷内御貸小屋の窓明けの禁止、明けた窓は塞ぐ
べしと触れ
6・18 相続により触継漏れ一件
6・20 儒者（鴇田）死去
6・21 齊敬、二老中へ暑中見舞勤める
6・22 ★上野本坊へ御使い
今夕、暑気御尋宿次奉書発出、26日金沢着
暑気伺の金沢よりの使者（中村）、今昼江戸着

6・23　前記（馬場）一件で、一類（坂井・平田）指控
6・25　若君様（竹千代　二歳）逝去
淑姫様結納御祝儀の金沢からの使者（印牧）、今日江戸着も中止
齊敬、風邪につき登城御断り
6・26　齊敬、今日の御機嫌伺登城も、風邪により御断り
6・28　御国よりの暑気伺使者登城、清水米一箱等献上
淑姫様への御祝儀は6日と老中より指示あり
6・30　増上寺において若君様御葬式
29日、幕臣の陪臣、相撲取り殺害一件
1日於金沢、転役（青地）
7日同、前記（馬場藤左衛門）を公事場で詮議、
同道出奔女は禁牢
右につき縁類は指控、藤左衛門せがれは父(孫三)預け
12日於如来寺、惇信院三十三回忌法事、治脩参詣
17日於金沢、大聖寺横目一旦解くも再度御用（高田・堀）
20日同、転役（山崎）
同、京都誓願寺勧化金の割賦金高の上納を触れ
26日、暑御尋奉書金沢到着、御礼使（河地）翌月12日江戸着
金沢卯辰八幡で駝鳥見物あり
7・1　今月の天気
齊敬、口中痛につき登城御断り
増上寺で孝順院法事につき、鳴物遠慮等の触れ
7・2　例年通り伝通院・広徳寺へ施餓鬼料進上★御使い
7・4　増上寺へ孝順院法事につき干菓子進上
公方様へ、御機嫌伺として万石以上御菓子献上
7・6　増上寺へ、治脩はじめ各様より孝順院香典献納
七夕祝詞として鯖献上、老中等へも配る
7・7　齊敬口中痛につき登城御断り
転役（青山）
7・11　飛騨守前髪とり祝儀使者★勤仕により、先方より拝領物あり
7・12　齊敬保養のため、京都より（矢野）招請
御本宅広式庭の蘇鉄に花咲く
7・13　淑姫様への御祝儀使者（印牧）発帰
7・14　江戸詰めのため（窪田）参着、旅中、若君様逝去
御悔み使者の命あり
7・15　（窪田）、使者勤めの際の参府道筋秘匿のこと
7・19　於江戸、跡目（中嶋）

7・23　松平越中守、願いにより罷免、昇任等あり
御国使者（河地）串海鼠献上
7・28　★広徳寺参詣、帰路名所見物
1日於金沢、若君様逝去につき普請遠慮等の触れ
5日同、転役等五件（交名あり）
10日同、跡目等三十二件（交名あり）
11日同、縁組・養子等仰出
同、転役（恒川）
13日於金沢、治脩野田両御寺参詣
同、拝領物二件（神尾・武田）
14日同、転役二件（松波・吉崎）
16日同、転役四件（交名あり）
17日同、転役六件（交名あり）
19日同、跡目の御礼
同、転役二件（中村〈右〉・中村〈才〉）、改名（神子田）
23日同、来月3日実成院三十三回忌法事執行触れ
24日同、転役四件（交名あり）
26日同、帰役（仙石）
27日同、転役（沢田）
今月の金沢米価

卯辰八幡での見物にちなみ駝鳥図等書上
8・1　今月の天気
齊敬口中痛につき登城御断り、使者をもって御太刀馬代献上、治脩同断
8・2　御居宅作事の日雇一人行方不明一件
8・7　★上野御本坊御使い
寿光院両国筋行歩
諸物高価につき扶助金等について触れ
8・15　★尾張宰相御簾中へ御使い
齊敬口中痛につき登城御断り
8・19　老中（松平和泉守）卒去
8・24　祐仙院、駒込長元寺へ参詣
老中新任（安藤対馬守）
8・25　（馬場藤左衛門）の件で、縁類（坂井・平田）の指控御免
若年寄新任（立花出雲守）
8・27　★新番組御歩（渡辺）支配を受命
8・30　聞番（恒川）参着、（菊池）9月4日発帰
1日於金沢、転役三件（田辺・神田・横地）
8日同、転役（久田）

9日同、足軽から細工者へ（中村）
11日同、転役二件（有賀・渡辺）
同、改名（神田）
同、支配替（安宅）
13日同、加増（大屋）
同、転役二件（不破・鶴見）
25日同、役儀指除・遠慮（前田）
同、転役（松平）
公事場より変死人検使出役与力への馳走禁止触れ

9・1 今月の天気
9・3 齊敬登城、次いで新任老中（安藤）へ勤める
9・5 日光門跡、日光へ出発につき殿中で饗応、能あり
於江戸、転役（武藤）
9・6 尾張大納言嫡子宰相様逝去
右につき御機嫌伺惣登城のところ、齊敬風邪により御断り
9・8 凌明院様祥月命日につき上野御成、齊敬も参詣
9・9 重陽につき齊敬登城、例年通り御客等あり
9・12 齊敬広徳寺参詣
9・15 敏次郎様、若君様と称すべく御弘め、齊敬、御祝儀として老中方廻勤

9・17 右宿次奉書国元へ発出、御礼使28日金沢発足（酒井雅楽守）家と和順
9・19 齊敬、増上寺内旅宿の知恩院使者へ御使いに出る
於江戸、転役（富永）
9・27 新番御歩並（渡辺）、小笠原殿へ礼法弟子入りを命ぜらる
★正隣、右渡辺へ指図（指図大綱あり）
並びに入門時の太刀馬代の下賜指示書・請書文言
9・28 今度、若君様奉唱の御礼・太刀馬代献上のため齊敬登城、次いで老中方廻勤
寿光院、青山千寿院へ参詣

1日於金沢、転役二件（長・宮崎）
同、指控二件（河合・井上）
同、徘徊留二件（加藤せがれ・横山弟）
御留場での猟厳禁の申渡
2日、京都への二ノ宮誕生祝儀の使者、二ノ宮へは無用とて取止め
11日於金沢、大小将召出五件（交名あり）
13日同、尾張宰相逝去につき諸殺生等遠慮触れ
15日同、例月出仕の面々、年寄衆謁で退出
17日同、極老につき月番御免（本多）

18日、転役二件（永原・堀）
21日、治脩、宮腰口放鷹、宮腰（中山）方で休後、打木浜で火矢御覧（詳細書上）
22日、紫野芳春院和尚、金城登城、改衣の御礼等
23日於金沢、敏次郎様奉唱奉書を披露、これにより経書講釈中止
26日、治脩大豆田口へ放鷹
同、転役四件（交名あり）
27日於金沢、役儀御免（宮川）
今石動よりの給人米引米の制限を触れ
29日於金沢、敏次郎様奉唱祝儀使者（奥村）
信濃国百姓妻五十四歳、三つ子出産で銭拝領
上州沼田の遊女歌、及び叡覧で御感の歌
露西亜之記（大黒屋幸太夫漂流記）
虚無僧についての書写

10・1 今月の天気
齊敬月次登城
10・2 齊敬、松平内蔵頭訪問、次いで芝広式へ入る
10・5 齊敬広徳寺参詣
鮭献上、御側衆以上へも配布
10・6 松寿院、広式で十日迄逗留、女芝居等連日馳走

10・9 若君様奉唱祝儀の使者江戸着、11月8日発帰
10・11 駒場筋へ鷹狩り御成、去7日騎馬勢子の練習あり
礼法弟子入りの（渡辺）へ、師匠より高弟への挨拶を指示
10・12 齊敬広徳寺参詣
10・14 齊敬増上寺参詣
10・15 勅使御対顔のため月次登城中止
10・17 幕府御普請改役（角田娘すの）、武芸等達者につき当藩勤仕を希望
10・18 祐仙院、浄珠院十三回忌で広徳寺参詣
10・21 齊敬、下屋敷へ入り網猟、獲物二十羽余り
10・23 国元の象眼鐙三足献上、御側衆以上へも配布
10・25 出雲守屋敷地より出火一件
10・26 前記火事につき、当家の事後処理等及び類焼場所詳細書上
今月朔日の金沢米価、今年豊年
4日於金沢、治脩大豆田口放鷹、投網で鮭十二本収穫
5日、治脩天徳院参詣
12日、同宝円寺参詣
19日於金沢、転役二件（古屋・岡田）

20日同、転役等二件（志村・本保）
23日、（池田佐平父子）流刑地へ、その申渡条々、
（杉本・村田）も同断
27日、金沢柳町灯明庵全焼
本組与力（植松）切腹申付け一件
役儀指控（松江）
29日、金沢で初雪

11・1 今月の天気
齊敬月次登城、若君様へ初御目見、翌日御礼登城
★上野へ御使い

11・2 来年4月藤姫婚礼御用で、大組頭（松平）等参着、
近習御用（横浜）も10日参着

11・4 齊敬へ御鷹の雁拝領、規式等書上げ
出雲守、火災で遠慮のところ今日免許

11・12 齊敬広徳寺参詣

11・15 相模守へ物頭代御使いに参上

11・17 公辺への呈書書記違いで指控伺中、家中振舞遠慮
を金沢より通知

11・19 右につき邸内締り方触れ
遠慮伺は様子を見るべく老中より指図あり
御徒町出火の案内も、出火場所不明につき火消方
は解散

11・20 老中御用番より、指控に及ばずの通知

11・21 屋敷中普請始まる、齊敬馬場稽古は、治脩より通
知あるまで中止

11・23 公辺から寿光院へ御鷹の雁拝領

11・25 京都よりの医師（矢野）、齊敬全快につき帰京

11・26 家中貸渡金の返上時期延期の触れ

11・27 ★上野本坊・尾張様へ御使い
1日於金沢、来春参勤御供（本多）、家老（西尾）
は来秋まで詰延べ
4日同、御判物・御印物、百五十人頂戴
11日同、前記公辺指控伺にても、学校等中止はな
しと触れ
15日同、例月出仕、年寄衆謁で退出
18日同、公辺書状書損につき、
閉門・組外へ（土師清大夫）
遠慮（土師清吉）
閉門（中西）
自分指控伺もそれに及ばず（大音等）
28日同、藤姫関連人事七件（交名あり）
転役三件（交名あり）

来春参勤御供四件（交名あり）
同、石川・河北の山々、家中みだりな振舞なきよう郡奉行より触れ

12・1 今月の天気
斉敬月次登城
前記礼法弟子入りの（渡辺）、多額経費所要ニ付、★正隣手配・拝領

12・2 ★尾張様へ御使い

12・3 先頃火事の火消方に拝領金
前記19日の邸内締り方解除の触れ
小寒入りにつき、明日一統公辺御機嫌伺のこと
★正隣支配前記（渡辺）より御番除等の願いあり、家老（西尾）聞届け
当18日広徳寺での浄珠院十三回忌法事の御寺詰人書上

12・5 交代で帰国の者の貸渡金返上は国元でとの触れ

12・11 斉敬、老中（安藤・松平）へ寒気御見舞予定も風邪で延期、21日廻勤
18日浄珠院法事について各種触れ

12・12 ★尾張・水戸様御使い

12・15 斉敬、風邪につき登城御断り
斉敬の御鷹の雁初拝領への治脩の御礼使、今日返翰受領、明日発足

12・16 家老・★正隣等、広徳寺へ法事前見分

12・18 広徳寺で浄珠院十三回忌法事執行
金沢からの公辺寒気伺使者江戸着

12・21 例年通り御台様より歳暮使者、寿光院へ公方様・御台様より歳暮使者

12・23 讃岐守家老（矢野）、藤姫結納・入輿時期打合せで来邸
祐姫、正姫と改名の触れ到来

12・27 ★上野へ御使い
来年頭斉敬へ御目見の事、及び献上物不要の通知あり

12・28 斉敬下城のうえ前髪執る、居宅付の人々へ赤飯等、他は平常どおり
★（渡辺）へ藤姫入輿式係を申渡す
斉敬への来年頭御目見人、★支配の御次新番名簿提出

12・29 出雲守留守居より、火災の際の火消役及び避難馬の世話人に謝礼品あり

1日於金沢、転役（田辺）

5日同、鷹野行列減少を仰出
6日同、来春参勤御供等五件（交名あり）
10日同、召出（高沢）
11日同、組共参勤御供（神保）
13日同、学校役料（儒者：長谷川）、転役（仙石）
15日同、遊行上人宿玉泉寺へ（不破）御使い
　敏次郎様若君様と奉唱に付、家中「敏」の字は
改名の触れ
21日同、子弟召出五件（交名あり）
　与力跡召出十三人
　藤姫出府御供二件（横地・津田）
22日同、藤姫出府御供（富田）
25日同、大小将指除・組外へ（宮川）
同、大かね奉行中へ拝領物あり
26日同、跡目等十七件（交名あり）
同、かけ事禁制を例年どおり触れ
28日同、治脩跡目の御礼受礼
同、加判・月番（長）
同、歳末祝詞で物頭以上登城
同、金銀小払奉行（成田勘左衛門）、在職中横領
一件（後段付記とも）
同、来年より改めて省略の触れ

29日同、加判二件（横山・奥村）
26日、（鵜田主計）儒業未熟につき跡目不許
与力（植松内蔵太）切腹までの一件

耳目甄録　拾七

寛政五年　氏名索引

姓読み方一覧

読みは諸士系譜による

あ	新	あたらし
	在山	ありやま
い	一色	いっしき
	生田	
	生山	
	磯松	
	出野	（いでの）
う	上木	
	上村	
	上坂	（こうさか）
	瓜生	うりゅう
	牛園	
	氏家	附．団
え	榎並	
お	大槻	附．園田
	小幡	
	小瀬	
	小原	
	小篠	
	小竹	
	小倉	
	小野木	
	小谷	
か	帰山	かえりやま
	改田	
	角針	
	河野	かわの
	河地	かわち
	河内山	（こうちやま）
	上月	（こうづき）
	印牧	かねまき
	菅野	（すがの）
	神戸	かんべ
	樫田	かしだ
き	久徳	きゅうとく
く	陸田	くがた
	九里	くのり
	熊谷	
こ	郡	こおり
	小川	
	小塚	
	小寺	
	小沢	
	小谷	
	小畠	
さ	篠井	（しのい）
	篠島	
	山東	さんとう
し	篠原	（ささはら）
	篠田	
す	菅	
	寸崎	
せ	千福	
	千田	
	千羽	
	千秋	せんしゅう
そ	副田	そえだ
	曽田	そだ
	尊田	（たかた）
た	鷹栖	たかのす
	武	たけ
	団	だん
ち	長	
つ	槻尾	附．寺島
	柘櫃	つげ
	角尾	つのお
て	豊島	てしま
と	栂	とが
	鴇田	ときた
	東郷	附．中村
	土肥	附．武藤
な	長田	
	半井	なからい
	中居	なかぎり
に	仁岸	
ぬ	布目	
ね	根来	
は	端	
	伴	附．佐垣
ひ	土方	ひじかた
	比良	
	一木	ひとつぎ
ふ	二木	ふたき
	古市	附．赤井
へ	別所	
ほ	堀部	
	細井	
ま	増木	
	曲直瀬	まなせ
み	三階	みかい
	神子田	みこだ
	満田	みつだ
	三吉	
む	武藤	附．土肥
や	安武	やすたけ
	安見	やすみ
	保田	やすだ
ゆ	由比	ゆひ
	行山	ゆきやま
よ	葭田	よしだ
わ	和角	わずみ
	分部	わけべ
	脇葉	

政隣記巻17・氏名索引

○は閏月

あ

姓・通称	諱		扶持	年月日	没年月日	享年
青木恒右衛門			450	寛5・2・末　12・末	寛政5・4・17	
〃　和平			550	寛5・12・末	文政	
青地七左衛門	愛敬		800	寛5・6・末　9・末	文化1・4・21	
青地清左衛門				寛5・10・末		
青山数馬			150	寛5・7・7		
青山五左衛門	芳儀		35口	寛5・12・21		
浅井源右衛門・八十助	為政		1000	寛5・5・末		
浅井和大夫	成章		650	寛5・1・末　3・19　5・13　5・14　7・14　12・末	寛政5・5・14	
〃　勇次郎・藤左衛門			650	寛5・12・末		
淺加作左衛門・三左衛門	中郷		1000	寛5・2・24	文政2	
浅野与三兵衛	益道		150	寛5・7・末		
〃　数江	牛兵衛		150	寛5・7・末		
安宅与右衛門・三郎左衛門	規景		200	寛5・8・末	文化2	
安達弥兵衛	正純		400	寛5・2・1　2・6　3・18　3・19　3・20　10・末　12・末	文化7・9・18	58
阿部波江・五郎左衛門	泰忠		500	寛5・2・29　6・23　12・3		
天野権五郎・権左衛門	表郷		300	寛5・2・29　11・4　12・21		
荒木善大夫	直温		800	寛5・12・末	寛政5・10	
〃　五左衛門	直哉		800	寛5・12・末		

姓・通称	諱		扶持	年月日	没年月日	享年
有賀清右衛門	直一		1600	寛5・8・末	文化5・1・23	
有沢数馬	貞庸		550	寛5・4・末	天保8・7・8	
有田侑右衛門	福正		200	寛5・3・15	文化1	
い						
飯田万作・外記	長儀		400	寛5・5・末	文化10	
池田数馬				寛5・3・28　3・29		
池田玄真	玄鷹		200	寛5・12・末	寛政5・10・8	
〃　挙中				寛5・12・末		
池田左平	昌久		250	寛5・10・末	寛政3・5・24	70
〃　十六郎				寛5・10・末		
池田三九・半次郎	方章		150	寛5・2・12　3・18　10・末	文化4	
池田浸平	貴政		320	寛5・4・末　8・末　10・末　12・末		
生駒右近			3000	寛5・4・23　5・1　5・5	寛政7・12・1	28
出野幸左衛門			15人	寛5・7・末		
〃　政大夫	繁蔵			寛5・7・末	享和3・10・21	
磯松宇兵衛			300	寛5・12・末	寛政5・9	50
〃　鍋次郎・頼之助			300	寛5・12・末		
石黒小右衛門	従之		200	寛5・1・1　1・15　2・6　3・18 3・20　3・25	寛政8・8・16	50
石黒庄司郎・九左衛門	助成		500	寛5・2・晦　3・28　11・4	天保4・8・6	
石黒善九郎	忠久		200	寛5・7・末	寛政4・9・19	
〃　勝之助	忠英		200	寛5・7・末	天保6・4・13	67
石野主殿助	寛氏		1550	寛5・1・1　1・5　1・12　2・1	文化5・7	

				2・4 3・12 3・19 3・20 4・23		
				11・末		
板津七郎左衛門				寛5・1・2		
出野幸左衛門			15人	寛5・7・末		
〃 政大夫	繁蔵			寛5・7・末	享和3・10・21	
伊藤忠左衛門・五左衛門	昭頼		200	寛5・1・4 1・7 1・28 2・1	文政	
伊藤津兵衛	祐直		400	寛5・2・1 3・12	享和2・5	
伊藤平大夫・甚左衛門	勝文		850	寛5・1・末 2・12 2・19 12・末	文化5	
伊藤六左衛門			200	寛5・10・末 12・末	文化7・4・3	
稲垣久五郎	安貞			寛5・5・末	文政7・5・11	
稲葉市郎左衛門	知通		200	寛5・7・末	寛政4・12・25	
〃 善大夫	通英			寛5・7・末	文化7・11・9	52
井上井之助	直政		700	寛5・2・29		
井上十右衛門				寛5・9・末		
今井叉忠義	雅章		300	寛5・4・末		
今井元昌	道好	外科	150	寛5・7・末	寛政5・10	
〃 春庵	元間		15口	寛5・7・末		
今井半次郎				寛5・1・末		
今枝内記	刑部		1400	寛5・1・1 1・5 1・15 1・19	文化12・7・16	57
				2・2 2・19 3・13 3・19 3・21		
				7・末 12・末		
今村五郎兵衛	政員		300	寛5・7・末	寛政4・11・1	58
〃 直九郎	政和		300	寛5・7・末 11・末	文化1・10・16	
今村三郎大夫	量景		300	寛5・4・末 7・末 8・末	文化1・6・11	
入江権兵衛				寛5・1・2		

姓・通称	諱		扶持	年月日	没年月日	享年
入江広湍				寛5・2・1		
岩田是五郎・源左衛門			500	寛5・2・24 2・28 3・17 9・末	文化1	
岩田平兵衛			200	寛5・4・5		
う						
植松内蔵太				寛5・10・末 12・末		
植松平左衛門				寛5・12・末		
上坂久米助				寛5・4・23	文政7・2	
牛円新左衛門		執筆	90	寛5・2・1 11・末	文化10	
え						
江守平馬	値房		1300	寛5・1・1 1・14 2・1 2・14 2・28 2・晦 5・末	享和2・1・19	66
〃 大作				寛5・1・1		
遠藤両左衛門	直烈		700	寛5・12・末	寛政7・5・24	
お						
大石弥三郎	秀方		300	寛5・12・末	寛政5	72
〃 儀右衛門			300	寛5・12・末	寛政9・8・2	
大河原五大夫	忠詮		350	寛5・7・末	寛政8・5・10	67
大嶋忠左衛門	義居		150	寛5・5・末	文化1・6・20	51
大音主馬	厚続		4300	寛5・1・2 11・17 11・末	寛政9・9・7	42
〃 南郊	厚曹		4300	寛5・1・2	文化2・3・12	84
大野仁兵衛	定暁		660	寛5・10・末	寛政4・12・28	71

大原吉次郎・次郎右衛門			300	寛5・7・末	寛政5・7・10	21
大平金太郎			150	寛5・5・末		
大村伊左衛門	一成		80	寛5・12・末	寛政5・9	
〃 駒之助	伊欣		150	寛5・12・末		
大村金左衛門	孟昭		100	寛5・12・末	享和2・	78
〃 市兵衛	行貞			寛5・12・末	寛政9・10・1	
大村七郎左衛門			150	寛5・2・2	文化8・9・22	45
大村武次郎	昌紹		250	寛5・5・末	天保5・6	
大森三郎兵衛		商人		寛5・2・24		
大平金太郎			150	寛5・5・末		
大屋奥右衛門	武雅		100	寛5・5・末		
大屋武右衛門	一政		350	寛5・1・1 1・14 1・17 1・20	享和1・5・14	78
				2・12 2・14 2・24 3・15 3・17		
				3・18 3・29 4・4 4・28 7・末		
				8・末 12・末		
〃 権三郎	勝貌		350	寛5・1・1	文化8・6・20	44
大脇靭負	直賢		300	寛5・1・末 2・晦 10・25 12・3	文政13	
				12・29		
岡田徳三郎	坦路		200	寛5・2・12 3・18 4・3	文政9・2・5	
岡田主馬	康貞		200	寛5・2・晦 10・25	文化1・10・16	
岡田助右衛門				寛5・10・末 11・末		
小川久大夫				寛5・9・末		
〃 兵右衛門				寛5・9・末		
小川友作				寛5・9・末		
小川八郎右兵衛	安村		500	寛5・1・末 3・17 5・13 9・17		

姓・通称	諱		扶持	年月日	没年月日	享年
〃 源兵衛				寛5・5・13		
沖津太左衛門		奥村臣		寛5・10・末		
荻原惣左兵衛			130	寛5・4・末		
小倉金助			200	寛5・7・末		
〃 金治郎			60	寛5・7・末		
小此木権丞				寛5・1・2		
小幡式部	通直		300	寛5・12・末	寛政13・1・20	43
小幡余所之助	景尚			寛5・5・末		
小原惣左衛門	惟彰		350	寛5・7・末 8・末	天保8・7・8	84
奥村河内守	尚寛		1700	寛5・1・2 2・19 3・頭 3・末 4・末 8・頭 8・25 8・末 12・末	享和3・12・24	48
奥村源左衛門	尚之		270	寛5・9・末	天保5・12・7	
奥村左京	質直		1000	寛5・5・末 10・末 12・末	文化14・6・10	51
奥村十郎左衛門	直方		350	寛5・2・1 2・6 5・13 5・14	天明12・1・13	56
奥村主水	隆振		200	寛5・5・末	寛政3・3・晦	59
〃 兵部	厚木		200	寛5・5・末	文政4	
織田主税	益方		250	寛5・1・2	享和2・10・11	58
音地清左衛門	克比		180	寛5・6・18		
か						
金森猪之助	成章		1700	寛5・2・29 4・末	寛政11・5・2	
改田逸角	政香		300	寛5・5・末	寛延3	
〃 主馬	政庸		300	寛5・5・末	寛政1・5・1	40
〃 主馬・鉄之助	政成		350	寛5・5・末	文政11	

帰山長大夫	喬貞		500	寛5・12・末		文化3	
〃 猪佐	伊織			寛5・12・末			
賀来元達	惟章		10口	寛5・5・末		文化7・11・9	
加古群五郎	清廉			寛5・4・23		文政1・4	
笠間九兵衛	定懋		260	寛5・5・末		文政12・4	
笠間源左衛門				寛5・2・1			
笠間又六郎・源太左衛門	以信		480	寛5・2・晦	12・3	文政12	
樫田折之助	秀資		400	寛5・3・17	4・23　6・18　10・26	寛政9・3	
				11・4			
春日斧人	政		250	寛5・2・晦		文化3	
片岡源太郎・左膳	蘭		200	寛5・7・末		文政11	
勝尾吉左衛門・半左衛門	信処		1100	寛5・1・5	11・末	天保3・10・17	70
葛巻内蔵太	昌行			寛5・4・末	7・末	寛政5・4・6	36
加須屋八郎右衛門	喜補		250	寛5・3・13	7・末　12・末	寛政5・7・10	
〃 清左衛門	由満		250	寛5・12・末		文政10	
加藤嘉孟	武里		250	寛5・1・1		文化4・11・1	
加藤甚五兵衛	矩忠		100	寛5・4・4			
加藤甚右衛門	廉信		100	寛5・9・末			
〃 五郎左衛門				寛5・9・末			
加藤用左衛門	景倫		200	寛5・11・末			
加藤余所助	重辰		400	寛5・9・末		文政9	
金森珎二郎	寧一		500	寛5・12・末		文化2・10・17	56
印牧弥門	永終		350	寛5・6・25	6・28　7・13		
兼松新五左衛門	定功		200	寛5・12・末		享和3・8	
〃 甚助	定位		200	寛5・12・末		天保12・⑤	

姓・通称	諱		扶持	年月日	没年月日	享年
神尾織部	直正		1700	寛5・7・末	寛政12・5・1	
神谷治部	守忠		1500	寛5・7・末	文政7・10	
狩谷津大夫				寛5・2・24		
河合太左衛門	直之		300	寛5・7・末		
〃 左平次			300	寛5・7・末 9・末		
河地才記	秀幹		450	寛5・6・末 7・15 7・28	天保11	
河地祐作				寛5・12・末		
河村儀右衛門	之則		400	寛5・2・11		
河村貞右衛門				寛5・2・18		
神田吉左衛門	直方		400	寛5・1・19 6・4	天保10・3・19	62
神田十郎左衛門	正清・平蔵		350	寛5・1・1 2・12 8・末	天保	
神戸吉左衛門				寛5・7・末		
〃 勇三郎				寛5・7・末		
き						
菊池九右衛門	作則		800	寛5・2・1 3・13 3・20 5・9 8・1 8・晦	文政9・	
菊池大学	武昭		3200	寛5・12・末	文政7・7	
岸　忠兵衛	庸道		400	寛5・1・末 2・29 3・19 4・4 5・10		
絹川次郎吉	温在			寛5・3・15	寛政7・8・15	
木下弥一兵衛				寛5・2・24		
木村久左兵衛	賢則			寛5・4・末	享和2・6・17	

く						
久能吉大夫	政平		250	寛5・3・25		
九里権丞				寛5・12・末		
窪田左平	秀政		300	寛5・7・14 7・15 12・23 12・29	文化1	
久保定円		鍼医	15口	寛5・12・末		
桑嶋荘左兵衛	貞栄		250	寛5・10・末		
こ						
小泉権之助・権佐	盛明		500	寛5・2・12	文政11・10	
上月数馬	以陣		300	寛5・2・1 2・6 3・12	寛政11・7・26	
河内山久大夫	乙昌		450	寛5・1・18 4・2		
小嶋七右衛門	恭甲			寛5・4・末		
小嶋杢左衛門				寛5・5・末		
小塚庄兵衛	秀政		300	寛5・7・末		
〃 藤左衛門	秀尚		300	寛5・7・末	文化9	
小谷左平太			220	寛5・7・末	文化3	
小寺武兵衛	惟孝		600	寛5・5・末	文化5	
小堀金五左衛門	政布		1000	寛5・7・末		
〃 左膳			1000	寛5・7・末	享和3	
児玉求馬・孫左衛門	久倫		500	寛5・9・末		
児玉佐市兵衛			100	寛5・5・末	寛政8・7	
後藤勧兵衛				寛5・2・24		
後藤吉太郎・木左衛門	尚敦		230	寛5・2・末		
後藤瀬兵衛			450	寛5・2・1 2・18		

姓・通称	諱		扶持	年月日	没年月日	享年
後藤全乗				寛5・1・15		
近藤善左衛門		富山		寛5・1・2		
さ						
才所判左衛門			150	寛5・12・末		
〃 又七郎	英政		150	寛5・12・末	天保5	65
斉藤順八				寛5・2・1		
斉藤恒左衛門		陪臣		寛5・12・末		
斉藤八十大夫		奥村臣		寛5・12・末		
坂井伊兵衛			600	寛5・2・晦	文化6	
坂井権九郎	直正		450	寛5・1・末 2・晦 4・4 6・23 8・25	文化2	
坂井長三郎・平馬	直好		600	寛5・5・末	寛政5	
坂野忠兵衛	矩美		500	寛5・1・5 2・10 6・28 9・15 12・23	文政12	
佐川加平太	忠政		150	寛5・7・末		
〃 九八郎			150	寛5・7・末	天保3	
佐久間新丞				寛5・7・末		
佐久間与左衛門	盛式		300	寛5・2・1 2・6 11・末	寛政7・3・12	69
佐々木久左衛門				寛5・12・末		
佐々左助			150	寛5・5・末		
佐藤弥次兵衛				寛5・3・22		
桜井新八郎	正信		250	寛5・1・末	文政1	
〃 平十郎	可信			寛5・11・17 11・末		

桜井了元			150	寛5・11・25					
篠嶋左兵衛				寛5・8・27					
篠島庄兵衛	清孝		500	寛5・7・末					
〃 政七・頼太郎	清郷		500	寛5・7・末	9・末			享和3・①・1	
篠島平左衛門	清全		600	寛5・1・末	6・4	8・27	12・23	文化7・5・6	
真田佐次兵衛	信定		600	寛5・2・12	3・18	3・22		天保14	83
沢田一学			400	寛5・2・29	11・4	12・21		享和2	
沢田五郎左衛門・伊左衛門	正詔		1000	寛5・7・末				文化4	
沢田順九郎			250	寛5・5・末				文政6	
山東久次郎・久之助	長倫		200	寛5・9・末				享和3・7・3	
し									
塩川和一郎			350	寛5・9・末					
品川主殿	景武		3000	寛5・2・1	12・末			文政	
品川左門				寛5・2・29					
芝山十郎左衛門	正方		250	寛5・7・末				寛政3	
〃 直助・庄左衛門			250	寛5・7・末					
芝山杢兵衛	賢顕		400	寛5・2・1				明和6・5・7	77
志村五郎左衛門	識行		1050	寛5・10・末				寛政6・9・14	72
白江金十郎	成続		266	寛5・9・末	11・末	12・末			
白崎左内				寛5・10・末	12・末				
神保長左衛門	照允		300	寛5・2・1				宝暦11・7・16	48
〃 儀右衛門	照令		300	寛5・12・末				寛政6・2・2	45
神保金十郎		富山		寛5・1・2	1・17	3・17			

姓・通称	諱		扶持	年月日	没年月日	享年
す						
杉江弥太郎	綏定		200	寛5・4・23 11・4	文政6・9・6	
杉　吟右衛門				寛5・12・末		
杉本新丞				寛5・10・末		
杉山新平	延世		500	寛5・2・12	文化3・3・10	
鈴木左膳	成弥		300	寛5・2・晦	享和5・8・20	
鈴木勇三郎				寛5・12・末		
せ						
瀬野甚右衛門				寛5・5・末		
仙石兵馬	久持		300	寛5・7・末 11・末 12・末	文政7・8	
千秋作左衛門	信復		400	寛5・12・末	文化14・6・10	
千秋丈助	範遠		200	寛5・3・末 7・7	享和2・4・16	
そ						
曽田弥五兵衛				寛5・7・末		
〃　永蔵・清大夫			150	寛5・7・末	文政12・12・28	
た						
田内惣(宗)左衛門	通温		200	寛5・7・末		
多賀左近	直清		5000	寛5・2・末	文政	
高沢平次右衛門	菊忠		450	寛5・11・末 12・末	寛政11・1・7	69
〃　猪之吉	勘解由		450	寛5・12・末		

高田牛之助・勘右衛門	種美		450	**寛5**・2・晦	天保6・12・2	
高田昌大夫	主膳		400	**寛5**・5・末 6・末		
高田新左衛門	美種		250	**寛5**・1・1 1・5 1・7 1・8	享和2	
				1・15 2・1 2・10 2・12 2・14		
				2・22 2・晦 3・7 3・12 3・15		
				3・20 4・3 4・4 4・28 4・末		
				5・13 6・4 6・13 6・18 6・20		
				6・23 6・末 7・6 7・末 8・1		
				8・7 8・25 11・26 12・5 12・23		
				12・28 12・末		
高畠五郎兵衛	厚定		700	**寛5**・9・末	文化7・9・25	
高畠彦之丞・善大夫	定則		500	**寛5**・5・末	天保10・2・17	73
高山表五郎	武申		500	**寛5**・3・15	文化2・9・15	43
竹田市三郎・掃部	忠周		3530	**寛5**・1・末 2・24	文化8・10	
竹田源右衛門	忠貞		300	**寛5**・7・6	享和3・8・6	
武田何市・判大夫	信典		800	**寛5**・7・末		
武田喜左衛門	信古		400	**寛5**・2・晦	文政8	87
武山三郎右衛門				**寛5**・12・末		
多田逸角	敬信		550	**寛5**・5・10 5・末	寛政11・7・13	
田辺佐大夫・佐五右衛門	信成		300	**寛5**・5・末		
田辺善大夫	直養		330	**寛5**・8・末	寛政9・7・12	
田辺長左衛門	仲正		300	**寛5**・1・1 1・4 2・1 2・2	享和1・10・13	61
				3・18 3・19 10・末 12・末		
玉井市正	真衛		5000	**寛5**・2・1	明和5・10・17	24
玉川弧源太・七兵衛	成方		400	**寛5**・4・末		

姓・通称	諱		扶持	年月日	没年月日	享年
田村孫三郎		検校	20株	寛5・12・末		
〃 丈三郎	善政			寛5・12・末		
団 多大夫				寛5・12・末		
ち						
長 大隅守	連起		3000	寛5・1・2 1・末 2・頭 2・12 5・頭 5・末 11・頭 11・17 11・末	寛政12・10・14	69
〃 九郎左衛門	連愛		3000	寛5・1・末 9・末 12・末	天保2・10・3	
つ						
塚本和左衛門				寛5・4・3	寛政11・7	
槻尾甚助	直道		300	寛5・7・末 12・末		
佃 久五右衛門			300	寛5・5・末	文化3・6	
佃 源右衛門			150	寛5・9・末		
柘植儀大夫	因信		200	寛5・4・23	寛政8・12	
津田五郎兵衛	実秀		500	寛5・3・22	天明9	
〃 権五郎	居方		500	寛5・3・22		
津田権平	政隣		700	寛5・1・4 1・28 2・11 2・22 3・19 4・8 4・末 5・13 7・11 7・28 9・27 11・1 12・1 12・4 12・18 12・21 12・27 12・28	文化11	59
津田修理・内蔵助	政本		1000	寛5・5・末 12・末	文政12・7・27	
津田平吉郎	信真		150	寛5・12・末	寛政8・2・11	
〃 宇兵衛	信邦		150	寛5・12・末	文政9・4・26	66

津田平兵衛	良康		350	寛5・9・末 10・末 12・末		
恒川七兵衛	寿年		500	寛5・7・末 8・晦 8・末 11・20	文化5・6・1	
鶴見勘兵衛			160	寛5・8・末		
て						
寺川斧左衛門		寿光院附		寛5・1・2		
寺田作右衛門			160	寛5・7・末		
〃　作助	将順		160	寛5・7・末	文化7・7・晦	
寺西新平	直雄		300	寛5・12・15	寛政8	
と						
藤堂平左衛門		富山		寛5・2・22		
遠田誠摩	自久		1350	寛5・9・末		
鴇田喜内		儒者	200	寛5・6・20 12・末	寛政5	
〃　主計				寛5・12・末		
〃　寛斎		喜内弟		寛5・12・末		
徳田惣右衛門				寛5・12・末		
戸田五左衛門	就将		150	寛5・3・末 4・5 12・29	文政8	
冨田勝右衛門	一好		350	寛5・3・末	寛政12・6・4	70
冨田左門	守典		500	寛5・12・末	文政2	
富永右近右衛門	助有		700	寛5・7・末	文化13	
富永侑大夫	和平		150	寛5・9・27	文政	
な						
内藤十兵衛	信厚		450	寛5・2・1		

姓・通称	諱		扶持	年月日	没年月日	享年
永原治九郎	孝建		800	寛5・2・12		
永原七郎右衛門	孝弟		550	寛5・3・13　3・15　3・18　9・末　12・末	文政4・4	
永原将監	孝倍		250	寛5・3・19　4・23　8・7　9・27	寛政1・3・19	78
永原貞五郎			200	寛5・3・末		
永原半左衛門	孝尚		450	寛5・1・4　1・25　1・28　2・1　2・6　3・18　3・19　10・末　12・末	文政2	
長瀬五郎左衛門	有殻		1000	寛5・12・末	文化11・7・12	59
長瀬善次郎	忠良		800	寛5・9・末		
長田庄大夫	律実		250	寛5・12・末	寛政5・9	
〃 庄一郎・庄右衛門	律安		250	寛5・12・末	天保6・11・21	55
中川次郎兵衛	忠孝		200	寛5・6・18	寛政4・2	
〃 勝三郎	平蔵		200	寛5・6・18　7・末	文政2	
中川平膳	忠好		1000	寛5・9・末		
中島三左兵衛				寛5・3・28		
中嶋誠左衛門	奉墇		250	寛5・7・19　7・末	寛政4・10・4	
〃 小兵衛	奉中		250	寛5・7・19	天保6・11・21	76
中西順左衛門	孝交		150	寛5・1・14　11・17　11・末	文政9・4・22	
中　孫十郎・八三次郎			300	寛5・2・12　3・18		
中村伊織			500	寛5・6・22　6・28	寛政6・1・28	
中村織人・宗兵衛	誠之		300	寛5・2・12　3・15　3・18	天保3	
中村右源太	正体		300	寛5・7・末	寛政10・4	
中村喜三太郎	参六方弼		180	寛5・7・末		
中村九兵衛	惟正		300	寛5・9・15　10・9　11・17		

中村源蔵		御細工		寛5・8・末		
中村才兵衛	直一		350	寛5・3・15 7・末	文化13	
中村重右衛門				寛5・12・末		
中村庄蔵	脩明		150	寛5・7・末		
〃 弥五兵衛			200	寛5・7・末	文政11	
中村助大夫・左兵衛	子諒		650	寛5・2・晦 4・4 11・19 12・3 12・末	文政	
中村玉次郎	順美		130	寛5・11・4	文化11	
中村常丞・勘兵衛	之書		250	寛5・7・末		
中村八郎兵衛	保教		200	寛5・2・末	文化5・4・27	
中村半左衛門	菊隆		200	寛5・3・末		
中山主計		宮腰町人		寛5・9・末		
半井五郎左衛門	定近		250	寛5・11・末		
成田勘左衛門			400	寛5・9・末 11・末 12・末		
〃 梅之助				寛5・12・末		
〃 辰之助				寛5・12・末		
成田長大夫	内匠		500	寛5・2・12 3・18		
に						
西尾湍左衛門			500	寛5・2・1		
西尾隼人・内膳	明義		4300	寛5・2・1 3・21 3・25 4・1 4・2 4・4 4・8 5・9 5・13 6・16 6・25 7・1 7・7 7・15 7・19 8・7 8・25 8・27 9・27 10・11 10・25 10・26 11・19 11・20	享和2・9・13	58

姓・通称	諱		扶持	年月日	没年月日	享年
				11・26 11・末 12・1 12・4 12・5 12・11 12・16 12・23 12・27 12・28 12・末		
西村与左衛門			130	寛5・7・末	寛政5・2・8	
〃 与平	善有		180	寛5・7・末		
丹羽久大夫	広知		120	寛5・7・末	寛政5・5・2	
〃 隼太	広康		120	寛5・7・末		
丹羽武次郎	孝康		800	寛5・12・末	寛政5・6・11	28
〃 伊兵衛	孝明		800	寛5・12・末	享和1・8・18	50
丹羽六郎左兵衛	応好		500	寛5・4・末	享和3・4・17	52
の						
野坂忠左衛門			70	寛5・7・末		
〃 安之丞	成陳		70	寛5・7・末		
野田太郎左衛門			150	寛5・7・末		
野村伊兵衛	礼喬		800	寛5・4・末 6・18 10・末 12・末	享和1	
野村左平太			130	寛5・7・末		
〃 勇助・作左衛門			130	寛5・7・末	文政9	
野村忠兵衛	貞英		300	寛5・7・末	文化7・5	
は						
土師清吉	正收		500	寛5・11・17 11・末	享和1・8・6	
〃 清大夫	正享		500	寛5・1・14 11・17 11・末	享和1・9・21	40
橋本六左衛門				寛5・12・末		

橋本幸次郎				寛5・10・17		
長谷川伊左衛門				寛5・5・8		
長谷川市兵衛		料理頭	100	寛5・1・1		
長谷川三右衛門	貴一		800	寛5・1・末 6・末	寛政8・8・21	62
長谷川準左衛門	尚	儒者	100	寛5・12・末		
長谷川八十左衛門				寛5・5・末		
服部牧多	尚澄		600	寛5・2・末		
馬場孫三	信営		400	寛5・2・1 4・4 4・末 5・10 5・末 6・22 6・末 8・25	享和3・9・7	68
〃藤左衛門				寛5・4・末 5・末 6・22 6・末 8・25	文化6・7・29	46
〃恒太郎				寛5・6・末		
林清左衛門・源太左衛門	定将		700	寛5・1・24 2・1	文化6・11・16	53
林唯右衛門				寛5・5・8		
林半左衛門			100	寛5・7・末		
〃幸左衛門			80	寛5・7・末		
林平二郎・十左衛門	保之		250	寛5・3・20	文政11	
林弥四郎	克綏		300	寛5・11・末	文化11	
原弥三兵衛	尹諧		150	寛5・5・13 6・13 7・6	寛政6・6・24	66
伴勘七郎				寛5・12・末		
〃七兵衛	資愛		450	寛5・12・末	天保9	70
伴源太兵衛	方延		500	寛5・1・5 5・末	享和2・8・2	59
伴多宮・八矢	方平		5000	寛5・10・末 12・末		
半田次右衛門	景命		600	寛5・7・末	寛政4・12・20	72
〃惣左衛門	景福		600	寛5・7・末 12・18	文化8・8・28	

姓・通称	諱		扶持	年月日	没年月日	享年
ひ						
久田義兵衛	篤親		250	寛5・2・12 11・末	文政	
久田忠大夫	善昭		150	寛5・8・末	寛政9・10・1	
土方勘右衛門	栄氏		500	寛5・2・晦	文化11	
一木鉄之助	移忠		500	寛5・9・末 12・末	文政7・5・11	
人見吉左衛門	忠貞		800	寛5・12・末	文政5・7・14	
平岡次郎市	惟進		900	寛5・1・5 2・12		
平田磯次郎	盛以		350	寛5・1・末 2・29 3・17 6・23 8・25 11・19	文化13・12・24	55
平田源助				寛5・10・末		
平田得助・徳之助	正積		100	寛5・7・末		
〃 金左衛門			100	寛5・7・末		
平田内匠				寛5・2・24		
広瀬武大夫	胤忠		450	寛5・1・2 11・末	文化8・11	
広瀬平丞			150	寛5・7・末		
〃 助左衛門			150	寛5・7・末		
ふ						
福田喜左衛門			100	寛5・5・末		
藤掛呉助		富山		寛5・1・2		
藤掛三蔵			300	寛5・11・末		
藤沢治部右衛門				寛5・12・末		
藤田新左衛門				寛5・4・3		

藤田助大夫			100	寛5・10・末		
藤田求馬	安貞		2000	寛5・10・末 12・末	文政1	
藤田和次郎			120	寛5・7・末		
藤橋順元		町医		寛5・9・末		
二口五郎兵衛			120	寛5・2・1	文政3	
古屋長次郎				寛5・2・1		
古屋伝右衛門	常明		300	寛5・2・1	宝暦6	60
古屋孫市	包教		500	寛5・10・末	享和1	
古屋也一	和昔		400	寛5・2・晦	文政4	
不破織馬				寛5・1・2		
不破駒之助	与潔		1000	寛5・12・末	享和3・6	31
不破五郎兵衛	光保		330	寛5・4・23 6・18 11・4 12・21	文化11・2・26	73
不和新左衛門			150	寛5・4・末		
不破瑞元		医師	150	寛5・12・末		
不和半六	克和		150	寛5・2・晦		
不和彦三	為章		4000	寛5・8・末 12・末	享和3・10・11	59
不破平左衛門	方淑		500	寛5・2・1	寛政9・3・28	
不和和平	俊明		500	寛5・4・末 5・末		
へ						
別所三平			400	寛5・2・12	寛政6・3	34
ほ						
堀田左衛門		富山		寛5・2・12		
堀 勘兵衛	政益		300	寛5・5・末 6・末	寛政11・9・11	49

姓・通称	諱		扶持	年月日	没年月日	享年
堀 三郎兵衛	庸富		500	寛5・4・8 4・23 6・4 6・13	寛政8・6・8	46
				6・18 7・6 8・1 8・末 9・27		
				10・末		
堀 左兵衛	秀親		450	寛5・2・1 2・12 2・21 3・15		
				3・18 9・末 12・末		
堀 八郎左衛門・万兵衛	貫保		200	寛5・12・29	文化13	
堀 和左衛門	政客		150	寛5・12・末	寛政5・8・25	71
〃 八郎兵衛			150	寛5・12・末	寛政6・5・8	49
堀 与左衛門・与一右衛門	成章		300	寛5・5・末		
本阿弥				寛5・1・1 4・4		
本郷儀右衛門			110	寛5・7・末		
〃 半三郎			110	寛5・7・末		
本多安房守	政行		50000	寛5・1・2 4・頭 5・末 9・末	寛政9・11・23	70
				12・末		
本多玄蕃助	政成	年寄	50000	寛5・1・1 1・2 1・末 3・29	享和3・4・28	49
				3・末 4・末 5・10 5・末 6・18		
				7・頭		
				寛5・7・14 7・末 9・頭 9・27		
				9・末 11・末 12・末		
本多頼母・図書	政康		10000	寛5・5・末 12・末	寛政12・9・26	69
本保加右衛門	昌隼		300	寛5・2・晦	文化3	
本保十大夫	以守		1800	寛5・10・末	寛政6・2・15	70
本保六郎左衛門	平通		150	寛5・4・23 5・8 12・27 12・28	文化6・12・15	67
本間与市		徒横目		寛5・10・末 12・末		

ま

前田大炊	孝友		18500	寛5・1・1 1・5 1・8 1・14 1・15 1・17 1・19 1・25 2・1 2・2 2・10 2・11 2・12 2・14 2・21 2・24 3・13 3・18 3・19 4・1 4・2 4・4 7・末 8・7 10・頭 10・末 12・3 12・末	天保3・5・25	74
前田修理	知周		6000	寛5・12・末		
前田内蔵太	孝敬		3000	寛5・12・末	享和2	
前田宰治郎	直賢		500	寛5・2・12 3・18	天保1	
前田権佐	恒固		3700	寛5・1・17 2・末	天保1・8・14	
前田土佐守	直方		11000	寛5・1・2 5・13		
前田圖書	貞一		7000	寛5・12・末	文政	
前田兵庫	道暢		3500	寛5・8・末		
松江幸三郎			180	寛5・10・末	享和2	
松平大膳	康保		4000	寛5・8・末		
松平康十郎・九郎右衛門	鹿康		200	寛5・11・4	文政10	
松平才記	康保		250	寛5・11・2	享和2・4	
松平潤之助・治部	康叉		2000	寛5・12・末	文政5	
松田清左衛門	忠郷		350	寛5・12・末	寛政5・9	71
〃 波江・五郎兵衛	知郷		350	寛5・12・末	文政5・9・22	
松波六郎大夫		算用小頭	100	寛5・7・末	享和3・6	
松原安左衛門	一得		500	寛5・4・23		
松原元右衛門	貴忠		250	寛5・10・末 11・末 12・末	寛政12	58

姓・通称	諱		扶持	年月日	没年月日	享年
み						
三浦重蔵	賢善		200	**寛5**・2・12 3・18	文政7	
神子田五兵衛	政純		350	**寛5**・7・末	文政1	
水越八郎左衛門	政紹		350	**寛5**・1・8 1・末 3・19 4・23 5・8 6・25 7・1 10・26 11・17 11・19 11・20 12・3 12・11 12・23 12・27 12・28		
水野次郎大夫	武矩		300	**寛5**・1・20 2・1 3・22 12・末	文化7・12・15	58
水原将監		佐渡守臣		**寛5**・8・7		
水原清左衛門	景幅		950	**寛5**・2・1	文化8・8・8	
嶺　喜右衛門		算用者		**寛5**・2・1		
宮井典膳	直経		600	**寛5**・2・29 9・末 11・末	文化3・8・24	52
宮川繁蔵			300	**寛5**・9・末 11・末 12・末	文政7	
宮永弥守		大聖寺		**寛5**・7・11		
三宅平太左衛門	正路		450	**寛5**・2・12 3・15 4・末	文政3	
三輪斉宮			1000	**寛5**・1・8 2・晦 11・4 12・21	寛政7	
三輪政之助・采男	正敏		1000	**寛5**・5・末	文化1・9	
宮崎清左衛門	元収		400	**寛5**・9・末		
宮崎蔵人	元良		800	**寛5**・2・晦 10・25 12・3 12・29	天保7・9	58
む						
武藤伊織			200	9・5		

村井又兵衛・豊後守	長世		16569	寛5・1・2　1・14　1・末　6・頭　12・頭　12・末	文政10・10・28	
村　圖書		富山		寛5・1・2		
村田甚右衛門	直正		300	寛5・2・1　2・19　12・末	寛政8	
村田鉄平				寛5・10・末		
村　隼人		富山		寛5・1・2		
村　杢右衛門	陣救		650	寛5・1・18　4・2	天保3	
も						
毛利善大夫				寛5・12・末		
森口新右衛門	慶明		100	寛5・12・末		
〃　新八郎			100	寛5・12・末		
森田庄九郎	昌成			寛5・2・29		
や						
安井左大夫	義般		150	寛5・2・末　3・末		
安田繁五郎			80	寛5・12・末		
〃　八百三郎			80	寛5・12・末		
矢野幸助				寛5・7・12　11・25		
矢部覚左衛門			150	寛5・7・末	寛政8	
山岸十左衛門			80	寛5・5・末		
山岸弥次介	直篤		300	寛5・9・末		
山口喜三郎	一寧		400	寛5・5・末	天保12	
山口五左衛門				寛5・2・22		
山崎十三郎	方陸		300	寛5・6・末　10・末	文化11・9・24	

姓・通称	諱		扶持	年月日	没年月日	享年
山崎虎太郎・吉左衛門			200	寛5・7・末		
山崎彦左衛門	喜隆		1000	寛5・1・2	寛政8・7・27	50
山崎弥次郎	籍侃		850	寛5・2・末		
山田半左衛門			200	寛5・7・末	寛政5・4	
〃 梁三			200	寛5・7・末	文政8	
山本武兵衛				寛5・12・末		
山本庸五郎				寛5・11・末	享和2	
山森沢右衛門	道能		500	寛5・9・27	寛政9・1	
山森和兵衛	永識		100	寛5・3・13		
ゆ						
湯原友之助	信恭		600	寛5・1・末 2・末 3・19	文政8	
よ						
横井元秀		御医師		寛5・5・13 5・末		
横地茂太郎	雅聡		300	寛5・8・末 12・末	寛政11・1・24	45
横浜善左衛門	玄英		1050	寛5・4・末 11・2	文化3	
横山蔵人	政寛		10000	寛5・2・1 5・末 12・末	寛政13・1・26	32
横山三郎	隆盛		30000	寛5・1・2	文化13・8・27	34
横山庄助			200	寛5・9・末	寛政5	
〃 要蔵			200	寛5・9・末	寛政9・②・20	
横山又五郎	政質		2500	寛5・1・2	文化6・9・9	
吉江保助				寛5・12・末		
吉岡権兵衛	政武		200	寛5・1・24		

吉崎由右衛門				寛5・7・末		
吉田喜左衛門			150	寛5・12・末	寛政5・10・17	52
〃 兵馬	守身		150	寛5・12・末	天保11・5・5	68
吉田所兵衛				寛5・12・末		
吉田甚五郎	掩		120	寛5・11・末		
吉田丹左衛門				寛5・12・末		
〃 保助				寛5・10・末 12・末		
吉野直作				寛5・3・29		
吉本仁左衛門				寛5・12・末		

わ

脇田小平			300	寛5・2・末	元禄3	
脇田如鉄	直賢		1000	寛5・2・末	万治3	
脇田平丞				寛5・2・末		
和田采女	世貞		800	寛5・11・末	享和3・①	61
和田耕藏				寛5・2・24		
渡瀬七郎大夫	政勝		230	寛5・4・23	文政6	
渡部源三			130	寛5・7・末		
渡辺次左衛門	貫保		70	寛5・8・27 9・27 10・11 12・1	寛政12・4・29	
				12・4 12・28		
渡辺新丞				寛5・7・末		
渡部治兵衛	信弘		300	寛5・8・末		

翻刻・校訂・編集

	笠嶋　剛	1939年生	金沢市在住
	南保　信之	1946年生	白山市在住
	真山　武志	1935年生	白山市在住
	森下　正子	1940年生	金沢市在住
(代表)	髙木喜美子	1940年生	金沢市泉野町5丁目5-27

ISBN978-4-86627-063-0

津田政隣
政隣記　耳目甄録　拾七
従寛政五年—到同年十二月

二〇一九年五月二十五日　発行

定価　二、五〇〇円＋税

校訂・編集　(代)髙木喜美子
笠嶋　剛　　南保信之　　真山武志
森下正子

出版者　勝山敏一

印刷　株式会社すがの印刷

発行　桂書房
〒930-0103　富山市北代三六八三－一一
電　話(〇七六)四三四－四六〇〇
ＦＡＸ(〇七六)四三四－四六一七

地方小出版流通センター扱い

＊造本には十分注意しておりますが、万一、落丁・乱丁などの不良品がありましたら送料当社負担でお取替えします。